跟着大师教语文

《小学语文教学》杂志社 编

江西教育出版社
JIANGXI EDUCATION PUBLISHING HOUSE
·南昌·

赣版权登字-02-2023-041

图书在版编目（CIP）数据

跟着大师教语文 /《小学语文教学》杂志社编. --
南昌：江西教育出版社,2023.7（2023.11 重印）
（"小语人"丛书）
ISBN 978-7-5705-3588-0

Ⅰ.①跟… Ⅱ.①小… Ⅲ.①小学语文课－教学研究
Ⅳ.①G623.202

中国国家版本馆CIP数据核字（2023）第037590号

跟着大师教语文
GENZHE DASHI JIAO YUWEN
《小学语文教学》杂志社　编

江西教育出版社出版
（南昌市学府大道 299 号　邮编：330038）

出 品 人：熊　炽
责任编辑：曾　琴
美术编辑：张　延

各地新华书店经销
江西省和平印务有限公司印刷
700 毫米 ×1000 毫米　　16 开本　　16.5 印张　　229 千字
2023 年 7 月第 1 版　　2023 年 11 月第 2 次印刷

ISBN 978-7-5705-3588-0
定价：58.00 元

赣教版图书如有印装质量问题，请向我社调换　电话：0791-86710427
总编室电话：0791-86705643　　　　编辑部电话：0791-86708350
投稿邮箱：JXJYCBS@163.com　　网址：http://www.jxeph.com

找寻语文教学新问题的答案

　　早些时候，受《小学语文教学》杂志社邀约，我组织几位老师分别撰写了学习、评介陶行知先生、斯霞老师教育教学思想的文章。后来得知这个系列的文章将汇编成书，并约我作序，荣幸之余更觉惶恐。这本书中的大师，每一位都屹立在中国百年语文教育的历史进程中，是先贤，也是灯塔，照耀并滋润着一代代语文教师的精神成长。为与他们相关的文字作序，我委实缺乏底气，权当一次走近大师的学习。

　　翻开这本书的老师，会不会有疑问：为什么我们今天在面对"立德树人""核心素养"，面对统编教材、任务群教学等这些前辈没有探讨过的新问题、新背景的时候，还要来了解几十年前这些大师的教育思想呢？他们关心和讨论的问题，跟我们现在关心和讨论的问题，有共通之处吗？这样的书，我们为什么要读，又该怎么读呢？我想就这些问题，从三个方面简要说说我的理解。

　　第一，丰富自己的学科史知识，逐步形成学科理解。人都是历史的存在，了解学科史，是理解这个学科得以发展成为今天这一样貌的不二选择。语文单独设科这一百多年来的历程，就是这些大师（当然并不止他们），围绕不同的问题，提出各自的解决方案，并且在躬身实践中摸索前行的历程。包括他们在内的很多学者，围绕中国传统母语教育经验与东渐而来之西学的碰撞，围绕文与道的关系，围绕文言与白话的孰轻孰重，围绕文学教育和语言教育的分与合，围绕拼音甚至汉字的存与废，展开过众多的讨论。走近这些大师的过程，就是了解人们对这些问题的认识过程，了解这些重要的问题是沿着什么样的路径走到了今天。有了这些基础，我们不仅可以知道许多我们今天自认为的语文教学新问题其实早已有之，还可以知道，为什么对有些问题的理解，是今天这种而不是其他模样。如此，我们对当下很多问题的认识，就多出了一个历史维度的考量，而不是仅限于自己从事语文教育这些年的个人经验。所以，走近大师可以拓宽你的眼界。

第二，把握学科教学的规律，看到课程教学表层变化之下深层的继承与发展。信息技术的普及，使得今天的语文教师可以更为便捷地了解各种教育教学的新思想、新实践；处于百年未有之大变局中，我们会频繁地遇到各种思潮、主张、理念；等等。如果缺乏分辨的能力，我们必定会眼花缭乱，无所适从。三维目标、核心素养、双线组元、学习任务群等，这些的的确确是新的命题、新的要求，但这并不意味着它们从未被人意识到，从未引起关注，从未经过有价值的实践。恰恰相反，正是在这些大师的思想基础上，今天的专家学者结合当下的时代要求，才提出了今天的这些问题，这些问题没有哪个是突然冒出来的，前辈们都在当时的语境中加以讨论过，或者有过接近、类似的讨论。这些讨论对我们今天如何面对纷繁的概念、命题乃至现实问题，仍有着重要的启示。无论是在张志公、黎锦熙、叶圣陶先生的理论著述中，还是在霍懋征、斯霞、李吉林老师的小学语文课堂教学实践中，你都能看到他们对语文教育最为核心的一些问题的理解和回答，比如教书育人，比如读书写字。他们的回答经受住了时间的检验，成为今天的小学语文教师所无法回避的历史强音。比如，了解了叶圣陶先生的教育思想，你就看到了课程标准中关于整本书阅读、良好的学习习惯培养、语言和思维的紧密关系、不追求语法知识的系统性等方面表述中的继承性。这些重要的思想穿越了几十年被大家所坚持和认可，那么这些是不是语文教育基础中的基础呢？如果一些新的实践和思想与此相悖，我们是不是应该审慎地思考一下再去尝试呢？有了这样的一层把握，就有了专业的自信和定力，就有了更好的判断力，这是一位教师走向成熟的标志。

第三，一位教师要从成熟走向卓越并不容易，但了解这些大师们的成长经历，无疑对自身的发展会很有帮助。比如，他们的成长史、阅读史、思想发展史等，无一不对今天语文教师的成长有着重要的榜样价值。正如陶行知先生所说，不经历苦难不会有好的儿童文学。没有哪位大师的成长是高歌猛进、一帆风顺的。他们是每一位有志于教师这个职业的教师的榜样。我们面对孩子的时候常说"榜样的力量是无穷的"，其实对成人也一样。人只有在经历成长与发展过程中的很多问题和坎坷之后，才能铸就崇高的精神和思想风貌。一位语文教师在刚入职的时候会有哪些困顿，在成长过程中会有哪些重要的探索，又会有怎样的自主选择，以至走向思想的成熟？斯霞老师的童心母爱遭到批判时，她在想什么，她为什么没有放弃？陶行知先生辞去教授职务去乡村办学校，他有怎样的理想与信念？学生非常喜欢于永正先生的课堂，他是怎么让学生喜欢的？霍懋征先生热爱三尺讲台，婉拒了不少在他人眼里可能更有前途的机会，她坚守的是什么？我想，这本书的读者中，应该有很多是有着和他们相同的热爱、相同的信念和相同的坚守的年轻人。年轻人在成长中，迷惘、困顿、不知路在何方的状况，是经常会遇到的，当你了解了这些大师的成长历程，即使这种困顿、迷惘暂时无法解决，但是你会感受到一种召唤和力量。有信念、有理想的人不会孤独。跨越时空，也可以与大师同行在教育之路上。

所以，这些大师的思想，连接着历史与未来，勾连着社会与个人。走近大师，为我们进一步理解语文课程，理解这个时代语文教育的改革与发展，打开了一扇门。而这本书，又为我们了解各位大师打开了一扇窗。当然，可以被称为大师的思想者并不限于书中的几位，但是在阅读这本书的过程中，你可以找到自己的关注点、兴趣点，然后去集中阅读某一位或几位大师的文集或选本，进而触类旁通，这或许是进入语文教育的一条可行之路。这样来看，这些大师在过去讨论过的问题，就具有了当代性和未来性。

我在阅读这本书时，常常想起那些记忆中的画面。这些老师中，霍懋征老师聊天时会喊我"小李亮"，她曾对苏教版小学语文教材拼音课文的设计给予过高度肯定；我在陶行知先生创办的晓庄师范接受了最早的师范教育，对教师有了最初的理解，那些年沐浴在他"捧着一颗心来，不带半根草去"的教育箴言中；我还曾在病床前聆听张志公先生的教诲，他为苏教版小学语文教材题写过封面"语文"二字。还有斯霞、李吉林、于永正，既是师长，也是忘年的友人……他们每一位都让我想起一幕幕温暖的往事。

这些老师，每一位都值得年轻读者学习。走近他们，你就走进了语文教育的百草园，走进了热爱学生、热爱三尺讲台、担当社会责任的精神世界。感谢《小学语文教学》杂志社，这本书的出版很有意义。

李 亮
2023 年 4 月 30 日

目　录

■ 夏丏尊：开辟现代语文教育气象的圣者

夏丏尊（1886—1946），浙江绍兴上虞人，我国现代著名文学家、出版家、翻译家和语文教育家，著有《平屋杂文》《文章作法》《文章讲话》《文艺论 ABC》《现代世界文学大纲》等。与叶圣陶合作创办的《中学生》杂志、共同撰写的《文心》、编著的《国文百八课》，还有独立翻译的《爱的教育》，均成为一时之选，泽被一代又一代莘莘学子。对语文教育"求用、求美、求在"三位一体的本体性思考，还有"调和发达、成人之美"的课程目标定位，以及着眼于形式以"捍卫语文体性"，知情合一以"传染语感于学生"等思想的倡导，为中国现代语文教育开辟了全新的气象。

夏丏尊语文教育思想述评

汲安庆

中国现代语文教育史上，夏丏尊是一光辉的存在。

他是一位学养渊深的学者，仅其部分文章中呈现的中学时代阅读书目，便足以令当下很多古典文学专业的博士汗颜；一位注重自己省察，随时酿造生活诗意的文学家，其"清澈通明，朴实无华"的文风对白马湖散文创作影响深远；一位"书业以传达文化，供给精神食粮为职志"，最终开创"开明风"的出版家；一位将教育视为"英雄的事业"，敢拼敢爱的教育家。

他以如此的信念、情怀、学养投身语文教育，在本体性思考、语文课程思想、教材编制、阅读与写作教育、语文测评等诸多领域，更是进行了深入、独到而颇富体系的思考。

一、本体性思考：求用·求美·求在

关于语文教育的本体性思考，从先秦的为修身，到两汉魏晋南北朝的为立言，再到隋唐至明清的为功名，发展到语文独立设科时，已开始向为生活转型。

当时清廷的很多教育文件中都明确提到"以备应试达意之用"（《奏定中学堂章程》）、"以资官私实用"（《奏定学务纲要》）。叶圣陶指出："国文，在学校里是基本科目中的一项，在生活中是必要工具中的一种。"彼时家长、学生的情形是：做父兄的不惜负了债卖了产令子弟求学，做子弟的亦鄙薄工农商而不为，"鲫鱼也似地奔向中学或大学去"，皆是为了预收"一本万利之效"。加上杜威实用主义哲学的推波助澜——与刚从科举制中挣脱出来的中国平民化、实用化教育要求一拍即合，与"五四"之际的思想启蒙同声相应，以及众多巨擘如胡适、陶行知等人的大力阐扬——实用至上的观念更是深入人心。

在这样的历史语境中，夏丏尊的语文教育思想也很重视"求用"，如寻求教学的体系性、身心诸能力的养成、高中普通教育与职业教育的分流等。不过，他的应世指向与"凡事要用利来引诱才得发生兴趣"的实用主义不同，而是灵肉一致，陶养成人。"不管学生将来入何等职业，先使他成功一个人"，成"人"之用完成了，应世之用则可水到渠成。

"求用"的同时，他也注意"求美"。"阅读了好文字，如果只能理解其意义，而不能知道其好处，犹如对了一幅名画，只辨识了些其中画着的人物或椅子、树木等等，而不去领略那全幅画的美点一样。何等可惜！"这些美点意蕴丰富，不仅涉及形式之美、修辞之美，还包括意趣之美、贯通之美、灵魂之美。

可贵的是，他还触及了"求在"的思想。在《文心》第三十二章《最后一课》中，他与叶圣陶借助主人公王仰之的口表达了这样的思想：阅读不能只限于国文课内指定的几种书，也不能只限于各科的参考书，必须树立无论从商或做工，要把行动和读书打成一片的思想，"把它容纳下去，完全消化了，作为我们的荣养料，以产生我们的新血肉"。关于写作，他提倡："文章是表现自己的，各人有各人的天分，有各人的创造力；随人脚跟，结果必定抑灭了自己的个性。"这便有了从占有走向存在的思想倾向。

虽然囿于当时自身精力、文化语境、社会心理等因素，夏丏尊对求用、求美、求在浑然统一的思想尚无体系性的建构，但已为语文教育勾勒出一幅极其美好的愿景图，也为无数有语文教育理想和情怀的人提供了不竭的精神动力。这在那个"灵明日以亏蚀，旨趣流于平庸"的时代，堪称空谷足音；对当下工具本体高扬、情感本体式微的语文教育，亦具有拨乱反正的意义。

二、课程思想：调和发达，成人之美

何谓课程？什么样的课程才是最科学、最人性、最接地气、最富魅力的？历代的课程学者们从未中断思考。夏丏尊也参与了对语文课程的思考与建构。

在他那里，课程是一种动态的教育存在：

可以是国文、算学、体操、手工、劳动等学科，也指教育蓝图——尽管没有明确表述出来，可是课程应联系人、指向人，与人相融，这种"现实的人"肯定是有一个"理想的人"在前方作为参照的。"理想的人"是什么样的呢？在《教育的背景》一文中，他做出了如下说明："这个人字的解释将来不知还要如何变迁，现在的理想大概是灵肉一致了……人原本是两面兼有的：一面有肉欲的本能，一面还有理性的本能；一面有利己的倾向，一面还有利他的倾向；一面有服从的运命，一面还有自由的要求。这两方面使他调和一致，不生冲突……"还暗含了经验、活动、计划、方案、策略等意。比如，他强调的是"玩味""体察""练习"，用了"玩"的心情，"冷静地去对付作品，不可再囫囵吞咽，要仔细咀嚼"（《关于国文的学习》）。生活中也是如此，想要变成一个"善良的变通自在的艺人"，必须"终其生都要有能受教育的适应性"，"应用自己的智慧和能力，思索这一样，练习那一样"（《"自学"和"自己教育"》）。以上种种，无一不是在突出"经验""活动"的重要性。"冷静""咀嚼""思考""练习"，不过是丰富、深化体验的手段罢了。

因此，夏丏尊心中的"课程"呈现了一个多元、立体的系统。其中，灵魂指向灵肉一致，陶养成人，"主位"是以学科或教材为载体的特定知识体系，"旁位"则涉及受教或自教的各类教育计划、方案、策略与活动等。又因为他关注教授主体和学习主体的独特体验——尤其突出学习主体，以及学养的积淀，能力的养成，情意、诗趣的濡染——所以他心中的课程又体现了开放、灵动的特色。

夏丏尊以国文老师的身份参与了对课程的思考，他的课程观也包括语文课程观。他的成"人"之美的课程指向虽有多种表述——灵肉和谐，知、情、意素养的相互关联，道德润心身，英雄气魄，圣贤胸襟……但始终是与养成应世能力，还有超越其上的成"己"之美、成"教"之美融为一体的。"教育是人的教育，应当用人来作背景"成了他语文教育永远的主旋律、不朽的灵魂。

三、教材编制：科学活用，文质彬彬

现代语文教材是在夏丏尊那里奠基、开拓的，也是在他那里走向成熟与辉煌的。

作为开明派的精神领袖，他领衔编著的语文教材《国文百八课》（准理论型教材）、《文章讲话》（理论型教材）、《文心》（理论型非文选教材），还有其本人并未将之当作教材，译出后却风行天下，成为支撑开明书店经济的台柱子，不久又成为很多高小或初中教材，被时人称为"影响比卢梭的《爱弥儿》、杜威的《民本主义与教育》还要大"的意大利作家亚米契斯的小说《爱的教育》，以及《开明国文讲义》、《初中国文教本》（文选型教材）等，均成为一时之选，备受称誉。其类型之丰富，编制之精致，使得素养取向、生本意识、爱的情怀悉数跃然纸上。

这些教材的编制，整体上体现了夏丏尊的下述追求：

一是还语文科以科学性。他和叶圣陶等人"按程配置"，建立语文知识体系的努力从未停止。比如，《国文百八课》的文话系统，108个理论点大体都是"顾及各方，分布均衡，由浅入深，有重复者也是有意识安排的适度螺旋反复"。但是，这些文章学或写作学的知识不是直接挪移或镶嵌的，而是经过细心萃取，紧贴学生的认知结构逐步建构起来的。尤其是每一部分"文话""文法或修辞"的撰写，始终存着问题和读者意识，将高深的文艺学理论彻底通俗化、生活化、个性化，读来颇为享受。

二是语文体性的捍卫。针对当时教材主题编排的无序性，夏丏尊在语文教材编制上忠实贯彻着他的形式本体思想："学习国文，应该着眼在文字形式上，不应该着眼在内容上。"《国文百八课》的编排体例，就是在文话系统的统摄下展开的，而文话系统又基本上是在文体框架下展开的，然后再衍生出叙事、说明、议论等文章学、写作学知识。至于文法与修辞部分或《文章讲话》《文章作法》，更是形式知识具体而系统地展开。即使是《文心》中的读写故事，还有后继的《开明新编国文读本》（甲种本）中的评点或发问部分，也多是奔着形式秘妙去的。

三是对灵活化用、确证自我的强调。抽绎通则，用到别处；辩证扬弃，自铸新论……这从很多新鲜的命名中便能见出端倪，如"外面的经验"与"内部的经验"，"地图式文字"与"绘画式文字"，"叙事文的流动""叙事文流动的中止""叙事文流动的顺逆""语感"等。

四、阅读教育：博观约取，丰富生活

夏丏尊语文阅读教育思想主要是针对中学生的阅读教育，可集中概括为三个层面：为何读、读什么与怎么读。

"为何读"带有本体性的意义，决定着"读什么"和"怎么读"。或许是考虑到学生的接受心理和认知结构，对"为何读"的思考，夏丏尊并未以专章的形式具体、系统地展开论述，而是像菱角叶稍露于水面般散见于各篇之中，但这并不影响他此类思考的系统性和连贯性。

一是强调应付生活，改进生活。"如果不授予学生以理解文言文的能力，学生将不能看日报、官厅公告以及现代社会上种种文件。"（《初中国语科兼教文言文的商榷》）在《关于国文的学习》一文中，他更是强调阅读"以求知识的充实"；在《阅读什么》一文中进一步说明，求得充实的知识可以"使生活的技能充实"。

二是文化认同，自我确证。夏丏尊认为："如果中学毕业生没有阅读中国普通书的能力，那就不能享受先人精神的遗产，不特是本人的不幸，恐也不是国家社会之幸，不特在中国文化上可悲观，在世界文化上看来也是可悲观的。"但是，在继承传统文化的同时，他也关注批判性，让所读内容生长自我的"新血肉"。

三是沉浸酝郁，无为而读。要求师生以游戏"无所为而为"的心态，一门心思沉浸到文章的境界中，清玩、雅鉴，仔细咀嚼——诗要反复地吟，词要低回地诵，文要周回地默读，小说要耐心地细看。

关于"读什么"，夏丏尊在《阅读什么》《关于国文的学习》《国文科课外应读些什么》等文章，还有《文心》"小小的书柜""读古书的小风波"等章节中有过颇为具体的阐述。他不仅鼓励学生读中西典籍，还提倡读理法书、工具书或职务书、参考书、趣味书。他给中学生开列的书单（85 部）也的确贯彻了这一思想，古今中外，天文地理，文学、学术、工具书，陈望道于 1920 年翻译的《共产党宣言》，都位列其间，体现了其与时俱进的风尚和放眼世界的气魄。

"怎么读"，夏丏尊也有丰富的论述，大体分为三个层次：（1）依类定法，力求经济。一般学科的教科书应该偏重于"阅"，语言文字的教科书应该偏重于"读"。前者只需懂得它的内容，不必从文字上瞎费力；后者则应在形式上多用力，只阅不够，该好好读。（2）循序渐进，营养自我，"理解—鉴赏—批判"推进阅读。（3）点线结合，立体阅读。这方面，他提到了"滚雪球式"阅读法，如因读陶渊明的《桃花源记》而去读《陶渊明集》《无何有乡见闻记》等；注重原典，不能为了求快，读《中国哲学史大纲》《古史辨》《白话文学史》一类"钱索子"般的书；多方获取，不要只通过读"书"获取知识，因为书有可能在某一天被广播、电影、电话取代，所以听广播、看电影、听电话其实也是接受知识的方式。同时，他还提出在知、情、意方面培养敏锐的语感，努力发现作品"传染"的价值，逼近"言语道断"的境界。这些思想为我们磨砺语文能力、提升语文素养，开启了一条重要的思考路径。

值得一提的还有他的形式本体思想——要求在言语内容与言语形式的统一中突出形式，形式犹如数学中的"1+2=3"这个式子，可以应用于种种不同的情形，如换成梨子或狗，都可以。语文阅读中的形式就是词法、句法、章法等一些共通的样式。虽然他的形式观偏于形式知识，对形式表现的智慧有所忽略，但是因为他更密切关注对形式秘妙的揭示，又注意语感的培养、情味的体验、诗趣的领略、人格的陶冶，所以他的形式观既有技道相融的充实之美，又有悦目愉情的自洽之美、主体力量的张扬之美。

五、写作教育：诚意正心，阳明兼得

与其他学者相较，夏丏尊的写作教育思想除了有融于生活、服务自我的应世取向，更有营构美境、诗意栖居、思若泉新、为我而存的应性取向。

他说："真的艺术，不限在诗里，也不限在画里，到处都有，随时可得。能把它捕捉了用文字表现的是诗人，用形及五彩表现的是画家。不会作诗，不会作画，也不要紧，只要对于日常生活有观照玩味的能力，无论如何都能有权去享受艺术之神的恩宠。否则虽自号为诗人画家，仍是俗物。"落实到写作指导或理论探究上，也会紧扣审美。他最为关注的是着眼于形式的教学，其实毋宁说是更倾向于形式美的欣赏与建构。注意句式的错综与协调，追求文气的充沛与流畅，甚至能发现标点的生命（"我与父亲不相见已二年余了，我最不能忘记的是他的背影"一句，他将之分为四式，句读的位置不一，情味的强弱也会随之不同），所有关于作文法的文字，无一不可见出形式美的影子。对积累、运思、写作、指导、评论、翻译，也无一不要求打上自我的烙印，甚至连分段、用字、为文章起题目这些细微之处，也要求见出自我个性的乾坤。

夏丏尊提倡"多读，多作，多商量"的切实功夫，并自觉探讨何以如此的缘由，以及怎样如此的智慧。他不仅倾情摸索写作的规矩、技法，而且不倦地呼吁关注写作主体的态度、真情与人格的陶冶，谋求知、情、意素养的浑然统一，力图使言由心生、文从道出成为言语表现的健康生态。因此，"诚意正心，阳明兼得"成了他写作教育思想最为精粹的写照。尤其是通过写作，发荣滋长自我精神生命的思考，触及了写作的真正原动力，显得非常深刻，境界博大，意义非凡。

在小品文、驳论文写作方面，无论是相关概念的界定、具体问题的剖析，还是"寡兵御敌""振起全文""浮菱之喻""勿助长敌论的声势""勿曲解敌论""驳论的位置"等言语表现智慧的启迪，都能给人以常读常新之感，泽及一代又一代的莘莘学子。

六、语文测评：遵路识真，化为关怀

夏丏尊的语文测评思想，一言以蔽之：遵路识真，化为关怀。

在他那里，语文测评不仅是帮助学生对已学知识的清算、反省和考查，更是对学生学习方法的点拨、学习兴趣的激发、学习品质的锻造。透过其命题的视角、结构和方式，我们甚至还能隐隐地感受到他将测评视为思想对话、生命生长的平台，引爆学生不断确证自我、实现自我的思想。"写作是一种郁积的发泄，犹之爆竹的遇火爆发。教师所命的题目，只是一条药线，如果诸君是平日储备着火药的，遇到火就会爆发起来，感到一种郁积发泄的愉快。"缘于此，他对不新、不优的制题格外警惕。讥讽命制"秦始皇论""救国的方针"等陈腐文题，如同教学生作"太阳晒屁股赋"一样毫无益处，正是这个缘故。

其他方面，诸如抨击命题罔顾时代需求、无视学生知识实际，关注检测服务于学生将来的进修与生活；警惕大而无当的随意、任性，讲求检测的精细化、科学化；摈弃知识的机械识记、能力的无聊操练，建构素养本位下熔语文基础知识、基本能力、学习态度、探索兴趣、人格素养于一炉的立体考查；既注意他测，亦不忘自测、互测、混测，形成检测的动态化、优质化，并构成对目标设定、课堂教学的有力互动。

这使他的语文测评思想不仅具有科学的效度、信度和梯度，更具有人文的热度、广度和深度。

儿童阅读：高一点，专一点，活一点

彭才华

关于儿童阅读，大概没有哪个时代能与今天相比，得到自上而下的高度重视。我们欣喜地看到，很多教师在自己的工作中有了积极的行动。然而，在形形色色的阅读推进行为中，也有不少缺乏理性思考、盲目跟风的现象。回望夏丏尊先生的阅读观，可以让我们在诸多方面得到有益的启示。

一、阅读目的："高"一点

人为什么要阅读？关于这一议题，我们的思考不可谓不丰富。例如，一个人的阅读史，就是一个人的精神发育史；阅读，能够祛除内心的浮躁，给心灵以慰藉和滋润；阅读，可以帮助我们在书中找到自我的参照，从而更好地了解自己……然而，到了真正的阅读推进之中，我们却不自觉地忘记了这些，读书的目的似乎全都异化了。我们强调，阅读能力直接关系到学生理解能力、表达能力的提升；我们强调，阅读可以开阔视野，提升学生的语文素养；我们强调，不阅读，语文试卷就做不完；我们强调，"语文为王"的时代来了，语文学不好将严重影响其他学科，不仅语文拿不了高分，政治、历史，甚至需要读懂题意的数学等理科成绩也会受影响……诸如此类，大概已成为阅读推进的"流行语"。如果这是作为语文教育改革的一种宣传，也无可厚非。然而，如果我们在学生耳边反复叮嘱，或者训导、告诫的话，他们在未来的人生中，对阅读究竟会持一种怎样的态度和情感，就值得我们静下心来思考了。

阅读，本不应该是被胁迫、被功利化的事情。

我们究竟为什么要阅读？夏丏尊先生在《阅读什么》一文中谈道："有些人把读书认为是高尚的风雅事情，把书本当作好玩品古董品，好像书这东西是与实际生活无关，读书是实际生活以外的消遣工作。有些人把书认为是唯一的求学的工具，以为所谓求知识就是读书的别名，书本以外没有知识的来路。这两种观念都是错误的。"细读这段话，可以发现与我们当下有些人把阅读神秘化、虚高化不同，夏丏尊先生的阅读观不矫情，不故弄玄虚，十分朴素。

他认为阅读只是为了要生活，要充实生活技能。举个例子，我们要生活在这个世界上，就要了解自然，了解世界万物的原理，懂得社会，知晓历史，我们可以通过观察、实验、阅读等多种方法达成这一目的。其中，阅读的方式相对便利，可以节省很多时间、人力、物力等，所以我们要阅读。

当然，夏丏尊的这种观点也极容易被错会为他是个完全的阅读实用主义者、"生活本位"者。实际上，他对此十分警惕，提出"专门以上的学校为欲使学生直接应世，倾向常偏于专门的知识技术的传授。专门以下的学校所传授，不是可以直接应世的知识技术，其任务偏重于身心诸能力的养成，愈是低级的学校愈如此"。所谓"身心诸能力"，即夏丏尊指向涵养品格、培育德行的阅读主张。这一点，在他的《阅读什么》一文中有更鲜明、更具体的阐述，下文将专门论述。

综观散落在夏丏尊多篇文章里的相关表述，我们不难发现，他对于"人为什么要阅读"的思考是不偏不倚的：他既主张服务生活、应付生活，朴素而踏实；同时，他也强调阅读并非专为"生活"，并非匍匐在"生活"的平地上抬不起头，而是强调阅读对于人的心灵、精神的净化、引领——实际上，这也是为了让人的生活更丰富、更美好、更高贵。正如他所强调的"读书和生活要连成一气、打成一片"，这种观念体现出他务实的心态、智慧的眼光、超拔的境界。

取法乎上，仅得其中。以夏丏尊先生的阅读目的观来审视我们当下的阅读推进"流行语"，结果就不免让人担忧。所以，当下的阅读目的教育，应该有更高远的指向。儿童阅读，不仅指向理解、表达等各种能力的提升和知识的增长、视野的开阔，还应该润物无声地让儿童感觉阅读本身就是一件幸福的事，阅读可以让人生有更丰富的可能、有更美丽的远方。如此，阅读的种子才会真正播到儿童的心里，影响他的整个人生；而不是当他走出校门之后就把阅读之门关闭，或者仅仅留下一点可怜的碎片化、浅表化或娱乐性的伪阅读。

二、阅读什么："专"一点

正如他的阅读目的观，在"阅读什么"方面，夏丏尊的看法同样是既有脚踏实地的朴素前行，也有仰望星空的理想追求。

有人做过比较，在给中学生推荐书目这件事情上，夏丏尊与他同时期的胡适、梁启超等人不同，无论是书目数量还是难度，他的思考和建议都更符合实际，也更便于操作。

与他的阅读目的观相同，夏丏尊认为一个人要读什么书，要"依了他自己的生活"来定。在《阅读什么》一文中，他把阅读的范围分为三类：一是关于自己职务的；二是参考用的；三是关于趣味或修养的。为了讲清这一观点，他举了内科医生的例子来说明：作为医生，首先，他要读和他业务紧密相关的书籍。其次，要读和业务没有直接关系，但可以作为业务参考的书籍（如因疟疾的研究，而注意到蚊子的种类，便去翻某种生物学书；因为疟蚊的分布，便去翻阅某种地理书；等等）。最后，则是和他业务之外的趣味或修养有关（喜欢下围棋的，不妨看看关于围棋的书；喜欢摄影的，不妨看看关于摄影的书；等等）。也正因每个人职业不同、兴趣爱好不同，所以他认为没有适合所有人的"推荐书目"。

《阅读什么》其实是面向中学生的广播稿。所以，按上文所述的阅读范围分类，具体到中学生该读些什么，夏丏尊提出了更具体切实的建议。这些建议对于我们当下的语文教学也别具深意。

首先，他指出中学生要读的"职务书"就是"学校的各种功课"，就是"学校规定的各种教科书"。他批评了"好好地阅读教科书的人并不十分多"的现象，并指出教科书是专门为学习而编，虽说算不上什么了不得的著作，但对于学生来说，其价值是不容忽视、不容轻慢的。

由此看来，每个时期的教科书都处于大概相似的境地。时代在前进，我们对待教科书的态度并没有太大改变。尤其是进入 21 世纪之后，关于教科书的质疑、批判越来越多，甚至要"革教科书的命"。在这种时时不忘挑刺的心态下，有多少教师会领着学生深入地学习教科书呢？

诚然，每个时期的教科书都会存在或多或少的弊端、或大或小的缺陷，而引导学生发现教科书的这些不足，也是一种学习，也是一种怀疑精神的培养。然而，教科书果真如此不好吗？随着时代的发展，我国的教育部门对于教材建设是越来越重视、越来越谨慎了。一套教科书的面世，不知经过多少专家、学者的反复斟酌、筛选，不知经过多少地区、学校的试用、验证，其间浸润的汗水与思考是难以估量的。面对这样的教科书，我们能不能换一种眼光来看待？而不是动辄就高高在上地"骑"在教科书上指手画脚，不是夏丏尊说的"胡乱阅读几遍"就了事，而是依据教科书，从它的正面价值入手，学得更深入一点，"如文法上的习惯咧，修辞上的方式咧，断句和分段的式样咧，诸如此类的事项，你都须依据了这些文章来学习，收得扼要的知识才行"。因此，我们要牢记"阅读教科书并非简单的工作"，应心无旁骛，深入地钻研它，尽可能地发挥它更多的内在价值。

其次，夏丏尊以举例的方式谈了学生究竟应如何阅读参考书。对于这类书，他表示要慎重选择，"先得有题目"，也就是说，要根据自己读职务书出现的需求或困境进行有目的的选择。例如，学生读《桃花源记》，碰到不懂的词语，就应该去读词典；如果读出了陶渊明时代晋人的情味，就可以读读文学史，了解了晋人文风；想要深入了解陶渊明的，还可以读读《晋书·陶潜传》或《陶渊明集》……他指出，这样选择参考书是"因为有了题目才发生的"，并不是漫无目的地乱读一气，而是非常清楚自己"参考的题目是什么"，依据这"题目"沿波讨源，深入下去，读出厚度来。不用说，这种依着"题目"去选择阅读内容，下的是真功夫，做的是真学问。从古至今，凡是于学术上有惊人造诣的大师，莫不经过这样的阅读。

比照我们的阅读现状，实在有很多需要思考的地方。在各种关于阅读效用的宣传之下，五花八门的推荐书单铺天盖地地涌现出来，学校、班级都在追求海量的阅读，认为只要"量"上去了，不管读什么，总会有"质"的飞跃。殊不知，"吾生也有涯，而知也无涯。以有涯随无涯，殆已"；殊不知，当下学生的学业负担已经很重了，可以供他们阅读的时间已经很少了；殊不知，现在的图书市场鱼目混珠、泥沙俱下，"读什么"比"读多少"更重要。

谈到这里，需要再说说"群文阅读"。众所周知，在提升学生阅读速度、扩大学生阅读面、改善学生思维模式等方面，"群文阅读"颇具优势。然而，在实际教学过程中，这种模式也逐渐暴露出它的某些局限性。例如，"群文阅读"的材料选择往往由教师决定，要么指向文本内容、人物形象，要么指向文本形式、能力训练要素，体现了数量的增加，强调了规律的发现。然而，一节课里，学生要面对五六篇甚至十几篇文章，往往只能亦步亦趋地疲于奔命，蜻蜓点水地肤浅感知，根本不可能潜入文本深处去体验，更谈不上融会贯通。所以，联系夏丏尊先生的观点，我们还需要思考，阅读不仅要有"广度"，还需要有"深度"，而"深度"的前提就是"专一度"。所谓"伤其十指，不如断其一指"，只有专注地在一处着力，方有可能深入。

当然，小学生年龄小、阅历浅，如何恰当、适度地引导，让他们形成专注的阅读习惯，以影响其终身，最终能做出不浮泛、不空虚的学问，也是摆在我们面前的重要命题。

最后，关于趣味或修养的书，夏丏尊先生的观点仍体现了一个"专"字。

他认为，关于趣味或修养的书可以"照了自己的嗜好和需要来选择"。当然，每个人的兴趣有可能会发生变化，修养需求可能会有所变更，这种时候，他还是强调"最好在某一时期，勿把目标更动"，例如，赵普一辈子在读《论语》，日本文学家坪内逍遥近80岁的生命中用50多年读莎士比亚剧本。"但求有益于自己就是，用不着计较时间的长短。"反过来，"这一星期读陶诗，下一星期读西洋绘画史，趣味就无法涵养了。这一星期读曾国藩家书，下一星期读程、朱语录，修养就难得效果了"。

小学课本里曾有一篇课文叫《白头翁的故事》，讲述的是一只小鸟今天学喜鹊搭窝，明天学黄莺唱歌，后天学大雁飞行、老鹰打猎，最后直到头发全白了也什么本领都没学到。这个故事生动地诠释了夏丏尊先生的观点。古人读书讲究"涵泳"，的确，一段时期内专注于一种书，深入其中，反复求索、玩味，才会有实实在在的收益和长进。可见，夏丏尊的谆谆告诫是诚恳负责的。

作为学生阅读的引领者、指导者，语文教师不能让学生的阅读也随了个人的喜好，心猿意马，忽东忽西，没有一个定性。我们要确实担起责任来，引导学生长期地专注于一处，从而涵养出真正的趣味与扎实的学养。

三、怎样阅读："活"一点

在"怎样阅读"这一问题上，夏丏尊先生也有其独到的观点，讲究阅读方式的灵活，强调阅读内化的活力。在《怎样阅读》一文中，他仍按上文所述的三类书分别谈了自己的观点。

首先是关于学生职务的书，也就是教科书。夏丏尊提出，学科性质不一样，阅读的方法也就不一样。他把有严密系统的书列为一般科学教科书，把像国文、英文之类（除去文法、修辞）的书则列为语言文字教科书。更让人钦仰的是，他认为关于这两类书应该有区别地对待，一般科学的教科书应该偏重于阅，语言文字的教科书应该偏重于读，并且强调前一类书"只要从文字求得内容就够了"，语言文字教科书则要"在形式上多用力"。今天，我们一直强调阅读教学要"和内容分析说再见"，要多关注言语表现形式，不能把语文课上成历史课、自然课。如今距离夏丏尊的时代已经过去好几十年了，不能不说，他的观点独具前瞻的智慧。

到具体的国文阅读方面，夏丏尊也极其细心地提出了建议：对于一篇文字，或是兴奋，或是流泪，或是厌倦，都不要紧，但得在这之后，冷静地去从文字的种种方面去追求，去发掘。这"冷静"二字很值得我们重视。只有"冷静"了，我们才不至于被内容牵着鼻子走，才能跳出来去玩味文字，咀嚼内容之下语言形式的深层意味。当下，我们有些语文老师的课堂，要么深陷内容泥淖不能自拔，要么以科学的方式机械地把一篇篇文章肢解分割，生硬地落实知识点，我们确实应该细细体会夏丏尊的这个建议。

我们要注意的是，夏丏尊所说的"冷静"并不是"只用眼睛看"，而是需要"用口来读"。他认为"关于词儿、句子、表现法等类的事项，大半是可在读的时候发现领略的"，强调诵读对敏化语感、感受文气的重要作用。这在当时"按生活需要是默读不是朗读""朗读不如默读，思想既容易集中，时间也可经济"等反诵读风气的背景下，实在难能可贵。时至今日，我们不仅要将这种重视朗读的教学传统发扬下去，也要学习夏丏尊这种实事求是、灵活变通的学问态度。

其次是如何阅读参考书。夏丏尊提出了两个观点：

第一，"不要把自己所要参考的项目或问题抛荒"，意思是在阅读参考书的时候不要被参考书所困住，忘记自己为什么去查阅参考书。他举了个浅显的例子，说有些人聊天时很容易跑题，把话头扯到另外的事情上去。这就要不得。

第二，"要乘参考之便，留意一般书籍的性质和内容大略"，也就是说要在利用参考书的时候做个有心人，把书里的序文、目录等精要记下来，以备今后翻检。

这两个观点看上去有些矛盾，细细揣摩却是辩证统一的。五色令人目盲，五音令人耳聋。在这个信息爆炸的时代，各种资讯每天铺天盖地而来，海量书籍泥沙俱下，我们如何静下心来专注于一处，真正提升阅读的效率，是很需要智慧的。这一方面，无论是我们教师还是学生，都应借鉴夏丏尊先生的这两个观点，在"不跑题"与"跑题"之间寻找平衡点，既不在参考书阅读中忘了当下的任务，又能灵活地抓住契机，获取参考书的精要，方便今后的阅读、学习。

最后是关于趣味或修养的书如何阅读。这一方面，夏丏尊先生的建议更是耐人寻味。他既重申了这类书的选择要专注精简，阅读要恒久专一，又灵活变通地提出了要尽量利用参考书的观点："例如：你现在正读着杜甫的诗集，那么有时候你得翻翻杜甫的传记、年谱以及别人诗话中对于杜诗的评语等等的书……把自己正在读着的书作中心，再用别的书来作帮助，这样，才能使你读着的书更明白，更切实有味，不至于犯浅陋的毛病。"

精选、精读与利用参考书，确实并不矛盾。其中，既有防止浅陋的学问规律，同时也有他对于学生心理的同情与体贴。专一的趣味阅读时间长了，难免倦怠，必要的拓展阅读则可冲淡倦怠感，从而让趣味阅读更持久、更深入，也更能得到多方的滋养。

综上所述，尽管时间过去了好几十年，但是夏丏尊先生朴素、智慧而又灵活的阅读观对于指导当下的儿童阅读仍然大有裨益。

杳渺之思诉诸笔端

董晓舒

写作教学一直是语文教育的关注焦点，历代都有关于写作教学质量的热议，每一个关心语文教育的人都会参与其间。

夏丏尊便是其中之一。先生言："思想愈无头绪，文字反益玄虚。"表达是思维的诉求，"真实""明确"亦是夏丏尊对待写作的态度。语文教学有其特殊性，教师"费过心力"，研究"教学公式"，而学生仍然"成绩幼稚"。这种情况如何改善？从夏丏尊在写作教学中关于"是什么""写什么""如何写"的探索中，也可窥得一二。

一、是什么：夏丏尊的"文章面面观"

文如其人，文字是人格的表现。夏丏尊认为，"冷刻的文字，不是浮热性质的人所能模效的，要作细密的文字，先须具备细密的性格"。国文学习，需从"知、情、意"着眼，而非限制于操作理论的格局，从作文谈作文，拘执于文字，容易陷于"浅薄的功夫"。

追本穷源，夏丏尊对文章有如下定义："文章是记载世间事物、事理和抒述作者意思、情感的东西。文章的内容包括世间一切，它的来源是实际的生活经验。"由此可以看出，夏丏尊认为作文的内核，源于对生活的真实玩味与表现力。通常来讲，引起作者写作欲望的，不是"早已存在"或"业经发生"的某事物，而是他从许多事物中看出来的、和一般人生有重大关系的"一点意义"。这点"意义"会让写作者笔下的一切事物均集中于某一点，而不添加无用的东西。中小学生阅历尚浅，难以构建意义，那该怎么办呢？可见，作文不仅是认识，还应该是真切的体验。

夏丏尊认为，作文的探究可以从两个方面来谈：一是内容的研究；

二是形式的研究。内容的研究包含文章所记载的事理与情思及其与世间的关系；形式的研究包含文章形式、起承转合、简单繁复、分段定题，以及文章的体制、文法修辞、写作风格、章法布局等。这不仅是教师的任务，也是所有读者的应有意识。如何阅读一篇文章？夏丏尊对文章形式与内容的研究，可作为先验知识，读过之后再作复现。不单单是要讲出这篇文章讲了什么，也要能从以上的探究框架中主动建构新的认知，以此对头脑中已有的理论框架进行加工。正如梁启超所说，"世间懂规矩而不能巧者有之，万万没有离规矩而能巧者"。

二、写什么：识辞积理，触类记及

阅读与写作、生活与写作，均是息息相关、脉脉相通的。写作，其实是一种思想与意见的表达与输出。正如郭莽西所说，写文章并非空闲时间的消遣，更不是无事忙，而是因为我们脑子里有什么意思要使人知道，或者是有什么意见要发表出去，或者是因为有某种感情——所谓情绪，要发泄倾吐。

夏丏尊也说，写作应该是一种"郁积的发泄"。但是，文章是由思想或情感复合而成的，不是单一的思维输出，也不是零散文字的简单拼凑。"发泄"与"倾吐"的背后，其实隐藏着作者的知识与见解、情感与感触。如若"识辞不多""积理不丰"，就无法商量，难以推敲，因而也就无从写作了。写作，存于所读的书、所见的世相、所历经的体验，以及与之交往的对象，存于纷繁复杂的世态人情之中。

写作应该是偶发式、片断式的。夏丏尊将"写什么"比作地图与绘画，明确表示：写作不是画世界地图。"轮廓的文字好像地图，是不能作为艺术品的。"写作，需作"绘画样的文字"，而非"地图式的文字"。文章的篇幅是有限的，需要在既定的范围内完成思想与内容的有效输出。就好比打仗，以少胜多，还需集中兵力，直冲要害，若用"包围式的攻占法"，不免会失败。偶发式、片断式的写作，往往能触发幽微的情绪。正如王国维所言，"夫境界之呈于吾心而见于外物者，皆须臾之物，惟诗人能以此须臾之物，镌诸不朽之文字，使读者自得之"。

文章固然有情感，文章中的"情"，可分为"情操"与"情绪"。"显然可辨的、渐归消退的感情"是为情绪；"强度很低的感情，但比较持久，终身以之"是为情操。情绪抑或情操，从情感本身的持久与强度中可以推断。情绪易于呈现，情操较为隐忍，此两端非读者与作者共情而不可得。

情感不能凭空发抒，需要依托事物。文章的意味不同，材料的判别与甄取也有区别。太阳底下没有新鲜事，其实不然，在写作材料的选取中，平凡易见的事物，只要角度合适，也可发掘"新的知识，新的情味，新的教训"。当然，材料的选择除却"知面"之外，还应有"刺点"。罗兰·巴特谈过摄影作品赏析的概念，这里也可作为类比。知面，是一种"面的延伸"；刺点，是一种"点的渗透"。后者与个体息息相关，涉及作者材料的选取及其呈现方式，以及读者个体经历或情感，这便是选材的巧妙之处。

三、如何写：杳渺之思诉诸笔端

（一）真实与明确

谈及作者应有的写作，夏丏尊认为，态度有二：一曰真实，即传达自己的意思和情感给别人；二曰明确，文章本是"济谈话之穷"，其"表达"的功用，与说话无两样。

1.真实

要有读者意识，当文字落于笔端时，不会因文笔拖沓、语意不明而让读者皱眉头。夏丏尊说，"技巧属于积极的修辞，大部分有赖于天分和学力；态度是修辞的消极的方面，全是情理范围中的事，人人可以学得的"。所以明确态度，无关乎技艺，唯有心系读者，以真实表达思想，获得共情。

2.明确

（1）6W 理论。夏丏尊在《文章作法》中，对于"6W 理论"的解释如下：为什么要作这文（Why），明确写作目的；在这文中所要叙述的是什么（What），明确中心思想；谁在作这文（Who），明确以何种资格向人说话；在什么地方作这文（Where），在什么时候作这文（When），因地制宜，因时制宜，因事制宜；怎样作这文（How），涉及文体、详略、直接委婉、开端结尾等。

（2）着眼细处，出奇制胜。夏丏尊给出了两个片段：

（甲）鳞云一团，由西上升；飞过月下，即映成五色，到紫色缘边，彩乃消灭。团栾的月悬在天心，皎皎的银光笼罩着平和的孤村。四边已静寂了，地底下潜藏的夜气，像个呼吸似的从脚下冲发上来。

——《月夜》

（乙）一到半夜，照例就醒，醒了不觉就悄然。窗外有虫叫着，低低地颤动地叫着，仔细一听：就是每夜叫的那个虫。

我不知于什么时候哭了，低低地颤动地哭了。忽而知道，这哭的不是我，仍是那个虫。

——《虫声》

两个片段主题一致，均为秋夜。甲以"月夜"为题，乙以"虫声"为题。前者以景色为主，后者以作者心情为主。两个文段的好与坏不予置评，也难分伯仲。单从情调来讲，前者以"短小的文字写繁复而大的景物"，乙只写虫声。故着眼细处，出奇制胜，才可能"全体振起"。

（二）符号与情境

作者能在多大程度上理解言辞，当他选取语料时，就有多大的施展空间。语言的境界即为思想的境界。而学生写作时不乏"思想愈无头绪，文字反益玄虚"的情况，可见其对于语言的使用与理解尚有不足。夏丏尊言，"对于文字应有灵敏的感觉，是为'语感'，教师所能援助学生，只此一事"。

可以认为，语言是最发达、最精巧、最复杂的符号。写作，是将无限的事物置于文字这一寄托若干意义的符号中，已是不易；而读者读文章是"依样感受"，更是加深了难度。故而，语言的选用对作者而言是一项挑战。正如福楼拜教导莫泊桑时所说，"你所表达的，只有一个词是最恰当的，一个动词或形容词，一定要找到它，别用戏法来蒙混，逃避困难只会更困难"。写文章，果真要历经一番衣带渐宽终不悔的"折难"。

（三）作文与载道

夏丏尊授课，要求学生"不准讲空话，要老实写"。当时正值"五四"将近，学生做惯了"太王留别父老书"之类的文题，夏丏尊却要求写一篇"自述"。有一位同学发牢骚，赞扬隐逸，说要"乐琴书以消忧，抚孤松而盘桓"。文辞看来颇为优美，意境悠然，但似有为赋新词强说愁的意味。夏先生厉声问道："你为什么来考师范学校？"弄得那人无言以对。

言为心声，文如其人。好文章不会千文一面，培养学生本身的知识、情感、意志，是比技法本身更重要的事。这是夏丏尊教学思想在教学实践中的映射，也是其能够带给当代语文教师的启示。先有思，再如何思，最后把思考的结果诉诸笔端，这就是写作的功夫，需要不断磨炼。

■ 黎锦熙：现代语文的揭幕者

　　黎锦熙（1890—1978），字劭西，著名语言学家和语文教育家。22岁创办《湖南公报》，任总编辑；23岁出版《教育学讲义》；24岁与同人合作编辑出版了多部中小学教材；25岁发起成立国语研究会，积极投身于以"国语统一""言文一致"为目标的"国语运动"，推广普通话、汉语拼音、文字改革等，做了许多开创性的工作。1924年，应国语教学之需，出版了我国第一部白话文语法专著《新著国语文法》和第一部国语教学法专著《新著国语教学法》。

黎锦熙语文教育思想探索

尹逊才

　　黎锦熙先生一生兢兢业业，以"勤""恒"二字治学，研究领域很广，除语言学外，对文字学、历史学、教育学、佛学，乃至目录学、图书馆学皆有较深造诣。此外，黎先生一直关注并投身于语文教育，他的语文教育思想及有关论著，曾对我国中小学语文教育产生了深远的影响。

　　关于语文教育的探索，黎锦熙先生有两本代表性著作，即《新著国语教学法》（以下简称《新国语》）和《新国文教学法》（以下简称《新国文》）。《新国语》是黎先生对于语文教育精益求精、不断超越的结果。它的超越主要体现在以下五个方面。

一、创建了语文教学论的新体系

　　《新国语》共七章，分别为：国语教学之目的；注音字母之初步的教学；国语教材和教学法的新潮；读本与"读法"——读书；标准语与"话法"——语言；国语文法与"缀法"——作文；字体与书法——写字。从理论框架上看，应属"总—分"论体系；从思维方法上看，应为整体到部分的分析方法。也就是说，先论述语文学科性质这个全局性的问题，然后确定语文教学的基本内容，接着对读法、话法、缀法、书法等各部分加以论述。这样的安排，就不再像之前那样零零碎碎的，而是整体的、统一的，便于揭示复杂的语文教学系统，有利于师范生学习和使用。

　　当然，也应认识到，这一体系并非完美无缺，如在逻辑结构上，它缺乏内在的、互相衔接的、一环扣一环的有机联系。不过它毕竟"开辟了我国语文教育理论研究的先河，如王森然、阮真等现代语文教育家的研究活动都是在其后发展起来的。并且这种研究使得语文教育理论研究在步入现代教育体系之后，由附属在'教育学'之下的'教授法'发展为独立的'教材教法'"。

二、提出了内容与形式统一的国语要旨

在听说读写四项共通的语言观基础上，黎先生提出了形式与内容相互统一的国语要旨。首先，他摆正了形式和内容之间的关系，既强调形式，又不偏废实质。其次，又理顺了形式内部各部分之间的逻辑关系；明确了实质方面的内容，智、思、德并重，但以思为根。最后，推衍出了语文教学的四个目的，即"自动的研究与欣赏""社交上的应用""艺术上的建造""个性与趣味的养成"。总之，工具性与人文性有机统一。这一国语要旨，反映了他对汉语母语学习规律的深刻认识，反映了20世纪20年代语文教育研究的较高水平，其科学性、可操作性之强，至今仍能经得住实践的检验。

三、制定了语文教材编写及使用标准

黎先生非常重视语文教材的建设，在国语要旨的指导下，在长期编写实践的基础上，他提出了编选教材要遵循的两个标准：合于本国的教育宗旨、适应儿童身心发展及生活需要的程序。

（一）合于本国的教育宗旨

合于本国的教育宗旨，即符合本国的教育方针。首先是符合教育规律。任何学科的教学都要指向教育，教育要贯穿、渗透到各学科教学当中。黎先生所规定的"正读本"七个方面的知识——道德、伦理、理科和地理、历史、日常生活、实业、纯文学或有趣味的材料等——涵盖了社会生活的方方面面，对儿童的成长起着十分重要的作用。其次是符合实际。任何先进教育理念的落实，都要看当地教育的实际情况。如他认为，当时乡村小学由于财力、师资缺乏，一时很难办得完整，因此在使用广泛通用的教材的基础上，各地方还要因地制宜，随时自由改造、实

地试验。再如编排体例，黎先生在考察了日本、欧美的组织方式之后，认为从中国的教育情形出发，还是每学年两册为妥。这种编排方式，仍为我国目前中小学大多数学科的教科书所采用。

（二）适应儿童身心发展及生活需要的程序

黎先生将读本分为"正、副"两类。

正读本用于课堂内精读，其内容限于文学，以儿童文学为主。其选文在体裁上共分十类：儿歌、诗歌、谣曲、寓言、童话、传记、物话（天然的故事）、小说、游记、戏剧。这十类体裁都是儿童喜闻乐见的，容易引起儿童学习的兴趣，并且可以借此传递给儿童知识。在编纂体例上，他将正读本设置为三种形式：一、二年级以"杂辑体"（各单元不相连贯）为主；三、四年级以"类联体"（按季节或体裁或内容主题形成单元）为主；高年级"类联体"和"连续体"（整本书）兼用。也就是说，随着学生心理的发展，其学习内容之间越来越注重逻辑性与系统性。

副读本用于课外或课内的泛读，那些正读本限于分量而不能容纳的日常生活必要知识，以及足以养成儿童趣味的文学作品，都可编为副读本。编副读本的主要目的在于"培养儿童对读本的趣味和能力""补充儿童的知识，使之丰富而确实"。在副读本的内容、分量、程度分配上，他也充分考虑到学生的心理发展水平，设置"初级班所用""高级班所用"和"初级、高级通用"三种读本。

此外，黎先生还从儿童美育的角度，对正读本的插图提出四点要求，即"明了、新颖、粗笔、彩图"，以便于直观教授，唤起兴趣，训练技能，涵养美感。这显然也是充分照顾到了儿童学习心理的特殊需求。

黎先生虽然非常重视教材的建设，但是在他看来，教材并不是教学的主体。他将国语教学的材料和教学方法分为上、中、下三等：下等就是通常所说的"教教材"，"以读本为主，照现成的国语教科书，按课、分时、依法教学"；中等就是通常所说的"用教材"，"读本不过拿来作一种重要的教具，不看作教学的主体"；上等则是通常所说的"在生活中学"，"随时随地地利用儿童生活中的种种事实，连接他们的种种经验和环境，作一种普遍而流动的教材"。当然，上等的教法基于当时的师资实际，很难实现，因而中等的教法只是一个不得已而为之的权宜之计。作为一位长期编写语文教材的语文教育家，他对于语文教材本质的认识，不能不引起我们的重视。

四、保证了听、说在语文学科中的落实

长期以来，语文学科一直存在重读写、轻听说的弊端。清末民初，虽开始注意对听、说能力的训练，但由于缺乏实际操作策略，多数成了一纸空文。黎先生则不然，他不仅将听、说摆到首要位置，还提供了许多切实可行的操作策略。他根据不同年龄、不同场合，提出了"话法教学"的具体要求：一是适合于小学低年级的"读法前"的话法，即用简单会话对实物或图画进行问答、谈话；二是"读法内"的话法，即于教学读书时，不偏重心目，兼锻炼口耳；三是"读法外"的话法，即运用日常生活中的语言环境进行说话教学，可采用"直接授注"（不用文字而以实物为教材）、"演进法"（以动作为各种教材线索循序演进，随说随做）、"命令法"（对教学法稍作改变，变为教师说，学生做，或学生间相互说和做）。这些切实的操作策略，使得听、说能力的训练得到具体保障，真正得以回归语文学科。

五、提供了一套科学的阅读教学程序

黎先生为阅读教学提供了一套科学的教学程序，即"自动主义的形式教段"。这套程序的主要特征是自动主义指导下的"三段六步"。"三段"即理解、练习和发展，其中每个阶段又分作两步，称作"六步"，即预习、整理；比较、应用；创作、活用。这是他针对旧阅读教学"逐句翻译"的弊病开出的一剂良方。这套程序目前看来，与当下课标的阅读教学理念在目的观、师生观、训练观、课程资源观上有着惊人的一致

性，反映出黎先生对语文教学规律有着高深的洞悉力。同时，它又是与语文教学实践密切对接的一套程序，其框架清晰、步骤简易，便于教师领会和操作。

《新国文》一书，成于1950年，正值中华人民共和国成立不久。长期的战乱，致使我国教育遭到了严重的破坏和摧残，语文教学面临着许多困难和问题。黎先生把自己有关讲读教学和作文教学的四种旧著，修订后结集出版。在短短5万字的篇幅中，黎先生着重阐述了"语文教学技术方面的改革"，并力求从内容及结构安排上为读者提供一种简明而可操作性较强的教本。他的语文教学技术改革思想，主要体现在以下两个方面：

（一）阅读教学

1. 文体不同，教法不同

黎先生指出，讲读教学的问题，症结还是在于"不知道把白话文的教材与文言文的教材分别处理，而只知道笼统地用一种大概相同的教学法"。他根据白话文与文言文的不同特性，提出了"两纲四目"的教学原则与教学方法。两纲分别为"白话文须与语言训练相联系"、"文言文视与外国语文同比例"（指用同样的教学方法）。每一纲下面又有两要目，白话文为"先须'耳治'"（初讲时，学生不可看本文）、"注重'朗读'"（须用美的说话式，并随时矫正读音、语调和语气）；文言文为"必须'背诵'"（预习时，即宜熟读；已读者，分期背默）、"彻底'翻译'"（逐字按句，译成白话，确依文法，勿稍含糊）。"文体不同，教法不同"的思想，早在20世纪30年代，叶圣陶和朱自清两位先生就有论说。不过，当时并没有引起重视。黎先生在这里就"文白教法"问题进行了深入探讨，可以说推动了这一思想的发展。近来"文体不同，教法不同"的研究已成为语文学术界的显学之一，再一次证明了学术大家对语文教育非凡的洞察力。

2. 教师主导，启发自动

黎先生把讲读教学的过程分为"预习""授课""总结、深究与练习"及"发展与应用"四个阶段。"四个阶段既有鲜明的分界又有紧密的联系，形成一个合乎教学规律的教学过程。"这个教学程序的主旨是实现"教师主导，启发自动"。

在"预习"段中，他强调，"预习就是'自学'"。同时，为保证自学实效，他还建议设立"两级"小组的学习组织，"分编为五人左右的'互助小组'，自推'小先生'；再联合两三个互助小组编为'学习小组'，同时也为'生活小组'，每一学习小组选'小组长'一二人，负责总结报告。'自学（预习）'工作须在此种组织下进行"。而当学生自学时，教师则要对于预习中的"要点诀窍及如何正确地使用力量与支配时间等随时指导"，切忌以为"预习"是课外的事情，"听其'各别'自流"。

在"授课"段中，他指出这一段主要是对学生预习效果的检测。不过这里的自学，要求又有所提高。它不仅要求学生归纳、汇报自己的预习成果，同时还要将预习成果相互对比，提出质疑。教师则在学生汇报过程中肩负起组织检查、宏观掌控的责任，若发现学生的不足，要随时补充。学生若提不出问题，教师就选择那些"其应疑而不知疑者"反问。他特意强调，这种反问是"启发式"的，而非"注入式"的。

在"总结、深究与练习"段，他认为学生一定要进行"手到、口到"的文法训练，教师则一定要做好文法、朗读技巧的指导和点拨工作。

在事关课外学习的"发展与应用"段中，黎先生仍然认为不能放松对学生的指导，"对于课内的'作文'和'略读'，对于课外的一切有关于语文的活动，都实际联系起来，而予以有计划有系统的指导"。不仅如此，他还亲自设计了案例以供参考。

从上述教学程序来看，教师主导与学生主动，由课内延伸至课外，由阅读延伸至写作，由教学延伸至生活，展示了国文讲读教学的广阔天地。

3.听说读写，相互贯通

黎先生听说读写四项共通的思想，在《新国语》中早已阐明。《各级学校作文教学改革案》中，则又结合文言文和白话文案例具体阐发。他主张，无论文言文教学还是白话文教学，都要注意读，并且还要采用各种形式的读。在读的过程中，白话文要特别注意听、说的训练。如白话文的教学，"预习报告""教员范读""学生齐读"三个环节中，学生都只用耳朵听，"不可对看本文"。在讲读过程中，要实行讨论式，一个学生读完，师生共同讨论，学生要"质疑"，教师要"反问"。要把默读、朗读、背诵作为讲读教学中主要的教学方式，在朗读的安排上要注意教师的范读次数和艺术性，文言文、白话文要用不同读法，学生朗读方式要多样化。学生精读后，则要求他们进行小组讨论，然后集体讨论；"质疑"之后，教师还要"反问"。这显然又是在听、说的基础上培养学生的阅读能力。写作能力是语文训练的一个重要内容，黎先生非常注重在讲读教学中促进学生写作能力的提高，通过提升写作能力以反哺阅读能力。如学生在准备报告时就得动笔，总结阶段又得动笔对"预习报告"作最后的修正、补充，在发展阶段又生发出写作的内容，最后又通过阅读所学范本、知识去改进写作，写作能力提升了，阅读能力也就提高了。

（二）写作教学

1.讲读储备，写作应用

学生写作，必须事先有所准备，储备一定量有关写作的知识。这种知识的储备，在黎先生看来，主要是在讲读教学过程中完成的。具体做法首先是要通过讲读教学给学生以语法、修辞、逻辑、文艺学以及文章的思想内容等和写作有关的知识，并通过朗诵等基本训练，提高学生语言表达的素养；其次是讲读教学过程中随时注意纠正错别字与遣词造句的错误；另外还要做好每次作文前的具体指导。

2.教师指导，学生自改

教师辛辛苦苦地修改，学生清清闲闲地对待，这是作文批改的真实写照。黎先生就是要改变这一点，实现在教师指导下学生自改作文的目标。他的具体做法是：教师先用"批改符号"分别指出学生作文中出现的"字体错误""文法错误""事实错误""思想错误""一般错误"五种错误，并于眉端或篇末加批语。然后把作文还给学生，学生根据教师所加符号与批语自行修改。有的学生不能自改，就交小组讨论、订正，对解决不了的问题汇交教师，最后由教师核定评分，并解答学生提出的问题。教师指导学生修改自己的作文，就能使学生更好地明了自己错误的原因、改正的方法，从而能提高以后作文的自觉性，避免或减少盲目性。

3. 日积月累，师生共进

作文教学要总结学生作文中出现的错误，帮助学生从文字、语法等方面逐步掌握规律以避免或减少错误。黎先生认为就学生每次作文中出现的问题，应制作并公布"四种错误表"（字体错误表、文法错误表、事实错误表、思维错误表），分析错误产生的原因，逐渐积累，寻找并掌握规律，每学期末提出改进方案，师生共同写研究论文或专著。

4. 修养日记，读书札记

实践证明，写日记、做札记，能很有效地提高一个人的写作水平。黎先生本身就是一个典型的例子，他自12岁时开始写日记，一生没有间断，他所取得的成就与此有很大关系。因而在《各级学校作文教学改革案》中，他要求学生天天写"修养日记"，文言、白话随便。这样做的目的，是促使学生逐日整理自己的思想、认识，提高自我认识和反思的能力。再者，日记是记录自己的生活、思想和学习，学生就不会无话可说，就有兴趣。他的另一重要举措是要求学生就听课与读书中的心得与疑难写"读书札记"。其目的是让学生将读书所得与听课所获相互对照印证，既巩固提高课内所学，又加深领会课外所学。对学生在札记中所提的疑难，教师要及时予以解答，如越出国文教师的知识范围，还可叫学生去向他科教师求教。这种做法既培养了学生的写作能力，又培养了学生的写作品格，同时也培养了学生的思维能力，即精密思考和分析问题的能力。

　　黎先生的作文教学改革立足于现实，体现了求实精神。他提出的"写作重于讲读""改错先于求美""日札优于作文"的作文教学改革三原则，是治疗当时作文教学弊端的良方。这些原则，在今天依然很有意义。

黎锦熙阅读教学观的指向

陈晓波

　　小学阅读教学具有特殊的对象与独特的任务：它所面临的对象是言语、思维、生理和心理都在飞速发展但又不够成熟的儿童；其核心任务是让儿童掌握阅读的方法与策略（学会阅读），同时积累一定的语文知识，为将来的阅读学习奠定基础。但就当下的阅读教学而言，人们往往忽略了"儿童学习语文"这一特殊性，而是用成人的方法和要求去实施教学，拔高了小学阅读学习的要求，违背了儿童生理和心理发展规律，忽视了儿童的生活和发展诉求，从而扼杀了儿童阅读的兴趣，正如《学记》中所说，"其施之也悖，其求之也佛"。基于此，小学语文界不谋而合地纷纷提出"儿童的语文"教学主张，其中代表性人物即全国著名特级教师于永正先生。其实关于"儿童的语文"这一观点，早在20世纪20年代，黎锦熙先生就在他的《新著国语教学法》中有所阐述。本文重温这一观点，以求对当下的小学语文阅读教学建设有所启示。

一、为何读：儿童要掌握生活的工具

　　儿童到学校上学读书的目的是什么？很多家长和老师认为是考学。黎先生对这种认识是持批判态度的，他认为这种观点是受封建科举制度的遗毒太深。因而他首先澄清了文字的本质，指出文字与语言都是人们在生活中表情达意的工具，只不过运用的感官不一样罢了。基于此，他提出了掌握这种工具的两个核心观点：一是语文与生活共通观；二是听说读写共通观。

　　所谓"语文与生活共通观"，就是儿童学习语文，要"随时随地利用儿童生活中的种种事实，链接他们的种种经验和环境"。语言的产生，源于人类生活交际的需要，那么语言的学习，当然也要还原于生活交流

的本质。而当下的阅读教学，教师认识不到文章的诞生是作者与不见面
（或见面）的读者的思想情感交流的结果，往往把课文当作脱离了具体
生活情境的文本进行研究，导致文章的学习变成了语言文字的研究，语
言文字的运用变成了语言文字、语法的机械训练，最终导致学生无法与
人进行沟通和交流。情感得不到交流，更无从谈起语言文字运用的兴趣
了。基于这一认识，我们要重新认识阅读学习的本质，阅读是从成熟范
本那里学习如何表达和交流，而不是单纯的字、词、句、段、篇及语法
的学习。教师在教学时，要从生活交流的角度，去思考作者是基于何种
目的、运用何种手法去表达自己的思想感情的，学生可以汲取哪些内容
去优化自己的表达、应对自己的生活交流。

　　所谓"听说读写共通观"，就是指听说读写都是儿童生活交流的
手段，其目的是一致的，只是感官不同罢了。当然这里黎先生是基于
文言文与语体文不统一的历史背景提出的。那么在现代语文教学中言
文一致的情况下，这个观点是不是就过时了呢？事实上，当下虽然言
文一致了，但是听说读写却严重分离了。当然，也有很多教师努力打
通四者，但是实际效果却不好。这又是为什么呢？因为很多做法在本
质上依然没有将"语言文字"当作"交流的工具"。基于此，黎先生指
出，听说读写四者只是感官不同，但是其目的是共通的，那就是生活
的交流。那么怎样将其贯穿起来呢？黎先生认为，首先要从听、说切
入，他指出"国语的读、写、作，种种教学，乃至其他各科的教学，
都是从'话法'方面打进来的。所以，话法教学实在是一切教学入手
的基础；而一切教学又处处都有实行话法教学的机会"。这就提示我
们，在阅读教学时，首先，教师不应进入文字的阅读，而是基于学生
的言语基础，根据文本设置情境，让学生充分表达，让学生探究作者
的表达，最终引发学生形成自己的表达。其次，要基于阅读进行写作
教学。这里的"基于阅读"，不是内容上的延伸，而是表达方法的延
伸。黎先生认为，"怎样出题，怎样指导，怎样评改，这些似乎都是作
文教学上的重要问题，其实说来说去，都是些空话；只要教师真正懂

了文法，'神而明之'，自然能够发生许多巧妙而有效的方法出来"。也就是说，写作的着力点，在于研究范文的表达方法，这既是作文教学的内容，也是作文评价的标准。这种思想，可以说切中了语文教学的要害。现在很多教师，只是借助参考书或者资料解读文本，不能发现文章的精妙之处，从而无法将其与写作教学结合起来。

二、读什么：兼顾国家教育宗旨与儿童发展及其 生活需要

自语文独立设科以来，论及教学内容，阅读一直占据着重要的位置。"读"的重要性不言而喻，且学者们也都颇以为然，但是具体到"读什么"的问题，大家的意见就不那么统一了。在黎先生看来，解决这个问题，要遵循两个最重要的标准：合于本国的教育宗旨；适应儿童身心发展及生活需要的程序。

具体来说，黎先生主张国语读本要呈现"现代国语的儿童文学"，他从"文学的"方面将所读的内容分为十类：儿歌，新诗，歌谣、曲词和旧诗，寓言（又笑话、谜语），童话（神话、无稽的故事等），传说（有历史根据的故事、史话）和传记，天然的故事（物话——旧译物语），小说，游记，戏剧。对于这十类阅读内容，黎先生都有详细的阐述与示例。

更难能可贵的是，黎先生始终秉持着"适应儿童身心发展及生活需要的程序"，将这些内容"各按年级略为分配"。这些"各按年级略为分配"的细节斟酌，既彰显了黎先生深厚的学术功底，又带给我们许多深刻的启示。例如，对于新诗的选择，黎先生特别强调"要合于现代普通语言的体式和气息"，他明确反对将那些"古歌行式的、五七言式的、词曲式的、大鼓或小曲式的新诗"选入小学教材，因为这些新瓶装旧酒的所谓"新诗"都是"成人受了过去诗歌戏曲的陶冶，从那内心习惯的'模型'里自然发出来的，在儿童'白纸一般'的精神界，并不能一样地感受这种文学的趣味"。也就是说，黎先生并不反对一般作者新瓶装

旧酒的新诗创作，只是认为这样的文学趣味是儿童暂时无法感受的。

黎先生这种适合儿童程度的内容选取标准，在他的著作中俯拾皆是。又如，他对于童话故事的选择分配有着详细的阐述：在小学一、二年级，选取童话的原则是不忌神怪，但以不惹起儿童的恐怖心为限；不避野蛮时代的故事，但凡残酷的行为和过于苦痛悲哀的描写，必须拣去；不怕虚无缥缈的想象，但一面也要引起他的怀疑，并导入现实的观察。在三年级以上，前面所列的童话就要逐渐减少，而代以历史的传说，这是因为儿童此时的"观察力和辨别力渐强，记忆力也发达，对于现实界便积了许多经验"，对于童话"自然觉得有些荒唐乖谬，不能容纳于意识界了"。那么，具体读什么样的传说呢？在黎先生看来，传说的材料，可以从《东周列国志》《三国演义》等历史小说、《今古奇观》《七侠五义》《儿女英雄传》等故事小说中选取，但是必须"大加一番修订的工夫"，毕竟"那些粗率的、专横的态度和暴戾的、残酷的行为，也不宜多留影像在儿童脑筋里"。如果说三年级适合读传说，那么四年级则可以读"名人的传记"，而选择的标准也很清晰——"要能引起儿童对于社会团体和道德的感想，而养成其概念；要能鼓舞士气，辅助儿童自我意识的发达；不可引起过量的英雄崇拜和不适当的爱国心；外国的名人故事，和本国的一律收采，使儿童常能作世界观、人类观，不至流于国别、种别的偏见；文字要特注意于'文学的'：第一要描写得真切近情，不可肤泛，或作过火语。遇着奇异多趣的故事，尤其要有文学的伎俩。"实际上，黎先生在这里循着儿童身心发展的规律，建构了"童话故事—传说—名人传记"的阅读轨迹。这样的阅读轨迹在当下依然是适用的。

此外，对于儿歌、旧诗、寓言故事、物话（我们现在所说的科普小品文）、小说、游记、戏曲等的选择标准，黎先生都有详细的论述，这里不再一一赘述。其中尤为值得一提的是，他在论及小说的采取标准时，认为节录、删订、新编都可以尝试，但最好"整部地供给儿童，满足他们读书的欲望，就此指引他们前进，而发生新的兴趣和要求"。"整部地供给"，尤其是在副读本的编辑中，是黎先生反复强调的理念。联系时下中小学普遍开展的"整本书阅读"，不由得再次感慨黎先生当年的远见卓识。

三、怎么读：倡导以儿童活动为中心的"自动主义的形式教段"

阅读内容的选择固然重要，而如何读、如何指导学生读的问题也非常值得研究。黎先生结合自己的教学实践，提出了"自动主义的形式教段"。所谓"自动主义"，是指当时流行的"自动主义教育法"，即以儿童自己的活动为中心，教师立于旁观地位只尽辅导之责，具体包括自学辅导法、分团教学法、设计教学法等。所谓"形式教段"，结合《新著国语教学法》的语境来看，即我们当下习惯指称的"教学程序"。"自动主义的形式教段"，实际上就是在自动主义教育法理念指导下的阅读教学程序，具体包括"三段六步"。所谓"三段"，即理解、练习和发展。其中，每一阶段又分作两步，分别是：预习、整理；比较（并概括）、应用（表演等）；创作、活用。

在详细阐述这些步骤时，黎先生重申了"随儿童的程度而定"的基本原则。例如，他特别指出起始年级"预习"的特殊含义——不是预习课文，乃是"预备的指导问答"，或依实景实物，或依标本图画，或单从问答引起旧观念。黎先生坚持认为："低年级的读法，总宜从观察实物和了解课文内容的实际入手，不必先提文字。因为要使那'能'表事物的符号和它'所'表的事物，两下结合得极牢固，方能免意识界的影像模糊，方能免将来运用语言、文字成不真切、不精确的习惯。"这个观点应该引起当代小学语文教师，尤其是低段教师的重视。"先学后教"应该坚持，但是教之前的"预习"不宜过于繁重；对于低年级学生来说，"预习"的内容不宜聚焦在语言文字上，而应该是语言文字所指的事物，而且，"预习"这件事情本身也应该放在课堂上，呈现为"预备的指导问答"。

就"整理"而言，包括儿童问疑、教师试问、儿童发表等要点，而且儿童问疑是先于教师试问的。这就是所谓的"以学定教"。在语文课程改革进入深水区的当下，各种花样翻新的理念、术语依然层出不穷。但实际上，如果我们认真研读20世纪中国语文教育经典，便会发现现在很多所谓的"新概念""新理念"其实早已存在，而且早已有过相当朴素精辟的论述。当下我们要做的，不是炒作概念、理念，而是切实结合社会语境，认认真真地汲取理念的精华，踏踏实实地将其付诸实践，为学生的学习提供真实而可靠的帮助。

又如，在论及"应用"这一步时，黎先生指出："'表演'在国语教学上最关紧要，实在是读法的'应用'了。只要可能，什么教材都应该表演。"对于"表演"的好处，黎先生从六个方面展开了透彻的分析，既包括智力方面的影响（如，课文中一切词类、语句的背景，如名词所代表的事物、动词所代表的动作，问答、讲解的时候，不过得其大意；到了实地表演的时候，便要真实不虚、曲尽其致地表示出来，那词句的观念便格外地明了确实了），也包括非智力因素的影响（如，表演总在两人以上，因此就要有一番共同的安排布置，并且大家负了联络贯串的责任，很足以养成儿童通力合作的社会精神）。黎先生这里所强调的表演的种种好处，其实正是我们当下所热议的"核心素养"的体现。

此外，对于"活用"一项，黎先生的解释是"读书能力和研究兴味的养成"，他还特别指出"最紧要的，就是养成儿童到图书馆自由参考的习惯。再进一步，便要养成儿童对于文学（广义的）之鉴赏和批判的能力"。对此，黎先生的深思远虑已经超越了学科教育教学的范畴，而是着眼于国民教育的未来来谋划的——"读法的教学不彻底，研究心和求知的兴味，在儿童时代不能培养出来，那么，一般国民还是没有读书欲，还是不能收得适应时代的知识，还是不能有清新的活动力：这种国语教育，也不免要归于失败的。所以我很希望教育界大大地注意'读法'这件事！"由此可见，阅读之于国家、民族发展的重要性，黎先生的先见之明在今天听来依然振聋发聩！

黎先生基于语言文字的本质，着眼于儿童的发展与生活，对小学阅读教学的目的、内容及手段三个方面都进行了深入的阐述。这些观点，在当下小学语文阅读教学常见的违背儿童的生理和心理规律、成人指向的背景之下，是值得我们深思的，同时也是值得我们去继承、发展和创新的。

改错先于求美

马 磊

语文教育家黎锦熙1938年草拟了《各级学校作文教学改革案》，后经修订发表于《国文月刊》1947年第52期，1950年再次修订并收入《新国文教学法》。在这个改革案中，黎先生提出了写作教学的三条基本原则——写作重于讲读、改错先于求美、日札优于作文——至今对中小学写作教学仍有重要的启示意义。本文拟就"改错先于求美"这一思想进行阐述，以期探寻当代中小学写作教学的突围之路。

一、重视语文工具，强化"通"的要求

基础教育阶段母语课程的目标是培养学生的语言基本素养，而不是专门的文学教育。黎锦熙敏锐地发现，有的教师改订作文时，"对于四百号的'语文'基本工具，师生都还运用未熟，纰缪百出，乃但凭窦时间的主观私见，一味做八百号'文艺'上的笼统批评"。忽视语文学科的工具性质，盲目强调文艺气质，"'通''不通'的问题还没解决，就净说些'美''不美'的鬼话"，这很容易将写作教学引入歧途。为了矫正这一弊病，黎锦熙把"通"作为作文教学的基本标准，提出了"改错当先，求美居后"的呼吁，关注写字、文法（实际涵盖了语法和修辞）、事实、思维诸方面，对于纠正浮华的文风具有重要意义，体现了一位语言学家对语文学科工具特征的高度重视。

审视当前的中小学写作教学，一些教师仍然存在着盲目"求美"的倾向。有的教师在进行写作指导时，要求学生注重"借鉴好词佳句""使用修辞手法"，却没有重视要求学生注意把字写正确，把句子写通顺，把事实写准确，把思路理清晰；在进行作文讲评时，又习惯于把"精彩语句"抽取出来作为范例展示供学生观摩学习，对于学生写作中

的错误，却仅仅关注错字，而对于语法和修辞的错误、思维的错误，却没有关注。甚至考试作文评分标准也把"有文采"作为一项重要的指标，而对字词句的错误却没有严谨的标准。在这样的导向下，学生逐渐摸索出一种"应考体"的作文模式，那就是各种辞格生硬编造、煽情套话铺天盖地、诗词名句胡乱拼凑的怪胎。针对这种情况，我们有必要重温黎锦熙"改错先于求美"的告诫，把写作教学定位在落实学生语言基本功上面，以"通"为作文的第一要义。

二、设计批改符号，提高教学效率

民国时期的中小学课程标准已经提出了"先加各种符号，使自行修改"的思想。但各地各校教师并没有一套统一的批改符号，给教学造成了不便。黎锦熙先生以语言学家的严谨态度，将学生写作中的错误分为五种：字体错误、文法错误、事实错误、思维错误、一般错误。其中字体错误包括白字和错笔两种类型，后四种错误又分别包括"不通""欠妥"两个层次，黎先生对各种类别的错误分别设计了相应的批改符号。当然，在倡导使用批改符号的同时，黎先生并没有否定传统的批改方式，他指出："教员于眉端或篇末仍可随意加批语，并可于句读断处随意加圈点表示嘉赏。"黎氏批改符号既分门别类，又简单明了，便于教师使用和学生理解，称之为发明创造亦不为过。在使用批改符号的同时，仍可加批语圈点，则体现了传承和创新的辩证统一，也体现了对教学共性与个性的辩证认识，有利于提高教学效率。

在当前的写作教学实践中，教师还没有一套普遍使用的批改符号，这样有几个弊端：其一，批改符号不统一，教师之间存在着较大的个体差异，造成了学生理解的不便；其二，批改符号不固定，不利于督促、检查学生的改错情况；其三，批改符号不分类，不利于培养学生自觉纠错、总结的理性意识。为此，有必要借鉴黎先生作文批改符号的设计思想，拟定一套适合目前教学使用的作文批改符号，以方便教学、提高效率。新的批改符号系统，还应考虑不同学段学生的语文学习阶段性特征，在批改符号使用的侧重点上有所区别。

三、立足学生本位，着力进行引导

作文批改，应主要是"教师批，学生改"，但一些教师总是习惯于越俎代庖，直接替学生修改。黎先生坚持立足于学生本位，"文中应改之处都不可遽改，必须一律先用色笔照上列符号仔细标明，以凭反省自改"。教师批阅之后发给学生，"每一学生必先用心自改，如有自改不成，或虑有改得不对之处，即由本人提出小组讨论，集体订正；组长须做书面总结，并提出不能解决的问题连同本组文卷汇缴教员……"这就充分发挥了学生的主体性，引导学生自主学习、合作学习。这种自主学习的前提是教师将作文应改之处"用色笔照上列符号仔细标明"，指向性更强；这种合作学习，基础是"自改不成，或虑有改得不对之处"，目的明确。这样的自主学习、合作学习才更有效。学生汇缴之后，教师逐卷作最后的核订，并评定分数，发还指导，解答问题，这是教师在学生自主学习、合作学习的基础上进行点拨。这样的改错过程，体现了"学生主体"和"教师主导"的统一。

当前的中小学写作教学中，引导学生改错的意识还远远不够。教师批阅作文，除了错别字之外，往往忽略了其他方面的错误，于是，教师就形成了一种习惯，见到不当的词句，容易改的直接代替学生修改，不容易改的直接批注"不通"了事。学生领取作文，一般也只是修改错别字，而忽视其他方面的错误。这样的后果就是学生"周周写作文，年年没长进"。因此，教师必须树立学生主体的意识，明确要求，强化引导，督促学生及时、主动、全方位地修改作文中的各项错误；教师还应及时、积极地全面核定学生的改错，并对其困难予以解答。唯有如此，才能实现语文教学的有效性，推进学生语文素养的发展。

四、及时汇总错误，便于学生巩固

如果学生习作总是随写随丢，不加总结，那么就难以进行复习巩固，难以不断积累写作的经验。为了克服这一弊病，黎锦熙提出要及时对错误进行汇总。其设计思路是：每作文一次，令学生在发还指导的时间内，将自己作文中的"错误"和"订正"，以及原文实例，分别抄录于小纸片，每个错误为一行，每种符号为一纸，当堂交齐。教师即用剪贴法加以整理，按学理系统分类归纳，并分析错误原因，绘制成"四种错误表"（字体错误表、文法错误表、事实错误表、思维错误表），对于学生的相同错误，教师则需标注错误的人数和次数。教师公布全班的"四种错误表"，对勉励学生吸取教训、巩固认知具有积极作用。此外，每位学生还需要按名分项逐次登记，汇编成自己的"写作错误登记册"。这个登记册，具有当代课程教学论语境中"成长档案袋"的性质，对于认识学生语文学习的动态过程具有重要参考意义。及时汇总错误，对于促进学生总结反思具有重要价值，"使学生反省自改，如此方能'不贰过'，否则错误成习性者，不易转移"。

当前，很多语文教师缺乏对学生作文错误进行汇总的意识，更缺乏带领学生全面系统地汇总作文错误的教学行动，这或许与教学管理上单纯追求写作的次数（甚至评语的字数）这种量化思维有关。不总结反思错误，又怎能使学生"不贰过"？因此，教师应不厌其烦，善于引导学生及时汇总作文中出现的错误，分类别进行整理，并对错误人次较多的方面进行专项强化训练。对学生而言，经常翻阅自己的错误登记册，对重复犯错之处加深认识，有利于提高学习的自觉性。这种做法看似要花费大量的时间和精力，实际上，唯有如此，才能真正实现高效教学，避免学生反复写作却徒劳无获。

五、细心分析统计，开展实践研究

教师应该是研究者，但不是脱离教学工作的书斋研究者或实验室研究者，而是反思性实践者，在教学实践反思中开展研究。如何在教学实践中开展研究，是一些语文教师的困惑。黎先生为语文教师在写作教学中开展研究指明了方向："每学期末，总汇各次的'四种错误表'及各生的'错误登记册'，制成各种登记表，并加以评断，提出改进方案，师生集体发表为论文或专著。"以学生的作文错误为研究材料，综合运用数据统计和质性分析的研究方法，以改进写作教学为研究目标，这就是当代教育研究方法论中的"教育行动研究"。"为师者根据此种实际好材料，细心分析，统计研究，借以长养自身学识，并可发现自己错误，较之浏览浅尝，空谈无补，胜万万倍……"这样，师生"彼此皆能人己交利"，教师在改进教学的过程中也提升了自己，实现了自身的专业发展，体现了《学记》中"教学相长"的思想。

综上，黎锦熙提出的"改错先于求美"的写作教学思想，以及相应的操作程序，为写作教学改革指明了方向。今天，我们仍有必要吸收黎锦熙写作教学的思想精髓，以期使当代中小学写作教学走出机械重复、单调低效的困境，实现写作教学的突围。

■ 陶行知：伟大的人民教育家

　　陶行知（1891—1946），伟大的人民教育家、思想家、民主主义战士。1915年入读美国哥伦比亚大学，师从约翰·杜威，获教育学博士学位。1917年回国，开启探索中国教育现代化的生涯。曾任南京高等师范学校教务主任、中华教育改进社总干事，先后创办晓庄学校、生活教育社、山海工学团、育才学校和社会大学，提出"生活即教育""社会即学校""教学做合一"等教育理论，代表作品有《中国教育改造》《中国大众教育问题》等。

陶行知教育思想述评

周 彦 李 亮

陶行知先生有许多常被人提及的教育名言，比如"捧着一颗心来，不带半根草去""生活即教育""社会即学校""教学做合一"，等等。这些当然是他教育思想的精髓，但是如果只知道这几句话，似乎很难明白为什么先生被称为"伟大的人民教育家"。重温陶行知先生的教育思想，不仅是对他伟大人格的传承，还可以找到很多大道至简、至为朴素的教育规律，让我们不仅在精神上受到洗礼，而且可以站在近100年的时空跨度上，审视当下的教育问题，理解今日的课程教学改革。

一、博大深广的爱国情怀

我们在今天再一次走近陶行知先生，最为鲜明的感受，就是他所有的教育实践和观念，都是基于他博大的爱国情怀之上的，没有这个思想前提，是很难理解他完整的教育思想及社会改造实践的。

他在金陵大学的毕业论文《共和精义》中写道："人民贫，非教育莫与富之；人民愚，非教育莫与智之；党见，非教育不除；精忠，非教育不出。……故今日当局者第一要务，即视众庶程度，实有不足。但其为可教，施以适当之教育，而养成其为国家主人翁之资格焉。"我们能直观地感受到，陶行知深爱着自己的祖国。正如他所说，"凡国家都有人爱，我们不爱国家，或者爱的不深，外国人就要代我们爱了。……一国的存亡，看国民有爱国的心没有。有了爱国心，虽亡必存，没有爱国心，虽存必亡"。这种爱，在他的身上更加体现为一种使命感。他在《创造一个四通八达的社会》中说："我们生在此时，有一定的使命。这使命就是运用我们全副精神，来挽回国家厄运，并创造一个可以安居乐业的社会交与后代，这是我们对于千万年来祖宗先烈的责任，也是我们对于亿万年后子子孙孙的责任。"

当时的中国积贫积弱，内忧外患，动荡不安。陶行知认为，实现国家富强、民主共和的前提，是国民需要接受良好教育。因此，他寄希望于通过改造旧教育来改变民族的历史命运。因为"教育是立国的根本。……共和国立国的要素，在国民有共同的目的，共同的了解，谋共同的利益。……吾们当怎样利用他，养成互助、团结、同情等好习惯和共同了解的机会，那就全靠教育。……师范学校负培养改造国民的大责任，国家前途的盛衰，都在他手掌之中"。1916 年 2 月 16 日在给美国哥伦比亚大学师范学院院长的信中，他说："我回国后将与其他教育工作者合作，为我国人民组织一套有效的公共教育体制。"

回国后，他进行了大量的调查，认为平民教育的问题非常之大，"实可令人惊讶"。四万万人中，12 岁以上粗识字义的人只有八千万，约有二万万人是需要平民教育为他们负责的。只要有一人不会读书看报，就有一份责任未尽。这些人十有八九在乡下，大多数还是女子。平民教育不仅仅是要让农人能看报、记账、写信，更重要的是需要平民具备民主国家必需的知识，从而做一个合格的国民。

1926 年至 1927 年间，他正式提出中国乡村教育改造，认为乡村学校是今日中国改造乡村生活之唯一可能的中心："我们的新使命是要征集一百万个同志，创设一百万个学校，改造一百万个乡村……叫中国一个个的乡村，都有充分的新生命。"于是，1927 年，他辞去了大学教授的职务，穿着布衣草鞋来到南京北郊，创办了南京晓庄试验乡村师范学校。来到晓庄后，他发现当时常有人到燕子矶畔投江自尽，他在江边立碑："想一想！""死不得！""人生为一大事来，做一大事去，你年富力强，有国当救，有民当爱，岂可轻生？""死有重于泰山，死有轻于鸿毛，与其投江而死，何如从事乡村教育，为中国三万万四千万农民努力而死！"

他在《晓庄三岁敬告同志书》中写道："晓庄是从爱里产生出来的。没有爱便没有晓庄。因为他爱人类，所以他爱人类中最多数而最不幸之中华民族；因为他爱中华民族，所以他爱中华民族中最多数而最不幸之农人。……他的目光没有一刻不注意到中华民族和人类的全体。"这段话似乎就是陶行知先生本人的精神写照。

陶行知先生对弱者有着深切的同情。他爱农人，爱儿童，倡导妇女解放，让她们接受良好教育。他说，"男女也应有平等受教育的机会""无论贫富，也应该有均等受教育的机会""无论老少，也应该受教育"。他对受到压迫、失去自由的弱势群体，非常关爱。他批评当时的旧教育："中国的教育雨不落在劳苦人的田园。中国的教育雨专落在大都会的游泳池里给少爷小姐游水玩。中国的教育雨不肯落到乡下去，灌溉农人所种的五谷，中国的教育雨不肯落到边远的地带去，滋长时代落伍的人民的文化。"

他对农人的解放，集中在普及教育、识字明理的层面，力图使他们能做自己生活的主人，能摆脱传统教育中的文化压迫。他明确反对孟子"劳心者治人，劳力者治于人"的二元论，认为这是封建统治阶级为了维护自身利益而对农人施与的文化压迫。他在《自立歌》中说："滴自己的汗，吃自己的饭，自己的事自己干。靠人靠天靠祖上，不算是好汉。"他告诉广大农人，我们不但是一个人，并且是一个人中人，不要想去做"人上人"。

他对儿童在传统教育中面对成人世界所遭受的压迫也有深切的同情，他说："文学是从生活里压迫出来的，我们至今还不能产生第一流的儿童文学，可见同志们还没有十分感觉儿童生活的压迫。"他尤其痛恨传统教育的填鸭做法，不把儿童当作一个生动人，只是记诵一些僵死的文字符号，不关心儿童的生活。因此他倡导小先生制、工学团、艺友制等，让大人认识到跟儿童学习是很正常的事。他在为儿童创作的时候也常常请教儿童，在谱写晓庄师范校歌《锄头舞歌》的时候，他也先请教儿童，等儿童都能听懂了，他才认为可以。

他既重视教育上革新，也重视政治上革命。九一八事变以后，他逐步成为爱国运动领袖。1936 年 7 月，陶行知先生前往英国出席世界新教育会议，以国民外交使节的身份在世界各地宣传中国人民的抗日主张，发动各国侨胞，争取各地正义力量的支持。当时中国共产党在巴黎出版发行的《救国时报》赞扬了陶行知先生以促成国共合作为己任，倡导各党派组成联合战线，携手抗日。1937年，他代拟《杜威宣言》，经杜威同意，发送给罗曼·罗兰、阿尔伯特·爱因斯坦、伯特兰·罗素、甘地，希望他们组织世界各地的人民，拒绝出售和租借战争物资给日本，"尽可能给予中国各种援助以进行救济和自卫"。

1939年，他在重庆创办育才学校，救助在战火中的儿童，同时积极扩大宣传民主、创造的主张。他解释育才的校徽时说，"我们的三个环是三个连锁的红血轮，代表着有生命的学校、有生命的世界、有生命的历史都联成一体"。我们"要有信仰心，认定教育是大有可为的事，而且不是一时的，是永久有益于世的。……要有责任心……我们要从这少数的人，成为多数的人，要用多少年的工夫？非得终身从事不行"。在抗战中他提出："我们还要把教育开展到敌人的后方，使伪政权不得成立，日本的反战运动强化起来，展开到全世界去，使国际上的援助益为积极。""逃避现实的教育不是真教育，真教育必与现实格斗，在中华民族解放运动中，我们所需要的是与现实格斗的真教育。"他为育才学校奔波奋斗到了生命的最后一刻。周恩来认为，他是"一个无保留追随党的党外布尔什维克"。

秉持着这样的爱国赤诚之心，陶行知先生在乡村师范中进行了深刻的教育试验，并寄希望于更大范围的社会改造。而这些思想之所以能够被人们广为接受，就在于他对中国社会现实的深刻洞察。他提出的一系列教育改造之思想主张，都有着非常坚实的现实基础。所以，要了解陶行知先生的教育思想，首先要弄明白，他认为旧时的教育究竟出了什么问题，他所面对的又是怎样的现实。

二、直面中国的现实国情

要全面理解陶行知先生的生活教育思想，就要首先了解他眼中当时中国所面临的教育及社会问题。这主要包括以下三个方面。

第一是为谁培养人的问题。为平民为大众、为民族为国家培养人，才是教育的使命。陶行知先生认为，平民教育就是一种大众教育，着眼于人民的大众解放，民族解放与大众解放是不可分的，"如果大众不起来，民族解放运动决不会成功"。他提出的"小先生制""艺友制"等，都是为了发展平民教育。传统教育并不关注平民教育的普及，尤其是女子教育难普及，而且把小孩子教得少年老成，成了小老夫子，教育被少数人当作私有财产占有，没有天下为公的意识。当教育不是为了人民，不是为了国家培养人，它的出发点就出了问题，因此也就必然导致培养什么人和如何培养人的问题。

第二是培养什么人的问题。陶行知先生认为，传统教育培养的是书呆子，是读死书、死读书，最后读书死的书呆子。手脑分家会培养书呆子。"中国教育之通病是教用脑的人不用手，不教用手的人用脑，所以一无所能。""我们要大学培养与国计民生有关系的学者领袖，不要大学培养避世的隐士，出世的僧尼，不知世事的书呆子。……学问之道无他，改造环境而已。不能把坏的环境变好，好的环境变得更好，即读百万卷书有何益处？"产生这种问题的根源之一在于，旧教育"把教育等同于读书"，后来又把读书等同于会考，并且"把社会和学校割裂开来"。其结果是，"中国现在的教育是关门来干的，只有思想没有行动的"。学生们读死书，死读书，读书死，教员们死教书，教死书，教书死。偏狭地认为学校就是求知的地方，而社会才是行动的地方，所以造就了只知而不行的书呆子。

第三是如何培养人的问题。陶行知先生认为，传统教育培养人的方式，是忽视人的存在的。他认为有五种人不能算作"整个的人"，即"残废的、依靠他人的、为他人当作工具用的人、被他人买卖的人、一身兼管数事的人"。教育要培养整个的人，首先就要改变教、训分家的状况。教育是教人读书，训育是教人做事。前者培养知识，后者训练品行。传统教育把知识与品行分开，思想与行为分开。更为严重的是，它还是吃人的教育。它让学生死读书，用各种考试弄得大家忙个不停，没有一点空闲去传达文化、唤起大众，同时也消灭了学生的生活力和创造力，只许听讲不许提问，不许到社会里活动，一路考试考下来，身体健康没有了，就进棺材。它还教人劳心不劳力，教人升官发财，吃工人、农人的血汗。

在培养人的方式上，陶行知先生认为我们尤其缺乏教育试验的精神，习惯沿袭陈法，"行一事，措一词，必求先例。无例可援，虽善不行"，又有仪刑他国、依赖天工、率任己意、偶尔尝试等毛病。归根结底，是因为我们缺乏教育试验之精神。他认为试验是进步之源泉，因为"上头的命令，只不过举其大端，其中详细的情形，必定要我们去试验。用了种种方法，有了结果，再去批评他的好坏"。这就好像我们今天看待各个学科的课程标准，其中的各种理念和要求都是比较上位的，需要进一步的教育试验，才能够对其有更加充分的认识，而不是一看到这个文本，就觉得困难，觉得问题很多，不可行，云云。

当时的教育现实中更为严重的问题是，乡村教育走错了方向。教人吃饭不种稻，穿衣不种棉，盖房子不造林。农夫的子弟被教成书呆子。一言以蔽之，即失去了生活力。这样的教育无法让农民自立、自治、自卫。与之相应的，中国师范教育的问题，在于师范学校与附属学校隔阂，附属学校与实际生活隔阂。这种师范教育要不就是空想出来的，要不就是从外国搬运来的，反正"不是从自己的亲切经验里长上来的"。

明确了这些问题，我们不难发现，陶行知先生一系列的教育改革主张，其实都是针对这些现实问题和困难的。为什么需要"小先生制"，让小孩子"即知即传"呢？最为直接的原因，就是师范教育的普及程度不够，如果不采用新的方法，要消灭我们国家的文盲，需要上百年。为什么要去乡村办教育呢？因为农人是我们国家人口最多，也是最缺乏知识的群体，他们被传统教育教坏了脑袋，让他们只要劳力不要劳心，所以他们大多都是做着重复的劳作而没有进步。因为把读书和行动分开，所以缺乏实验，缺乏创新，缺乏改造环境的意识，等等。而正是在这样的问题背景下，陶行知先生提出了他的生活教育思想。虽然有学者提出，生活教育思想中包含着生命教育思想、民主教育思想等，但是我们这里仍然沿用"生活教育"的名称，并试图对其内涵进行较为深入的阐释。

三、教学做合一的生活方法论

陶行知先生的教育思想，一直以来被人们称为生活教育理论，其主要的三个基本命题是"生活即教育""社会即学校""教学做合一"。前两个命题都是在杜威教育思想的基础上，进行本土化得来的。第三个命题"教学做合一"，可以视为生活教育的方法论，是生活教育理论的核心，陶行知先生甚至说"生活教育就是教学做合一"。这个观点从提出到完善的过程，也是陶行知先生不断总结和提升的过程，从教授到教学，从教学合一到教学做合一，其内涵不断丰富，而且这种内涵完全基于他自身的实践经验得出，也就是基于中国本土的教育实践得出，所以对教学做合一的把握，是我们理解生活教育思想的核心。它包含了以下几个方面的意涵。

第一，教学做是一件事不是三件事。

教学做合一，不仅是教育法，也是生活法，它不是把三件事合成一件事，而是"一种生活之三个方面"，教学做合一意味着教的方法根据学的方法，学的方法根据做的方法。事情怎样做就怎样学，怎样学便怎样教。"在做上教的是先生，在做上学的是学生。"教学做合一不仅是教学法也是生活法。"在生活里，对事说是做，对己之长进说是学，对人之影响说是教。"所以教学做合一不仅是对教学的要求，也是对生活的认识和说明。师范学校也应这样培养教师，在《中国师范教育建设论》中，教学做合一就是其中的重要原理。事怎样做就怎样学，怎样学就怎样教，怎样教就怎样训练教师。教师的教学生涯中，也同样是教学做合一的，教师的教和"自己的学问要联络起来"。教师应该一面教一面学，不能抄袭别人的知识来传给学生，很多著名的科学家就是教员，因为如果不能自新就会故步自封，既做不好研究，也做不好老师。

陶行知先生在提出教学做方法论的同时，自己也在不断地验证这个理论，他说教学做是"在晓庄一面试验一面建设起来的"。经过自己的不断调整和验证，他认为生活中也是处处教学做合一的，可以说"教学做合一是全人类教育历程之真相"，"要想获得人类全体的经验必须教学做合一方为最有效力"。他提出这一个思想的初衷，就是要医治"中国教育之通病"，即"教用脑的人不用手，不教用手的人用脑，所以一无所能"。可以看出，教学做之所以能够统一为一件事，这个中心就是"做事"，"先生拿做来教，乃是真教；学生拿做来学，方是实学。不在做上用功夫，教固不成为教，学也不成为学"。"教与学都以做为中心，在做上教的是先生，在做上学的是学生。"所以，我们对"做事"需要有更进一步的理解。

第二，"做事"不仅是教与学的中心而且具有优先性。

陶行知先生认为，怎样做事就怎样教，游水的事就到泳池里去学习，而不应当在课堂上教授。他打过一个比方，带学生去一个陌生的地方，车夫拉着跑几十里，结果学生逸，车夫苦，而且学生恐怕自己回不来；另一种是让学生不识路就问警察，辛苦，但是还能自己回得来。由于他做了很多平民教育的工作，尤其是教育农人，所以后来引起了一些人的质疑，认为他忽视系统经验的传授，只适合教一些零碎的生活经验。其实这些都是源于对"做事"的误解，而"做事"的内涵和特征，陶行知先生做过多次阐述。

他认为，教学做合一是一种一元论的思维方式，做不是傻做呆做，而是要在劳力上劳心。陶行知先生反对孟子"劳心者治人，劳力者治于人"的二元论，他认为真正的做是"用心以制力"，用心思去指挥力量，使能轻重得宜，以明对象变化的道理。这样的做才能征服自然，创造大同社会。

他也不认同王阳明先知后行的学说，认为"行动是思想的母亲"，行动生困难，困难生疑问，疑问生假设，假设生试验，试验生断语，断语又生行动，如此演进于无穷。这其实就是人反省思维的过程。

他特别指出，对做不能有狭义的理解，尤其不能抹杀文艺。他举《红楼梦》中的事例，宝玉跟着贾母出游，一开始认为破荷叶可恨，希望有人来拔去，但是听到黛玉说喜欢一句诗——"留得残荷听雨声"，于是他改变了想法，认为残荷还是不拔掉为好。这里也有行动、有思想、有新价值的产生。他认为，尤其不该将做事与读书对立起来，比如关于种稻的看书，不是为看书而看书，而是为种稻而看书，不可说种稻是做，看书是学，讲解是教。为种稻而讲解，讲解也是做；为种稻而看书，看书也是做。他尤其强调不是读书是用书，书是一种工具，读书的目的在于它对"用"的贡献。

第三，做事获得的亲知是掌握其他经验的基础。

教学做合一的思想中，包含着陶行知先生的知识观。正因为他强调行是知之始，所以他特别重视墨子所说的亲知。所谓"亲知"，就是亲身实践得来的，就是从"行"中得来的，就是做事得来的。他认为闻知（看来、听来的间接经验）和说知（推想出来的知识）的根本都是亲知，"闻知与说知必须安根于亲知里面方能发生效力"。这就是他所谓的"接知如接枝"，必须有从自己经验里发生出来的知识做根基，相类似的经验才能接得上去。有个人经验做基础，才能了解和运用人类全体的经验。正如他所言，要想了解哥伦布发现新大陆，最好坐过海帆船，在海里遇过风暴，看过野人，受过别人阴谋加害等；如果没有渡过海，也最好渡过湖，万不得已也要看过池塘，再不得已也要看过堂前积水里的竹头木屑。如果这些经验完全没有，想要理解哥伦布之探险，是很难想象的。

这个观点和波兰尼的默会知识论是异曲同工的。默会知识就是那些无法言传只可意会的知识，只能在类似学徒制的关系中言传身教、耳濡目染。而它最为重要的逻辑特征是"非批判性"，即我们在生活经验中不仅是以非批判的方式加以接受，而且这种知识根本就不能被理性地批判，它是一种"个人系数"，是普遍存在的。波兰尼甚至提出，所有的知识不是默会知识就是基于默会知识的。亲知中必然存在大量的默会知识，这些知识是获取其他明述知识的基础。以"做"为中心的教学观，就必然产生以"亲知"为基础的知识观，因为这种直接知识的获得大多是从"做"上得来的。

第四，教学做合一才能培养出人的生活力。

陶行知先生认为，教学做合一便是生活。他在《中国师范教育建设论》一文中首次明确提出，学校教育的目的就是培养学生的生活力，身体强健，能抵御病痛，胜过困难，解决问题，担当责任，使学生能够单独或共同征服自然，改造社会。他认为看一所学校办得如何，不应该看校舍和设备，而应该关注生活力丰不丰富：荒地都开垦了吗？荒山都造了林吗？村道已四通八达了吗？村中人人都能自食其力吗？等等。因此，他特别反对只考书上知识的"杀人"的会考，而提倡"发动那培养生活力之创造的考成"。什么是创造的考成？就是考察生活中实际的问题。比如，校内师生和周围人民的身体强健了多少？有何证据？水井开了几口？公路造了几丈？文盲扫除了多少？这些"创造的考成"要考的"不是纸上的空谈"，而是"生活的实质"。所以说，教学做合一以生活为中心，所有的问题都从生活中来，"从生活中发生出来的困难和疑问，才是实际的问题；用这种实际的问题来求解决，才是实际的学问"。

正因为生活才是教育的源头活水，所以他提倡"社会即学校""生活即教育"。学校要与社会生活紧密相关，学校生活是社会生活的起点，改造社会环境要从改造学校环境做起。全校师生应当以美术的精神共同改造学校环境。陶行知先生特别强调师生要有共同生活，"需要大家把人格拿出来互相摩擦"，培养学生互助的力量、共情的能力和共和的精神。"社会是所有平民的学校，生活是大众唯一的教育。"生活与生活摩擦才能起到教育的作用。要让学生在"社会的磁力线里转动"，所以学校教育里的任何事情，都具有教育的功能。烧饭、扫地都是一种"美术的生活"：饭烧好了，自己和别人吃得都舒服，就是一种艺术；扫地擦桌子，扫除肮脏，是可以推到全国去的，扫除世界上肮脏的东西，国家无肮脏，社会无肮脏。

在生活的问题中寻找答案，最终培养的就是人的创造力。因为行动是老子，知识是儿子，创造是孙子。教学做合一不是接受现成的知识，而是要在做事中不断创造。他认为一个普通的木匠把知识化为技能，达尔文则用技能产生知识，如果木匠能用知识所变成的技能进一步去产生新知识，那么他便和达尔文一样是一流的人物了。

陶行知先生认为，采用这样的教育法和生活法，才能培养出学生的三种精神：一是科学的精神；二是改造社会必具有的委婉的精神；三是应付环境必具有的"坚强人格和百折不回的精神"。

其实，陶行知先生教学做合一的观点也是在教学做合一的过程中逐步发展形成并稳定下来的，这也是我们今天回过头来看时，觉得这个观点让人信服的理由之一，因为它确实经受住了时间和经验的检验。

四、陶行知先生教育思想对今日教育改革的启示

我们今日重温陶行知先生的教育思想，并不仅仅是为了缅怀与致敬，更为重要的是看到他的教育思想对今日教育改革的积极意义。2022年4月颁布的《义务教育课程方案（2022年版）》提出要"变革育人方式，突出实践"，各门课程都需要"加强课程与生产劳动、社会实践的结合，充分发挥实践的独特育人功能"，加强知行合一、学思结合，倡导"做中学""用中学""创中学"。不难看出，这就是对陶行知教育思想的继承和发展。从陶行知先生的整体教育思想来看，其对今日我们思考教育改革问题，有如下几点启示。

第一，教师的心中要有课堂，但更要有社会、国家和世界。陶行知先生在论及学校的各种事项时，从来都是以整个国家乃至世界为思考背景的。他对晓庄的师生说，晓庄学校之使命不但要做中国教育革命之出发点，并且要做"世界教育革命之中心"。教师心中有民族、国家的大局观，才能对学生的发展有更深广的理解，如果我们教育的视野就停留在几个知识点怎么训练、怎么考试上，是无法培养出符合时代要求的合

格公民的。

第二，要重视做事的教育。我们的学校教育，几乎都是通过言传来完成的，谈不上共同生活，更谈不上共同做事。而其实最为有效的教育，就是师生共同做事。《义务教育课程方案（2022 年版）》要求义务教育课程要"探索主题、项目、任务等内容组织方式"，强化学科实践，让学生经历发现问题、解决问题、建构知识、运用知识的过程，加强学习与现实生活之间的联系，等等。这些都需要通过做事来完成，而且不是仅让学生做事，而是教师和学生一起做事。今天有些学科的教师，看到课程标准中提到了任务群教学，似乎非常抗拒，因为并不知道自己应怎么设计教学，安排学生完成任务。其实解决这个问题，就要有教学做合一的思维方法，这个任务群，就不是学生单独完成的，而是教师和学生共同完成的，边做边学，才可能摸索出经验。"在劳力上劳心，是一切发明之母。事事在劳力上劳心，便可得事物之真理。人人在劳力上劳心，便可无废人，便可无阶级。"

第三，我们今天重视培养学生的核心素养，首先要重视培养学生健康的体魄。健康才是生活的出发点，所以陶行知先生认为，"办学校是要从厨房、饭厅办起的"。他著名的每天四问，第一问就是问身体。我们今天的教育，对学生的身体关心多少？《义务教育课程方案（2022 年版）》中，终于回归了德智体美劳"五育并举"，劳动教育得到了重视，这是非常重要的。

第四，要重视真实生活情境的教育力量。今天我们特别重视在真实情境中教育，认为核心素养就是在情境中解决问题的能力。陶行知先生的生活教育理论，没有一条是脱离现实情境的，他提出的"创造的考成"，所考察的问题都是现实生活中的问题，因为"解决实际的问题才能获得实际的学问"。

第五，要始终关注儿童的解放。2021 年国家推出了"双减"政策，其实就是为了在某种程度上，将儿童从过重的课业负担中解放出来。陶行知先生专门写过《创造的教育》《创造的儿童教育》，认为传统教育把儿童当作关在笼中的鸟，使其失去了与大自然接触的机会，这种教育脱离了学生的现实生活，因此"要解放孩子的空间……解放了空间，才能搜集丰富的资料，扩大认识的眼界，以发挥其内在之创造力"。他提出六大解放：解放儿童的头脑、双手、眼睛、嘴、空间和时间。这些是教育过程中最容易被忽视的，儿童面对过去的人类文化成果，面对成人世界的各种要求，他们的压力是无所不在的。如果忽视了儿童的解放，教育没有成为解放儿童的过程，那么无论怎么改革，都会南辕北辙。

第六，教育人要有阔大使命感与胸襟。人生"为做一件大事而来，做了一件大事而去"。陶行知先生生前最后一封亲笔信，是写给育才师生的，嘱咐他们要有五项修养——博爱、独立、民主、和平、科学。他在 1943 年 2 月 21 日致函陶宏时也说，"人生最大目的还是博爱，一切学术也都是要更有效的达到这个目的"。这种博大的胸怀，是值得今日每个教育者学习的。教育这种事业不同于生活中其他一些营生和行业，没有这种使命感和胸襟，在很多重大问题的抉择上，都会与理想的教育之路失之交臂。

向陶行知先生学习！

跟着陶行知先生学做教师

肖　娴

陶行知先生在半个多世纪之前，为了中华民族的生存发展，贡献了毕生的智慧与辛劳。他所开创的平民教育、师范教育，在今天不仅仍然鼓舞着一代代教育者，也培养着一代代教师。他的教育思想不仅贯通中西，而且深切地结合了我国的现实国情，对中国古代和西方的教育思想加以改造，创造了适合我国国情的教育理论与实践，其生命力、影响力不仅没有随着时间的流逝而退去，反而日渐显现出蓬勃的生命力。

我们回望陶行知先生的教育思想，不难发现，对于很多重要的教育教学问题，他都做出了深刻的、朴素的思考与回答，甚至他的核心能力论与今日倡导之核心素养观，"在内涵要求和要素结构上有惊人的相似性"。由此可见，他的教育思想对解决今天我们所面对的教育问题，有着重要的启示与帮助。我们对陶行知先生的教育思想重视得还远远不够，还有很多思想是有待我们进一步开掘的。抱着这样的信念，我重读了陶行知先生的著述，身为当代的小学教师，深感震撼，对教育教学也有诸多启发。

一、如何教书育人

2022 年 4 月颁布的课程方案和各学科的课程标准，对立德树人、学科育人都有非常明确的要求，其目标都指向了人的核心素养。各个学科对核心素养也都有不同的表述，比如义务教育语文学科对核心素养的表述为：文化自信、语言运用、思维能力、审美创造。这是在前期三维目标基础上更为上位的整合。这些都成为我们今天思考教书育人这个问题的原点问题，很多语文教师认为，核心素养的问题从这里思考就可以了。

陶行知先生非常注重育人，他尤其重视生活中的育人，过怎样的生活，就是在实施怎样的教育：过俭朴的生活，学生就是接受俭朴的教育；过诚实的生活，学生就是接受诚实的教育。这就是他著名的生活教育的基本理念。但是他明确反对读死书、死读书，认为教师最重要的是教学生如何学，应该在做事的过程中与学生共同学习，应该是用书而不是读书。这些对我们思考今日立德树人的问题虽然很有帮助，但是显然陶行知先生对育人问题的思考起点，并不在这里。

他认为教育要培养学生的生活力。什么是生活力——身体强健、抵御病痛、解决问题、担当责任、征服自然、改造社会。健康，在陶行知先生的眼里，是育人的首要目标。身体强健，才能有解决问题和担当社会责任的能力。他对生活力的描述，是有一个明显次序的。他对学生健康的重视，在文章中屡屡提及，比如：乡村教师要有健康的体魄、农人的身手、科学的头脑、艺术的兴味、改造社会的精神。他在育才三周年晚会上有个著名的演讲"每天四问"，分别是问身体、问学问、问工作、问道德。身体依然排在第一位。他在《我之学校观》中写道，办学校要从厨房、饭厅办起。为什么？因为健康是生活的出发点，也是学校教育的出发点。学问、道德应当有一个活泼稳固的基础，这个基础就是健康。请注意，"学校教育的出发点"是学生的健康。

我们今天的教师，关注学生的身体健康吗？是不是有了分科教学，就觉得这健康其实只是体育、生理等学科教师的任务呢？语文教师、数学教师、英语教师为什么要去管健康的问题？管得了吗？这就是如今分科教学的弊端，各科教师只管自己的一亩三分地，而忽视了"完整的学生"。

根据 2022 年版课程方案和课程标准，这种状况应当被打破，因为综合性学习、跨学科学习是可以突破学科的局限、观照人的整体发展的。比如：语文学科中的调查报告，就可以围绕饮用水问题、超市食品安全问题等展开；数学学科中的研究统计，也可以围绕饮食热量、运动消耗等问题展开。这些问题都是学生生活中的现实问题，其中蕴含的教育力量是持续的、多学科的，重要的是教师要有这样的育人观、教育观。关注学生健康是非常紧迫的事情，现在学生的近视率、不良的饮食习惯、缺乏运动尤其是户外运动的意识等，不是靠一星期几节体育课就能解决的，它必定是一个全学科的育人问题。当你开始关心学生的健康了，你对学生的认识就会有更加完整的、多维的视角，而不是仅仅局限在学科知识的掌握上。

二、如何看待教学

当我们把学生当成完整的生命个体来对待的时候，我们如何看待自身？如何看待教师这个社会角色？教师的课堂教学，就仅仅是在课堂中完成知识的传递吗？陶行知先生主张"生活即教育""社会即学校"，我们的课堂教学，如何与生活、社会相互关联打通呢？

对于这个问题的理解，我们曾经抱有狭隘的认识，比如引入一些社会问题、社会资源到课堂上来，和学生共同讨论。但其实这在陶行知先生眼里，仍然是"圈养鸟儿的笼子"，这也是他反对"学校即社会"的原因，因为无论怎么引入社会资源，学校的空间毕竟是有限的，而广阔的社会更需要带领学生去认识。

沿着这个思路，我们是否还把教师定位于在课堂中进行传道授业解惑的人呢？学校是社会的学校，我们都生活在社会里，教育不仅仅是为国家、为社会培养所需要的人才，其更为重要的社会责任是"改造环境"。在陶行知先生眼中，教育是实现理想社会的历程，办学就是改造社会，教师就是社会改造的领导者。当然这里的改造要做宽泛且积极的理解，并非激进的革命，而是积极的、正面的改进、改良、改善。所以他提出，教师的心中要有理想社会，教师的天职是自化化人。他明确提出，教员一要有信仰心，二要有责任心，三要有共和精神，四要有开辟精神，五要有试验精神。带着这样的视角来看课堂教学，你的视野就会辽远阔大起来。比如，当你教学生美术绘画时，让他感受美，欣赏美，你是在培养学生个人的审美品质吗？当然是，但不仅仅如此。当全校师生都懂得以美术精神改造校园环境的时候，就是他们在未来改造社会、美化社会的起点。当你教育学生劳动清洁的时候，你是在培养学生的动手能力吗？当然是，但不仅仅如此，它还让学生学会过一种美术的生活，未来能够清理社会、国家和世界的肮脏。所以陶行知先生认为教师不仅要有健康的体魄、农人的身手、科学的头脑，还要有艺术的兴味、改造社会的精神。

如果能明白，课堂教学和社会——尤其是未来社会——有着如此紧密的联系，我们是否还会以今天的眼光来看待课堂教学的价值和学生的各种问题？这个学生成绩很好、考试很好，但是不爱参加班级劳动，这是一个完整的个体吗？我们教学生写作，非让他写出那些不是他自己的语言，我们是在教育学生成为一个负责任的表达者吗？我们让学生做数学题，只需要他运用所学的公式去解决问题，就算掌握知识了吗？做了很多答案唯一的题目，他们对生活中的数学问题有真正的理解吗？让学生学习素描绘画，只有一个要求就是要"像"，是否关注他们对眼中印象的创意表达呢？而这些关注和忽视，在未来的社会生活中，会让他们具备怎样的素养基础呢？我们在课堂上精心设计的各种教学行为，当放到这个大范围、广尺度的背景下来衡量，还经得起推敲吗？我们是在培养20年后的社会栋梁吗？今天的教师，还会把自己定位于"社会改造的领导者"吗？当然我们对这里的"领导"进行的是教育范畴的理解，它不是政治意义上的"领导"。但是教育教学和社会改造之间的关系，是否就离我们而去了呢？如果教师都不再考虑自己的教学行为和未来社会之间的关系，对未来理想社会没有自己的理解，那么支撑我们在课堂上这样做而不那样做的理由是什么呢？苏格拉底说，未经审视的人生不值得一过。我们的教学行为，用什么样的价值标准来审视呢？对于今天的课堂教学，我们很少有来自社会改造视角的评价，而这与当下强调核心素养的养成是不相称的。核心素养中特别重视国家观念、社会参与，这种品质教师应当首先具有，否则很难想象一个缺乏社会参与意识的教师，如何能培养出有这种意识的学生。

三、如何看待学生

"人人都说小孩小，小孩人小心不小。你若以为小孩小，你比小孩还要小。"陶行知先生的诗句都很有特色，非常质朴，质朴到农人也能听得懂。这首小诗也不例外，把最深刻的道理放在最浅白的文字里说出来，这是陶行知先生为了普及平民教育做出的非常重要的努力。他在文章中数次提到对儿童和儿童教育的看法。他认为，我们对儿童的根本态度，应当视他们为创造者而不是继承者，创造者的面前一片开阔，没有既成的约束，什么都需要自己去开创，而继承者所面对的都是需要自己吸收、内化、接受、认同的东西，更不用说去独立思考和创造了。陶行知先生认为，儿童的创造力是无限的，他批评传统教育教学生读死书、死读书，不动手、不用脑，只能听、不能问，儿童不仅没有健康，还失去了生活力、创造力。

作为今天的教师，如何看待自己的学生，尤其是小学生，有没有关注对他们创造力的保护？我们是否已经习惯性地将自己作为知识的提供方，而将学生看作接受方？有时会在网上看到"生源不好""学生接受能力不强"等言论，但实际上，教学相长，教师如果常常反思"今天我跟哪位同学学到了什么"，相信师生必定会共同成长。陶行知先生特别强调教师的教和学生的学是可以相互摩擦、相互成长的。他说有一次写小诗，夸赞一所学校施行"小先生制"效果好，他的原文中有一句"大孩可以教小孩"，当他把这句话念给小孩子们听的时候，遭到了反对，说小孩也可以教大孩，他深感有道理，立刻修改。我们在日常教学中，也会有这种轻视孩子的倾向，从而使得儿童常常处于成人有意或无意的"压迫"之中。

陶行知先生有句话说得很透彻，文学是从生活里压迫出来的，我们至今还不能产生第一流的儿童文学，是因为没有十分感觉到儿童所受的压迫。他认为忽视儿童和期望太切是两种有害的心理。他认为做了老师以后，需要掌握一个本领——能够变成小孩子。只有变成小孩子，跟小孩子一块儿玩，一处做工，谁也不觉得你是先生，你便成了真正的先生。"我们必得会变小孩子，才配做小孩子的先生。"陶行知先生的这段话，就是在告诫教师，要理解小孩子，才能当好教师。如何才能真正理解，就必须把自己放在小孩子的世界中，和他们摸爬滚打，而不是在空中俯视，不参与其中。

读到这些文字时，我不禁想起于永正老师在课堂上与学生自如地交流和对话的情形。于老师平日里和学生玩在一起，对学生十分了解，才可能在教学中有基于相互信任和理解的顺畅交流，这种交流是共同学习的重要基础。只有真正平视儿童，和他们成为朋友，教师才可能发挥出更多的教育影响力。

四、如何看待读书

陶行知先生非常反对传统教育只教人死读书的做法，他劝告青年，不要读死书、死读书、读书死。尤其是手脑分家地读书的人，认为学校就是读书，走上社会才谈得上行动，成了只有思想而没有行动的书架子。这样的人不仅把受教育窄化为读书，还把读书与生活行动割裂，成了不关心现实国计民生的书呆子。在他看来，这是万万要不得的。

语文新课程改革自 2001 年颁布《全日制义务教育语文课程标准（实验稿）》以来，就非常强调学生的阅读，尤其是整本书阅读，《义务教育语文课程标准（2022 年版）》中还专列了整本书阅读的任务群，该任务群"旨在引导学生在语文实践活动中，根据阅读目的和兴趣选择合适的图书，制订阅读计划，综合运用多种方法阅读整本书；借助多种方式分享阅读心得，交流研讨阅读中的问题，积累整本书阅读经验，养成良好阅读习惯，提高整体认知能力，丰富精神世界"。因此，如何引导学生建立适合的"阅读观"是非常重要的。一个只知道读书而没有生活力的学生，是不符合核心素养的育人指向的。

我们的语文教学，尤其是阅读教学，对理解、感悟作者的语言文字强调得比较多，而对通过阅读解决自己面临的问题，包括精神的、思想的、物质的、生活的等，强调得却并不算充分。所以很多时候，学生将自己的阅读生活和现实生活割裂开来，阅读中所获得的知识和能力并没有融入他的生活之中发挥积极的作用。这其实跟我们强调"吸收、理解"，弱化"运用、创造"不无关联。从这个意义上来说，2022 年版课标区分出文学阅读与创意表达、实用性阅读与交流、思辨性阅读与表达等任务群是很有价值的，不仅对实用性阅读与交流有更加明确的表述，而且将阅读与交流、表达及日常学习生活紧密关联起来，传递出了读书与用书的紧密关系。

陶行知先生认为，书只是一种工具，和锯子、锄头是一样的性质，都是给人用的。我们与其说读书不如说用书，书里有真知识和伪知识，读一辈子不能辨别真伪，可是用它一下，书的本来面目便显现了出来，真的便用得出去，伪的便用不出去。三百六十行的人都要用书，真知识才普及，书是三百六十行的公物，不是读书人能据为私有的。

其中有几层意思非常重要：第一，读书不是在真空中发生的，读书既有个体成长的价值，也有社会进步的价值，读书不是目的，掌握知识、改造环境，把生活创造得更美好才是目的。第二，不要窄化陶行知先生的用书。并不是一定要有实际效用的价值才是"用"，能够涵养自己的精神，陶冶自己的性情，这样的读书也是用书。第三，读书掌握的知识是间接经验，如果希望这样的知识可以在自己的经验世界中生根，就必须借助"用"，用它做事，在做事中实际地使用、体会，才能将这种闻知嫁接到自己的亲知之上，成为自己真正的知识。这一点很重要，我们自己的阅读经验也表明，如果没有很好地吸收运用，一些从书中得来的"知识"就会很快被遗忘，并不能产生更多的价值。第四，要重视对知识的检验和筛选，做一个负责任的表达者，做一个基于证据的学习者和研究者，不能不对阅读所获得的知识进行检验，而最好的检验方式正如陶行知先生所言，就是放在生活中使用，"过什么生活，用什么书"，这样才能"用活书，活用书，用书活"。

五、如何看待作业

2021 年，国家颁布了"双减"的相关文件，要求减轻学生的课业负担。为什么要减轻学生的课业负担？从学生个体健康的角度来看，这是学生身心发展的需要使然。陶行知先生曾从社会和国家层面提出了一个更为重要的问题，如果我们用各种练习题、试卷等僵化的作业填满了学生的课余时间，甚至"让学生没有课余"，学生就根本无暇去思考更加重要的问题。他认为一般学校把儿童的全部时间占据，使儿童失去学习人生的机会，养成无意创造的倾向，到成人时，即使有时间，也不知道怎样下手去发挥他的创造力了。所以陶行知先生创造的儿童教育，首先要为儿童争取时间之解放。

还有一点非常重要，陶行知先生非常强调做事的教育，他认为其他的知识都建立在亲知的基础上，而所谓"亲知"，就是亲身实践得来的，就是从"行"中得来的，就是从做事得来的。他认为"在劳力上劳心，是一切发明之母。事事在劳力上劳心，便可得事物之真理。人人在劳力上劳心，便可无废人，便可无阶级"，认为"这个担子是要教师挑的"。《义务教育课程方案（2022 年版）》中明确提出，要加强课程与生产劳动、社会实践的结合，加强知行合一、学思结合，倡导"做中学""用中学""创中学"。可见这一轮课程改革是充分吸收了陶行知先生"教学做合一"的教育思想的。教和学都在做事上统一，教师和学生一起做事，教师对学生施加好的影响就是教，学生学到了本领就是学，但是如果只有做题而没有做事，这种学习和创造是不可能发生的。从这个意义上说，语文学习任务群以完成任务的方式引导做事，是有着积极的价值的。因为在做事的过程中，学生受到的教育是丰富的。比如，陶行知先生特别强调过一种美术的生活，比如能烧好一顿饭，使自己和别人吃起来愉快、舒服，就是一种艺术，扫地、擦桌养成扫除肮脏的习惯，日后就有望使家庭无肮脏，社会无肮脏。

除了以上几点，我还有很多启发与思考，不能一一穷尽。最后有一点与各位老师共勉。陶行知先生说，小学不小，庙小乾坤大，做小学教师一定要有信仰心，认定教育是大有可为的事；小学虽小，但是有大快乐，这就是看着学生像种子一样生根、发芽、开花、结果。只有信仰这种快乐的人，才能有责任心，有开辟精神、试验精神，才是合格的小学教员。这一点，实在值得我们终生铭记！

陶行知儿童诗中的儿童观

黄雅芸

"捧着一颗心来，不带半根草去。"陶行知先生的教育名言镌刻在南京晓庄师范的墙壁上。20多年前，身为晓师学子的我日日从这句话前走过。陶先生对教育事业的热爱和赤忱，化为这言简意深的诗行，令人过目难忘。

既是教育家又是文学家的陶行知爱诗，勤写诗，据他的学生方与严说，"行知师爱他自己的诗稿，甚于爱他自己的生活教育论文，甚于爱他自己的生命"。近日翻阅《行知诗歌集》，与数十首"明白如话""不事雕琢"的行知儿童诗不期而遇，在欣赏、诵读、遐思之间，我似乎渐渐走近了诗歌背后的那个人和他的儿童观。

一、看见儿童

吃了秋波梨 / 又要欢喜头 / 叫声"奶奶嗳！ / 快上唱经楼。"

——《桃红三岁》

过了三十晚 / 又到初一朝 / 枕头压岁钱 / 灯笼挂得高 / 一身新到底： / 鞋、袜、衣服、帽。/ 听听打呼声 / 轻轻不要闹 / 寻吃厨房里 / 五香鸡蛋好 / 堂前去拜年： / 爹、娘、哥哥、嫂。/ 开门放爆竹 / 大炮和小炮 / 大炮闭耳听 / 小炮点着跑 / 跌在污泥里 / 妈妈一顿敲 / 眼泪流到嘴 / 哈哈又笑了。

——《中国小孩过新年》

《桃红三岁》《中国小孩过新年》等儿童诗，素描般活泼还原了儿童的生活场景，读者可以透过诗歌看到天真娇憨的那些个小孩和站在旁边抿着嘴笑的那一个大人——能饶有兴致地站在儿童日常生活的边上，津津有味地欣赏着并报以孜孜写作的热情，这样的成年人一定"没忘记自己曾经也是个小孩"。

陶行知先生在《桃红三岁》诗后备注说，"这可以说是我的第一首天籁"。何谓"天籁"？清浅自然、浑然天成。由此可见，在摹写原生态、充满童真童趣的中国儿童形象的时候，陶先生定是怡然自得、颇为喜悦的。这喜悦，似大自然在吐露无声的奥秘，犹生命之泉汩汩流淌。此诗落款为民国七年（1918），那时的陶行知风华正茂，从美国留学归来后，西方儿童学、教育学的学习经历令他打开视野，发现了"儿童"，作为杜威的学生，他也是"儿童中心"思想的坚定支持者。这样的诗作，或也可以看作20世纪初整个人类社会迈入"儿童的世纪"的生动注脚。

二、理解儿童

作为现代中国最早为儿童写作的文学家之一的陶行知，针对当时中国儿童文学创作状况，提出儿童文学创作要"向儿童瞄准"。这里的"瞄准"即站在理解儿童的立场上，对儿童生活展开深入的体察、敏锐的捕捉，在创作中采取儿童视角，体现儿童思维，顺应儿童心理，让文学作品更符合儿童的身心需求、认知特点、审美情趣。

不妨大声朗读《放爆竹》："一个个的放 / 一声声的闹 / 它把新的惊起 / 把旧的吓跑 / 放，放，放 / 放到旧的不敢再来到 / 放，放，放 / 不住的放 / 放到新的不会再睡觉。"《雪罗汉》："大胖子 / 笑嘻嘻 / 太阳一来 / 化作烂污泥。"《雪狮子》："雪狮子 / 假威风 / 太阳公子会打猎 / 把你活埋污泥中。"这些诗作既"瞄准"了儿童的日常生活，也"瞄准"了儿童的心理特点，无拘的玩耍、鲜活的想象、逗趣的夸张，彰显了诗歌的游戏性。同时，诗歌语言通俗易懂，儿童读起来也毫不费力。值得注意的是，虽然陶行知先生的儿童诗是自由体新诗，但他本着对儿童的理解与尊重，将儿童读者对韵律的敏感和偏好放在心头，因此他的儿童诗总是很注重押韵，具有强烈的韵律感，读起来朗朗上口、便于传唱。我想，这也是他理解儿童、"向儿童瞄准"的具体体现。

三、探究儿童

在看见儿童、理解儿童的基础上，我们才可能进一步去探究儿童，探究他们究竟需要怎样的生活和教育。从陶行知的儿童诗里，我们不仅可以看见他对真实的儿童生活、儿童面貌的观察与描摹、欣赏与理解，也可以读到作为教育家的他对儿童生命节律的探究，对儿童行为方式的思考，对质朴天然的儿童生活之于儿童成长意义的真知灼见。

在作于民国二十年（1931）的《春天不是读书天》里，陶先生直抒胸臆，呼唤儿童"掀开门帘／投奔自然""宁梦蝴蝶／与花同眠""放个纸鸢／飞上半天""攀上山巅／如登九天""放牛塘边／赤脚种田"；还毫不留情地批判了死读书的陋习，直言："关在堂前／闷短寿缘！""知乎者焉／试讨人嫌！""书里流连／非呆即癫。"诗歌最后，陶先生意犹未尽，备注云："前些日子看见报上登载《中学生》的要目预告，内有一个题目是《春天不是读书天》，新颖无比，与我的主张不谋而合。今早在床上吟得几首小诗，借以打破死书本教育之迷执。"在国家出台"双减"政策的当下，读到90多年前的这首儿童诗，迎面撞见陶先生为儿童"活动权""游戏权"的鼓与呼，似乎并非一种巧合。这让我想到蒙台梭利博士的断言："成人迷恋于把儿童纳入他们自己的生活方式，把他们自己作为儿童的完美榜样。他们身上所存在的如此惊人的盲目性几乎是完全不可治愈的。人的心灵中的这种盲目性已成为一种普遍的现象，也许像人类一样古老。"

作为一个成年人，一个教育者，如何对抗心灵中不可救药的盲目性？如何挣脱"死书本教育"之迷执？恐怕唯有回到对儿童的真切谛视与深入探究上来。时至今日，我国基础教育从业者的文化水准、教育学历、学科知识储备都得到了很大的提高，但是，对于儿童的价值、力量、基本特性，我们依然缺乏足够的认知。探究儿童，看见真实的儿童，顺应儿童心灵的需求，尊重儿童的生活，理解儿童的世界，我们还有很长的路要走。

四、定义儿童

五四文学启蒙运动高度重视"人的发现"，无数爱国志士都视其为解决国家民族命运问题的根本方法。关注"儿童的发现"，重视儿童启蒙教育，也成为五四时代的强烈呼声。如果说鲁迅先生写下的"救救孩子"拉开了启蒙童年的序幕，那么陶行知先生提出的"新时代的创造者"则是对儿童身份的全新定义。

按时间顺序将《行知诗歌集》中收录的儿童节诗歌（当时4月4日为儿童节）进行梳理、归并后，可清晰看出陶先生独到、坚定、前瞻的"儿童定义"。

写于民国二十二年（1933）的《儿童节歌》中，他代表儿童发声："从前世界属大人／今后世界属儿童。""儿童不再读死书／儿童不再受人哄。"激励儿童自立自强："我们都是小工人／用脑用手来做工／娃娃好玩自己造／自扎风筝舞天风／拿起锄头与斧头／造个社会大不同。"同时还铿锵有力地发出斗争宣言："世事须从小儿意／不从儿意不成功／谁再欺侮弱与小／总动员向他进攻。"

写于民国二十四年（1935）的《儿童节献词》中，陶先生提出："小孩一齐来／小孩必须有大志！"写于民国二十五年（1936）的《儿童节献歌》中，他进一步指出"四月四／四月四／小孩也能做大事"，可以学习新文字、教人新文字，研究国事、报告国事，还可以"嘴上长刺／手上长刺／遇了敌人来／千千万万向前刺"。

写于民国二十八年（1939）的《儿童节歌》中，他致力于号召："站起来／抗日的小孩！／长起来／抗日的小孩！／联起来／抗日的小孩！／我们要帮助大人／把东洋的妖怪赶开！／赶出关外／赶出海外／叫他们知道我们的厉害／我们是抗日的小孩。"

从以上儿童节诗歌中可以清晰看出，陶行知先生坚定不移、一以贯之地将中国儿童定位为"大儿童"：胸怀国家、民族的命运，肩负高度的责任感、使命感，在时代的洪流中勇往直前，以学习、创造、斗争的精神，彰显帮助大人、改造世界的力量。

陶先生曾在文章中强调："大人们异口同声的说：'儿童是未来的主人公'，表面上看似好像是一种期望，其实是一种变形的抹煞，抹煞了儿童的现在的资格。儿童是现在的小主人！"在他看来，自己对儿童身份的定义，不是对未来远景的想象描摹，而是扎根于当下时代的现实叙写。

读着陶行知的儿童诗，我不禁联想到成尚荣先生关于"儿童立场"的提醒，"儿童立场的上空一定要高扬中华民族复兴的核心价值"。当今时代，加强国家认同教育、厚植爱国情感、培养责任担当、培塑奋斗品质，都是儿童教育的应有之义。我以为，陶先生的儿童诗在价值培育的践行层面为我们做出了极好的示范。相信读着陶先生对"大儿童"的激情抒写，儿童读者会被其中真诚的、毫无保留的信任深深感动，自励、自强，努力成长为陶先生笔下的"大儿童"。"给孩子提供一个有效的平台，把他们当成有责任感的个体……孩子就真的会变成有责任感的个体，有着丰富的理解力，并能够做出明智的选择。"这恐怕是教育者给予成长中的儿童最为重要的情感和人格力量。

五、拜师儿童

在陶先生的儿童诗里，伴随着处处可见的朝气蓬勃、健康旺盛的新时代儿童形象的，还有对成年人看待儿童、与儿童相处的观点指引。

面对"糊涂的先生"，陶行知不留情面："你这糊涂的先生！/你的学堂成了害人坑！/你的墨水笔下有冤魂！/你说瓦特庸/你说牛顿笨/你说像个鸡蛋坏了的爱迪生/若信你的话/哪儿来火轮？/哪儿来电灯？/哪儿来的微积分？//你这糊涂的先生！/你的教鞭下有瓦特/你的冷眼里有牛顿/你的讥笑中有爱迪生/你别忙着把他们赶跑/你可要等到：/坐火轮/点电灯/学微积分/才认他们是你当年的小学生？"

为了让更多的先生不再糊涂，他热情地邀请大家"来！来！来！/来到小孩子的队伍里"，不是以"教导小孩"的面目出现，而是设身处地、平等民主地去与小孩子交往，去"发现你的小孩""了解你的小孩""解放你的小孩""信仰你的小孩"，直至"变成一个小孩"。

每逢儿童节，他不仅为儿童写诗，也献诗给天下的大人们，是的，对儿童的拳拳关心，也包括对大人的谆谆诱导与教化。"四月四/四月四/大人要立志/教小孩认字/为小孩做事。""四月四/四月四/大人要立志/变成小孩子/一次又一次。""四月四/四月四/大人要立志/肯跟小孩学/方算大本事。"（《儿童节大人歌》）

《小孩不小歌》中这样说："人人都说小孩小/谁知人小心不小/您若小看小孩子/便比小孩还要小！"为了让大人们改变"小看小孩子"的陈旧观念和思维惯性，陶先生喜欢跟大家讲儿童为他改诗的两个小故事：

晓庄师范被查封，晓庄小学停了课，孩子们只好自己创办了个儿童自动学校，校长、教师、工友都由孩子们自己担当，互教互学（近一百年后读到这样的事，依然令人不胜感动，谁敢说小孩小？）。陶行知获悉这一消息后，便寄去了《南京佘儿岗儿童自动学校小影》一诗，表示祝贺："有个学校真奇怪/大孩自动教小孩/七十二行皆先生/先生不在学生在。"很快陶行知收到了孩子们的回信，除了道谢，孩子们还建议他将诗中的"大孩"改为"小孩"，并说明了小孩能教小孩的理由。还有一次，陶先生写了一篇演讲词，其中有一段："读了书/不教人/什么人/不是人。"演讲结束后，有个小孩建议他把"不是人"改为"木头人"。陶行知当即赞扬这个孩子改得好，"不是人"三个字不具体，桌子不是人，椅子不是人，而"木头人"能给我们一个具体的印象。

讲述这些故事给大家听时，陶行知先生充满了由衷的赞叹，他确信小孩有惊人的创造力。他认为"教育不能创造什么，但它能启发解放儿童创造力"，这才是教育最大的价值，教育者应以"解放儿童"为己任。

在整部《行知诗歌集》中，我最喜欢的一首诗是《告书呆子》："'没有指导？／没有工做？'／探获新大陆的哥伦布／可曾说过？／'没有指导？／没有工做？'／漂流荒岛的鲁滨逊／可曾说过？／'没有指导？／没有工做？'／晓庄的学园里，要种几多活萝卜？／'没有指导？／没有工做？'／开天辟地的机会／可能让它错过！"

读着这首诗，我仿佛看到先生怀揣改造民众与儿童的教育信仰，站在 20 世纪的中国教育潮头迎风而行；我又仿佛看见晓庄贫瘠的田野里，他手握镰刀和锄头，播种自己的教育思想，躬耕乡村教育；最后，他悄然伫立在我的书桌前，望着读诗的我，眼神里充满期待。我知道，先生是在鼓励我，勇敢、自立、创造，用"诗的生命"去写一首"生命的诗""教育的诗"。

■ 叶圣陶：现代语文教育奠基人

　　叶圣陶（1894—1988），原名叶绍钧，字秉臣，著名作家、教育家、文学出版家和社会活动家。著有长篇小说《倪焕之》等，散文集《小记十篇》等，童话集《稻草人》《古代英雄的石像》等。

　　叶圣陶从事教育工作近80年，既做过中小学教师，也当过大学教师，对教育充满挚爱。他在教育方面有着杰出的贡献，被誉为一代宗师。他的思想博大精深，影响了近一个世纪的中国教育，对于当前基础教育课程改革有着重要的指导意义。他提出的"教是为了达到不需要教""教育就是养成良好习惯"等观点影响深远，在今天仍然具有重要的现实意义。在长期的编辑生涯中，他先后主编或编辑过语文教育刊物和几十种中小学语文教科书，撰写过十多本语文教育方面的论著，为语文教育事业做出了重要贡献。

　　叶圣陶为人敦厚，品行高尚，诗人臧克家曾这样评价过他："'温、良、恭、俭、让'这五个大字是做人的一种美德，我觉得叶老先生身上兼而有之。"

叶圣陶语文教育思想述评

李怀源

叶圣陶语文教育思想始终把学生发展放在第一位。"教是为了达到不需要教",学生要在教师的带领下达到"自能读书不待老师讲、自能作文不待老师改"的水平。

有人认为叶圣陶先生是语文工具论的典型代表,是机械的工具论者,把语文学习定位在纯工具的角度。我们看看叶老是怎么论述工具的,就能明白他始终把学生发展放在第一位。

"语言是一种工具,是用来达到某个目的的,工具不是目的……我们说语言是一种工具,就个人说,是想心思的工具,是表达思想的工具,就人与人之间说,是交际和交流思想的工具,思想和语言是分不开的,想心思得靠语言来想,不能凭空想。"学习语言这个工具不是语文课程的最终目标,最终目标是发展思想,让学生成为有思想的人。

"就学习语文来说,思想是一方面,表达思想内容的工具又是一方面。"也就是说,学习语文是语言与思想并行的,不是纯粹的工具训练和工具使用,学生的实际获得要有思想的发展作为内核。

对叶老而言,语文不是高大神秘、不可企及的,语文是学生生命发展过程中一定要掌握的工具,即学语文与普通人的生命需要联系在一起,并不是为了工具而进行训练。这在"万般皆下品,唯有读书高"的文化系统里,显然是向前迈了一大步。

一、语文课程性质

(一)"语文"名称的来历

关于"语文"名称的来历,叶老这样说:彼时同人之意,以为口头为"语",书面为"文",文本于语,不可偏指,故合言之。用"语文"

来命名的本意就是把口头语和书面语合在一起。

有人认为"语文"是"国语""国文"各取一字的。叶老这样回答：小学"国语"的"语"是从"语体文"取来的，中学"国文"的"文"是从"文言文"取来的。"国语""国文"的来历与"语文"的命名并不相同。

叶老还重申：不叫"语言"而叫"语文"，表明口头语言和书面语言都要在这门功课里学习的意思。

从叶老的三段话可以看出，语文学科的范围是学习语言和文字，深层次是发展思想。

（二）语文课程的价值

语文课程的价值是什么？叶老并没有明确回答。叶老在讨论古书的文化价值和中学生该不该读古书的时候谈到课程价值："学校里课程的设置，通常根据三种价值：一种是实用价值，一种是训练价值，还有一种是文化价值。"

由此可知，语文课程应该对学生具有实用价值、训练价值和文化价值。价值是因内在联系而产生的作用，因此，语文课程的实用价值，是指语文课程对学生未来工作和生活的指导与帮助作用。语文课程的训练价值，是指通过一定形式的练习，学生能够获得语文能力的发展。语文课程的文化价值，是指学生了解和接受文化的内涵。

（三）语文课程相关概念

1.语言

语文学科的支柱之一是语言，叶老认为语言并不是单独存在的，思维和语言是一体的。"语言是思想的定型。所谓定型不仅定思想的形式，同时也定思想的质料，因为语言里所用的材料就是思想本身的质料，那是二而一的。"思想的质料和形式是思想的两个部分，质料是思想内容，形式是思想外化，二者缺一不可。

语言从哪里来？"生活是根源，语言是手段"，语言来自生活，语文学科发展学生的语言，一定要与生活相联系，从生活中来，也要能够对生活产生积极作用。

语言是怎么产生的？"所谓思维活动跟认识活动，当然得根据实践的直接间接的种种经验，经过一番活动，然后定型，成为拿得出来的语言……"语言是思维和经验的结合，是思考的结果。"想的过程也就是形成语言的过程"，经过思维活动，形成语言。

叶老谈的语言多数情况是指使用语言，而不是固化的语言。语文课程标准把语文课程定位为"一门学习语言文字运用的综合性、实践性课程"，这与叶老的认识基本是一致的。

2. 文字

"文艺作品是作者思维活动的成果，是思维活动的固定形式，也就是写在纸面上的语言——文字。"叶老认为文字就是写在书面上的语言，写作的过程也是思想外化的过程。

关于文字，叶老还谈到两个相关概念——"语法"和"修辞"。"语法就是教人如何把话说得对，修辞就是教人如何把话说得好。"这两个概念同样指向语言的运用。

3. 听、说、读、写

听、说、读、写指的是听话、说话、阅读、写作。叶老在谈论听说读写的时候，指出其有两层含义：一是听说读写的能力；二是听说读写的活动。

"除了课内的说话、听话，课外的演讲会、辩论会等也该是语文科的重要项目。乃至日常的说话与听话，语文教师也该多费一份心，随时帮助学生求进步。"这是叶老在中学语文课程标准中提出的，他认为演讲会、辩论会等语文实践活动也是语文的重要项目。

语文从目标上来说，是培养学生听说读写的能力；从内容上来说，更多的是要组织和呈现听说读写的活动。语文课不能只是学习选文，也不能只是读整本书，而是要组织听说读写的活动，这就是语文学科的边界，是和历史课、政治课的区分。

"一定要把知识和实践结合起来，实践越多，就知道得越真切，知道得越真切，就越能起到指导实践的作用，不断学，不断练，才能养成好习惯，才能真正学到本领。"这是叶老对实践的认识，就像课标中说的，"语文课程是实践性课程，应着重培养学生的语文实践能力，而培养这种能力的主要途径也应是语文实践"。

语文课程内容的本身应该是听说读写活动。但目前，语文课堂上的听说读写活动还是用以辅助课文的理解，没有以发展学生的听说读写能力和语文素养为目标。

二、语文课程结构

"语文教学还没有形成一个周密的体系，恐怕是多种原因之中相当重要的一个。不知道我说的对不对。语文课到底包含哪些具体的内容；要训练学生的到底有哪些项目，这些项目的先后次序该怎么样，反复和交叉又该怎么样；学生每个学期必须达到什么程度，毕业的时候必须掌握什么样的本领。诸如此类，现在都还不明确。因而对教学的要求也不明确，任教的老师只能各自以意为之。"这段话出自 1980 年 7 月 14 日叶老在全国小语会成立大会上的书面发言。叶老已经认识到语文课程缺少科学的结构体系，因此他努力尝试建立学科体系，但是，体系不完整、不固定的现实依然存在，到现在也是如此。

试着把叶老的语文课程思想进行结构化，希望能够看出叶老心中理想的语文课程。

（一）语文课程的目标

1.语文课程总目标

1949 年 8 月叶老草拟的《中学语文科课程标准》中，规定了语文课程的两条目标。

（1）通过语言文字的学习，从感性的认识出发，在学生的情操和意志方面培养他们。

（2）顺应学生身心的发育和生活经验的扩展，逐步地培养他们凭我国语言文字吸收经验、表达情意的知能。

第一条重在"情操和意志"，第二条重在"知能"。第一条下面还有4项分目标。第二条下面，初中列了5项分目标，高中列了2项分目标，后面又做了4项说明。叶老对语文课程的目标是从学生情操、意志、知能三个大的方面规定的，认为其是要促进学生精神、心智、能力的全面发展的。

2.语文教学目标

具体到语文教学的目标，也就是学生的"知能"目标，叶老这样说："国文教学的目标，在养成阅读书籍的习惯，培植欣赏文学的能力，训练写作文字的技能。"养成习惯、培植能力、训练技能，三者的表现不一样。

阅读书籍的习惯，是在读书时无意之中就能表现出来的行为。例如，阅读的习惯，不只是有书去读，而且要知道不同文类的书应该怎么阅读。

欣赏文学的能力，要能够明白文字的言外之意。叶老在《文艺作品的鉴赏》中希望学生能够对语言文字有灵敏的感觉，学过语文的人跟没学过语文的人要有所区别。

写作文字的技能，就是能写出"通"与"好"的文章。"'词'使用得适合，'篇章'组织得调顺，便是'通'。""一篇文章，如果做到'诚实'与'精密'就是好。"叶老同时强调了写作也要培养习惯，"写作教学的目的，在养成两种习惯：1.有所积蓄，须尽量用文字发表；2.每逢用文字发表，须尽力在技术上用功夫"。

虽然把语文教学目标分为三个方面，但是，叶老在谈论这些的时候，经常也会放在一起来说。例如，"要写通顺的文章，最要紧的是锻炼语言习惯"，把写作和习惯结合在一起。再就是，叶老虽然列出了三个方面，但是，具体的习惯、能力、技能又怎么细分，他并没有做更为详尽的阐述。

（二）语文课程的内容

1.教材呈现方式

"国文教材似乎该用整本的书，而不该用单篇短章……退一步说，也该把整本的书作主体，把单篇短章作辅佐"，后来又修改为："中学语文教材除单篇的文字而外，兼采书本的一章一节，高中阶段兼采现代语的整本的书。"这是叶老对语文教材的基本认识，他希望建立一个以整本书为主体的语文教科书体系。

为什么要用整本书作教材，叶老是这样表述的："现在的精读教材全是单篇短章，各体各派，应有尽有……要养成读书习惯而不教他们读整本的书，那习惯怎么养得成？"为了达成语文教学的目标，必须是单篇与整本的教材并行。

对单篇课文和整本书的教学功能，叶老也有深刻的认识。他说："单篇短章和整本的书原不是性质各异的两种东西；单篇短章分量少，便于精密地剖析，能够了解单篇短章，也就能够了解整本的书，但是，平时教学单篇短章，每周至多两篇，以字数计，至多不过四五千字；像这样迟缓的进度，哪里是读书习惯所许可的？并且，读惯了单篇短章，老是局促在小规模的范围之中，魄力也就不大了；等遇到规模较大的东西，就说两百页的一本小书吧，将会感到不容易对付。"所谓"本质上相同"，是说在学习语言文字方面的功能相同，在培养阅读书籍的习惯方面作用不同。也就是说，读整本书更容易达成养成阅读书籍的习惯的目标，能够把这种能力带到生活之中，解决学生未来工作和生活中的问题，让阅读相伴终生。

最终，叶老对初中、高中的语文教科书做了这样的规定："国文教材似乎应当这么支配：初中阶段，一部分是'文学名著'，着重在'了解固有文化'（'增强民族意识'和'发扬民族精神'也就包括在内）；一部分是'语体'，着重在文字语言思想三者一贯的训练。高中阶段，除以上两部分外，又加上一部分'近代文言'……说'着重在'什么，只是表示某一部分教材该把某项目标作为主要目标的意思。"叶老认为，教材的选取是和教学目标紧密联系的。

2. 教材内容标准

不管是单篇还是整本书，应该按照什么标准选择呢？叶老分别从精神、内容、品质、体裁四个方面对教科书的内容进行了规定："中学语文教材，就精神说，要符合目标第一项所规定的各点；就内容说，必然的涉及各科，以各科的内容为内容；就品质说，要朴实、精确，足以为目标第二项的模范；就体裁说，要包括一般人在生活上所触及的各类文字，高中要选若干明白易晓的古文，以能够通解普通文言为目标。"

叶老在他自己主编或者参编的教科书中，一直坚持这样的原则。《开明国语课本》一半以上的课文是他自己创作的。《国文百八课》是他同夏丏尊先生共同编写的，以单元为基本单位，按照文话、文选、文法或修辞、习问的结构编写。"内容方面，亦务取旨趣纯正有益于青年的身心修养的。"

3. 教材作用

"语文教材无非是个例子"，叶老认为从这个角度而言，好文章和坏文章都可以选作教材，只是功能和目的不一样而已。

教材的作用怎样发挥？"教材的性质同于样品，熟悉了样品，也就可以理解同类的货色。可是阅读要养成习惯才有实用，所以课外阅读的鼓励和指导必须配合着教材随时进行。换句话说，课外书也该认作一项教材。"教材作为样品，希望学生能够举一反三。还有第二层意思，课外的整本书也是教材，在课外也应该发挥作用。

（三）语文课程的实施

1. 阅读教学

"专用逐句讲解的办法，达不到国文教学的目标"，叶老详细描述过私塾的教学情景，也分析了塾师为什么进行讲解，因为当时的教材是以文言的形式呈现的，需要把文言文翻译成白话文或者方言。所以在教白话文的时代，是不需要逐句讲解的。他还分析了逐句讲解的最大弊端："逐句讲解的办法，却不要学生自己能够读，既然自己不能读，又怎么会喜欢读？"学生在阅读课上没有时间读书，不能养成阅读书籍的习惯，不能读，不会读，也就不喜欢读。阅读兴趣是来自阅读能力的，能读、会读才有兴趣读。

叶老曾经出过两个单行本《精读指导举隅》和《略读指导举隅》，对如何精读和略读做了详细的论述，并且举了很多实例。他认为，"略读"的"略"，并不是粗略、简略、大略的意思，略读同样需要教师的指导，只是指导得不用那么精细而已。对精读和略读的关系，他这样说："就教学而言，精读是主体，略读只是补充；但就效果而言，精读是准备，略读才是应用。"

对阅读教学的课堂结构，叶老进行了一个大致的划分：预习—讨论—指导。摒弃教师的讲解，以学生预习为基础，让学生充分自主探究，课上进行讨论，教师就像讨论会的主席，确定讨论的问题和过程、步骤，其他都交由学生。教师的指导，要在紧要处，在学生自己不能发现、不能理解之处。叶老确立的阅读教学的结构，符合教会学生学习的标准，是以学生为主体的课堂教学，也能真正促进学生的发展。

2. 写作教学

写作教学，叶老论述得比较系统。从命题的角度，他提倡教师要出学生愿意做的题目，也鼓励学生挑自己喜欢的题目做。关于作文，他有"通"与"不通"、"好"与"不好"的界定。对作文的标准——理真、情切、意达——也有较为明确的解释。理真，真诚地说自己的话；情切，表达的意思特别真切；意达，书面语言和表达的意思一致。

写作教学的过程，他讲的不是很多。在《论写作教学》一文中，基本上是在谈作文的题目。关于写作教学过程，叶老认为只要出了学生愿意做的题目，学生依据平时的阅读经验和写作经验，就可以开始写作了，教师在这个过程中，不需要太多的指导，尤其是写作技术上的指导更不需要。一般就是让学生自己去做，教师不要有太多限制。对作文的修改，叶老非常关注，他提倡先由学生自己修改，教师修改的时候也要根据学生的原意，并且多做发现式的欣赏评价，少做纠正式的评价。

写作教学的核心是让学生达到"自能修改"。他特别提倡学生写日记，认为写日记是提高写作能力的有效途径。

（四）语文课程的评价

1.课堂教学评价

什么样的课是好课？叶老认为最好的课不是教师讲解、学生练习的课堂，而是学生进行预习研究，课上组织讨论，教师适时进行指导，在关键处点拨的课堂。

叶老还举过一些例子。他在《中学国文教师》一文中，把语文教师分为七种类型：喜欢一句一句地讲解课文；喜欢借题发挥；喜欢道德训练；喜欢称赞所学文章；喜欢出议论题让学生作文；喜欢大篇幅修改学生文章；喜欢对学生的习作一味表扬。这七种教师，前四种是阅读课上的表现，后三种是写作课上的表现。叶老认为这样的教师执教的课不是好课。

"可是国文教学并不是一件深奥难知的事情，只要不存成见，不忘实际，从学生为什么要学习国文这一层仔细想想，就是不看什么课程标准，也自然会想出种种的实施方法来的。"这是叶老的再次表达，语文教师从学生学习语文课的目标出发，想出适合学生的实施方法，这样的课才是好课。

2.阅读能力和写作能力的评价

叶老在《去年高考的语文试题》中这样说："入学考试要考语文，目的是什么呢？目的是检测考生的阅读能力和写作能力，也就是理解语文的能力和运用语文的能力，看他们够得上够不上大学所要求的水平。"这段话已经明确提出了阅读能力和写作能力，并且指出了理解语言和运用语言是能力的核心。

叶老没有把阅读能力做非常细致的划分。但是，对于阅读能力的检测，他有自己独到的方法。在叶老编撰的《开明国语课本》中，所呈现的阅读练习题都是在整体情境中对学生阅读能力进行检测，而不是回答跟课文内容有关的问题，所指向的是和语言表达效果相关的。例如，说"那是叶板"或者说"那是木制的两扇叶板"，说"形状和竹蜻蜓相像"或者说"形状和我们玩弄的竹蜻蜓有点相像"，同样能使人懂得。试问使人懂得的程度相等吗？这道题要求学生揣摩不同语言的表达效果。

对写作能力的测试方式，叶老是这样说的："过去的入学考试，作文一项总是出个题目，让考生作一篇文章。这一回却选了一篇1700多字的论文，让考生仔细阅读之后缩写成五六百字，要求缩写以后仍然是一篇完整的论文，还要求突出原文的中心思想，全面地、准确地反映原文的主要观点。要求提得具体、明确，考生就有所遵循，不至于对着考卷发愣，胡诌一篇了事。"

叶老谈到的是1978年的高考作文题：将《速度问题是一个政治问题》一文缩写成500至600字。

叶老认为作文要求应给出具体的方向。写作时有方向，评判时才有标准。叶老认为："尤其值得称赞的，这一回的作文题打破了命题作文的老传统，是思想上的大突破，大解放。"这段话后面，叶老大段论述了中国传统语文教育为什么喜欢命题作文、命题作文有哪些问题等。可见，叶老是否定命题作文的。

三、叶圣陶语文教育思想评价

（一）叶圣陶语文教育思想的时代性

叶圣陶语文教育思想有时代的创新性，又有时代的局限性。

1. 以人的发展定位学科

从叶老的文章当中，始终感受到叶老是以人的发展来定位语文学科的。他首先关注的是学生发展，然后才是学科发展。叶老在《对于小学作文教授之意见》中明确表达了把儿童放在第一位的观点。"作文命题及读物选择，须认定作之者读之者为学生，即以学生为本位也。"以学生为本位，叶老在1919年就已经明确地提出了。"著者认为小学作文之教授，当以顺应自然之趋势而适合学生之地位为主旨。"可以感受到，他在写这篇文章的时候饱含着对儿童的深情，读书作文都以适合学生、发展学生为目的。

近百年前叶老就确定了语文课程对于人发展的意义，不能不说这是叶圣陶语文教育思想的前瞻性。

2.以语言实践定位学科核心目标

叶老充分认识到了语言实践在语文课程中的核心地位。他多次强调语言运用的重要性，无论是阅读的理解与吸收语言，还是写作的表达与创造语言，叶老都不厌其烦地指出，要教语言，要通过精读、略读等方式揣摩语言，要通过讨论发表自己的观点，要通过写作把思想成果定型为文字。这些都是在强调语言发展在语文课程实施中的地位。

3.结构体系及表述方式的局限

叶老的语文教育思想因为所处时代的原因，以现在的眼光来看，也有一定的局限性。

第一是结构体系。叶老语文教育思想从目标到内容再到实施有一个大概的体系，但是缺少系统的评价指标和实施方式。

第二是表述方式。叶老是从私塾里面走出来的，浸染在一批五四时期以后的文化人中间。那个时代的人有着一个共同的特点，即多是从个人经验和感受出发，表述多，论述少。

（二）叶圣陶语文教育思想的发展性

语文学科核心素养分为：语言建构与运用、思维发展与提升、审美鉴赏与创造、文化传承与理解。语言和思维在叶老看来是语文教育的显性目标，审美和文化是语文教育的隐性目标。在语文学科核心素养的框架之下，会看到叶老在很多方面已经有了一些认识。方向确定了，具体的标准是什么？还没有建立起来。发展叶圣陶语文教育思想，可以用新的框架体系去做研究。

发展叶圣陶语文教育思想，还需要一个新的框架。如果没有新的框架，语文教学还是会在细微处有所改变，而这些细微的改变不会促进本质上的飞跃。现在的时代和过去的时代是不一样的，过去的时代信息就是知识，获取信息就是学习了；而现在这个时代要学会如何去处理信息。时代不同，承担的历史使命也不同，我们这一代人和叶老那一辈人的使命不同，他们是大概弄清楚，我们是一定要清楚并且做到。

　　研究叶圣陶语文教育思想，首先要研究他起草的语文课程标准和编纂的语文教科书。课程标准是叶老语文教育思想的结构化，教科书是叶老语文教学思想的可视化。过去，一线教师多是看叶老的文章，而很少研究他起草、编纂的课程标准和教科书，所以，总体上感觉他的思想不成体系，不好落实。研究课程标准，可以看出叶老语文教育思想的总体结构；研究教科书，可以发现他的导读系统、选文系统、练习系统都有独到之处，学生读什么、学什么、怎么学，都能比较清晰地呈现出来。

　　可以把叶老的思想纳入一个新的框架来重新组织。不要单纯地只研究叶老，而要研究一个时代，研究叶老那一辈人，研究关于语文教育的那个群体，然后才知道我们应该拿什么去面向语文教育的未来。

　　叶圣陶语文教育思想是比较系统的，性质和结构组成了其语文教育思想的内外两面。站在新的历史时代，我们只有认真研究叶圣陶，才能发展叶圣陶。

坚守常识：叶圣陶作文教学思想的核心内容

孙小冬

作文的常识不高深，很普通，但每个语文老师都必须了解它、尊重它，才能让教学走上正确的轨道。叶圣陶先生是现代语文教育的开创者和奠基人，是我们景仰的一代宗师。在我看来，他有关作文教学的论述和实践都是在阐述作文的常识是什么，都是在强调坚守常识的重要性。

一、作文目标：让学生获得基本的书面表达能力

提到作文教学，我们首先想到的往往是作文"教什么""怎么教"等问题。这些问题很重要，但作文教学的目标是什么，或者说我们想把学生培养成什么样的人这个问题更重要。因为目标的问题是方向性的问题，如果方向错了，我们的教学方法越好、越有效，就越有可能南辕北辙。而且，作文教学的目标在很大程度上也决定了我们将会采用什么样的方法进行教学，用什么样的标准评价作文。所以谈到作文教学，明确目标是第一位的事。

对于这个问题，叶圣陶先生是这样说的："语文课令学生练习作文，唯求其能将所知之事物，所思之意念，以书面语言写出，确切明白，无赘无误。此是毕生所需用，非学好不可。至于吟诗作歌，撰写小说戏剧，学生苟有兴为之，教师宜予以鼓励，然非语文课学习之标的也。"叶老的意思很清楚，作文教学不是为了培养小诗人、小作家，而是为了使学生获得"一辈子真实受用"的、基本的书面表达能力，在他们必须运用书面语言的时候，能够正确熟练地进行表达——这跟课标的要求是基本一致的。

但在教学中，把学生培养成小作家似乎成了大家的普遍追求。这固然是受考试评价标准的影响，跟教师内心深处对好文章的期待有关，但

最根本的原因是我们对作文的认识和定位还不够准确。

苏支超教授把常见的写作分为三种：第一种是以新闻、广告、文学创作为代表的职业写作；第二种是一般写作，是和听、说、读并列的一种语言运用能力，是书面语言满足表达需要的行为；第三种是训练性写作，即学生作文。训练性写作的目的是使学生具备一般写作的能力，但因为它一般从教材（题目）出发，而不是从学生表达的需要和意愿出发，所以它的写作程序、写作成果和评价标准都和职业写作非常相似——叶圣陶先生称这种写作是"颠倒的写作"，因为这种"颠倒"，作文和作文教学的目标在不知不觉中就变成了文学创作和培养小作家。

有人用"浮夸""俗套""文艺腔"来评价当下学生的作文，虽然有以偏概全的嫌疑，但也一针见血地指出了问题——应该说，这和作文教学的目标不当有很大的关系。要改变这一现状，首先要让作文回归它的本意，不要把本属于职业写作的那些条条框框当作一般写作的理论并用来指导学生作文。其次要千方百计地使训练性写作避开职业写作的路径，尽可能地和一般写作趋于一致（只能是趋于，完全一致很难实现）。几十年来，很多教师在这方面做了许多有益的探索和实验，努力把学生的目光引向真实的客观世界和真实的主观世界，让学生在"有话好说""有话要说"的状态中提高表达的能力，这当中以李吉林老师"情境作文"、于永正老师"基于交际需要的习作训练"成效最为显著。

二、作文内容：让学生倾吐胸中的"积蓄"

叶圣陶先生一直主张作文要让学生自由地表达心中的"积蓄"。他认为，只要让学生自由地倾吐"积蓄"，作文就是"寻常不过、容易不过的事儿"了。当然，这句话也可以反过来理解：如果不让学生倾吐"积蓄"，作文就会变成一件特殊的、困难的事。这其实也是许多学生害怕作文、厌恶作文的主要原因——但这还不是最可怕的，最可怕的是如果让错误的作文经验占据了学生的大脑，他们就会认为自己的所见、所闻、所感都不配作为作文的材料，作文题材必须离开自己的"经验和意思"去苦苦寻觅。他们还会以为作文题材就是那种"说来很好听、写来很漂亮，但不和实际生活发生联系的花言巧语"。而"这种花言巧语必须费很大的力气去搜寻，像猎犬去搜寻潜伏在山林中的野兽。搜寻未必就能得到，所以拿起笔写不出什么来，许多次老写不出什么来，就觉得作文真是一件讨厌的事"。所以，引导学生自由地倾吐"积蓄"，不仅解决了"写什么"的问题，也使作文从神秘的、特殊的事情变成寻常的、普通的事情，变成一件人人都可以完成的事情——对作文教学来说，这种认识具有重大的价值和意义。

叶圣陶先生还从"立诚"的高度阐述了倾吐"积蓄"的重要性。他说："学生所写的必须是他们所积蓄的。只要真是他们所积蓄，从胸中拿出来的，虽与他人所作大同小异或不谋而合，一样可取；倘若并非他们所积蓄，而从依样葫芦、临时剽窃得来的，虽属胜义精言，也要不得……训练学生写作，必须注重于倾吐他们的积蓄，无非要他们生活上终身受用的意思，这便是'修辞立诚'的基础……又怎能不在教学写作的时候着意训练？"培养一个人怎样写作，在另一个意义上就是培养一个人怎样做人——我们每个语文教师都必须有这样一个清醒的认识，作文教学才能发挥出正面的、积极的作用。

在教学实践中，有些教师常常自觉或不自觉地以学生心中没有"积蓄"、学生"积蓄的正确度与深广度"不够为由默许甚至暗示学生在作文时胡编乱造。为此，我们不妨再看看叶圣陶先生的一段话：

"学生胸中有积蓄吗？那是不必问的问题……不说二十将近的青年，就是刚有一点知识的幼儿，也有他的积蓄……所积蓄的正确度与深广度跟着生活的进展而进展；在生活没有进展到某一阶段的时候，责备他们的积蓄不能更正确更深广，就犯了期望过切的毛病，事实上也没有效果。最要紧的还在测知学生当前具有的积蓄，消极方面不加阻遏，积极方面随时诱导，使他们尽量拿出来，化为文字，写上纸面……待生活进展到某一阶段，所积蓄的更正确更深广了，当然仍本着'立诚'的习惯，一丝不苟地写出来，这便是好文章。"

如此看来，我们面临的不是学生有没有"积蓄"的问题，而是我们如何看待这些"积蓄"的问题。许多时候作文表现出来的问题往往不是学生的问题，而是我们教师的问题。

三、作文方法：说话想心思的自然规律

实事求是地说，几乎没有教师不重视作文，但我们必须承认，有些教师重视的不是学生的"表达能力"，而是"应考能力"。这些教师热衷于研究各种"秘诀"，大到谋篇布局，小到遣词造句，都形成了一套成熟的"方法"，据说只要按照这种方法，学生就能写出"像样"的作文。我以为，这些所谓的"方法"其实只是套路而已，学生掌握了这些"方法"未必就能在考试中获得好成绩，但这些"方法"却会让作文异化成一件可以不必认真对待的事，这样教的后果实在可怕。

对于作文的方法，叶圣陶先生是这样说的："作文方法，其实是说话想心思的自然规律，世间如果有所谓的作文方法，也不过顺着说话想心思的自然规律加以说明而已。"叶老的意思是作文是没有方法的，如果一定要说有方法的话，那就是"说话想心思的自然规律"。

什么是"说话想心思的自然规律"呢？不妨来看看王栋生老师的一个教学案例。王栋生老师工作的学校有一个叫"东墙角"的地方，是一条很窄的巷子。一个学生只用三五句话就把这条巷子写完了，于是他对那个学生说："请你再想想那幅图景，能不能像画画那样，描摹得细致一些？"那个学生回答："老墙上的藤叶已经枯了，但仍然在风中颤抖，一把被丢弃的竹扫帚斜靠在墙上，扫帚柄上已经有了星星点点的绿斑……"王老师继续问："你对那里的景物有过哪些想象？"学生说："木门上残存的红油漆总是让我想到 19 世纪末这幢楼刚刚落成的时候，大门上的红漆闪闪发亮，还有，那时是清朝，男子还留着辫子呢！"最后王老师问："在走过东墙角窄巷的时候，你有没有其他人不知道的心思？"那个同学想了想说："我希望对面过来的也是女生，最好还是我认识的，巷子太窄，要不我会尴尬的。"这时王老师说："好吧，把你刚才的话都补进去，画面出现了，感觉就有了，读者也跟你一同走进东墙角的窄巷了。"——"说话想心思的自然规律"其实就是你看到了什么、听到了什么、想到了什么，就老老实实、原原本本地写下来，使读者脑海里出现的形象与作者所看到的图像高度吻合，同时把自己的所思所想告诉读者，让读者通过文字跟作者一起到达文字所描绘的地方。

散文家王鼎钧先生认为，学生之所以不愿写作，是因为教师的教学思想、教学方法出了问题，没有把最简单、最好的"方法"教给学生。"说话想心思的自然规律"显然是最好的"方法"，但它的价值不仅于此。我们必须看到，只有引导学生按照"说话想心思的自然规律"写作，教师才会规规矩矩地教，学生才会扎扎实实地写，作文教学才能走上正确的轨道。

四、作文修改：引领学生主动成长

叶圣陶先生特别重视作文修改，他在《作文的练习》一文中说："务令学生自己检查修改已成之篇。此习惯必须养成，因为将来应用之际，总得要自己检查、自己修改……在校作文有老师改，出了学校没有老师改，故必养成自己检查修改的习惯。且老师之改，目的也在于做到自己改，最后阶段则可以少改甚至不需要改。"

叶圣陶先生有三个孩子，他经常帮助孩子们修改作文，但他从来不会越俎代庖，总是一边看孩子们的作文一边问："这儿多了些什么？这儿少了些什么？能不能换一个比较恰当的词儿？把词儿调动一下，把句式改变一下，是不是好些？这是什么意思呀？原本是怎么想的？究竟想清楚了没有？为什么表达不出来？怎样才能把要说的意思说明白？"这些问题把孩子们推到了实践的场域中，让孩子们自己去思考、去推敲、去调整、去改进，在一次次实践中，孩子们收获的不仅仅是修改的能力，也知道了修改作文的出发点和基本的方法，最终必然可以抵达"自主修改"的终点。

和很多教师在办公室里批改习作不同的是，叶圣陶先生主张习作要和学生一起改，他自己也总是和孩子们一起改习作。他说："假定学生自己已认真检查过、修改过，而犹有不合处，是必出于疏忽。师生共改，老师即宜注意引起他们自觉其疏忽。彼觉其疏忽，且能自知如何改，当然让彼自改为妙。待老师指出某处偶有疏忽，而彼尚不自觉，其时必甚困惑，于此而为之改，必较发还改本去看印入更深。此法为师生共思考，共找适当的语言，效果肯定是好的。"听说现在有不少学校要求老师批改习作时必须写几条眉批、几行总批，于是老师们整天忙着写批语来应付检查，根本没有时间和学生交流。这样的批改对学生作文能力的提升基本上没有帮助。

在作文修改方面，叶圣陶先生还有一个与众不同的地方，就是不追求完美。叶圣陶、夏丏尊著，1934 年开明书店首次出版的《文心》中有这样一个故事：乐华和大文给小学老师写了一封信，两人修改一番后决定请枚叔（大文的父亲，我以为就是叶圣陶、夏丏尊两位先生的化身）指点。枚叔指导他们做了一些调整，最后指出他们"表达情感不充分"，但枚叔并没有要求他们修改，而是说："你们能感到不满足，就好了。这原不是多想便可以成功的事，也不全关学力。特意求深切，结果往往平平；有时无意中说几句、写几句，重新回味，却便是深切不过的了。关于表达情感，常有这等情形。将来你们写作的经验多了，也就会知道。"

作文能力的提升有其客观的规律，"不是多想便可以成功的事"，"不全关学力"的事，就不急于要求学生去勉为其难地做。就和青虫变蝴蝶一样，它需要一个过程，如果在青虫的身上装上翅膀让它像蝴蝶一样飞行，它不但不能飞行而且连青虫也做不成了，做不成青虫，就意味着它永远也不可能变成蝴蝶。叶圣陶先生用这个故事告诉我们，急于求成、好高骛远是作文教学的大忌，我们要做的是用足够的耐心，引领学生按照自己的节奏主动地成长。

　　不要因为走得太远，而忘记为什么出发。当前，作文教学的常识似乎有被轻视甚至被遗忘的趋势，作文正在背负许多不应该承担的包袱，这应该引起我们足够的警惕——重读叶圣陶，研究叶圣陶，也许可以帮助我们找回初心，轻装前行。

学力课堂：教是为了达到不需要教

傅贵成

在阅读教学改革行走在"核心素养时代"的今天，重温叶圣陶先生的教育思想，仍觉历久弥新。叶老的"教是为了达到不需要教"启示我们，阅读教学要努力构建"学力课堂"，点到即止地"教"，真实有效地"学"，锲而不舍地"练"，确保"学生站在课堂的最中央"，让学生在"有意思""有意义""有意蕴"的语文学习中促进学力的螺旋上升。

一、依托先学，把握"教"的起点

叶圣陶先生认为"要养成学生阅读书籍的习惯，就非叫他们预习不可"，预习是整个阅读教学过程中必不可少的第一步，有着不可替代的作用。预习的目的不仅在于提高课堂效率，最要紧的还在于让他们"自己动天君"（苏州方言，"自己动脑筋"的意思），使其在"零干扰"的状态下最大限度地发挥自己的潜能，与文本对话，"自求了解"。

应该说每个语文老师都很重视"预习"，但很多时候预习的效果却总是不尽如人意。关键是教师的"教法"不力，学生的"学路"不明，后续跟进缺位，造成新学"起点"不准，预习流于形式，学习成为"鸡肋"。

好的预习设计既要有规定性的目标，更应有不确定性的思维空间，一般可以从字词训练、脉络梳理、文字品味、质疑问难等维度进行设计，在内容上紧扣文体特征，凸显重难点；形式上力求灵活多变，以激发学生的探究欲望。比如，《谈礼貌》一课可让学生尝试理解两句古训的意思，尝试运用思维导图的方式列出课文提纲，学习抓文章要点；画出每个事例后议论的部分，自主质疑问难，潜心会文，表达观点。这样的预习设计为学生的自主先学提供了支架，指明了思路，教授了方法。它是学生有效自学的导航器，是沟通课堂内外、打造生本课堂的一条亮丽的纽带。待学生掌握了自主先学的既定步骤和规律后，随着年级的升高教师可逐渐隐退"支架"，让学生根据路径自行尝试学习。

构建"学力课堂"的前提是教师对学情清晰而准确的把握，好的预习设计便是课堂教学的起跳板。了解了学生的预习情况，教师便可以准确把握学生的现有基础，及时调整预设，将有效的时间花在学生需求之处，踏着学生的学情起舞，实现课内教学与课前预习的无缝对接。如学生在预习《谈礼貌》时，在文章观点的提炼上出现了困惑，不少学生认为"君子不失色于人，不失口于人"是本文的观点，显然，学生对说理文中名言古训所起的作用存在认识偏差。那么，课堂上的新学便由此展开，引导学生在此驻足，辨析了解文本运用古训是引出观点、增强文本说服力的一种写作方式。而文章一般会更旗帜鲜明地表明作者的观点，在全文中起着统领作用。相比之下，此句显然不具有这样的作用。由此看出，有效的预习可以唤醒学生的主体意识，在"动天君"的过程中充分暴露其思维盲点，为"以学定教"把准起点，这是教师在课堂上"有所为"的真正价值，只有做实这个"教"，才能达到"不需要教"之境界。

二、互动引领，放大"学"的过程

叶圣陶先生十分反对将语文教学视为师生之间简单授受知识的过程，他认为理想的上课方式是这样的："上课是学生报告讨论，不再是一味听讲；教师是指导和订正，不再是一味讲解。"叶老这番言论的本质是课堂应该真正成为学生的"学"堂，要在师生对话的动态活动中，放大"学"的过程。学生在争辩、思索中亲历一个从"不知"到"知"、从"不会"到"会"的学习过程；教师则是学生的促进者、陪伴者，倾听来自学生的声音，优化学生的思维品质，在"讨论进行的当儿，有错误给予纠正，有疏漏给予补充，有疑问给予阐明"：这就是教师在课堂"转识成智"的责任。

要让课堂变成真正的"学"堂，首先，要为学生的自主学习营造空间。传统课堂采用"线性"设计，过于注重目标的达成，教师的高频提问压缩了学生自主学习的空间，窄化了学生言语实践的轨道，限定了学生思维发展的方向。而"学力课堂"的一个重要标志是学生自主学习、探究学习的时空极其开阔、宏大，聚焦文章的重点和难点，用富有弹性的块状预设来架构课堂，让课堂变得简约而丰富，使学生的语文能力与人文素养能得到整体和谐发展。其次，要使"合作探究"成为课堂常态。课改推进这么多年来，无论是行政手段，还是草根力量，大家对"合作探究"的组织实施投入了相当多的精力，但似乎始终没有突破这制约课改深化的瓶颈。至今，我们仍看到有很多一线教师对这样的学习方式持有疑问，认为合作探究的时间成本太高，降低了课堂容量，影响了课堂效率。甚至在不少家常课中，合作探究的身影已悄然淡出。究其原因，还是急功近利的"应试"思想在作祟。"合作探究"这一学习方式致力于培养学生终身学习和发展的能力，它的教育功效不是立竿见影的。作为一个有使命感的语文教师，心里不能只有"本"（课本），而更要有"人"。在课堂中，要舍得花时间，甘于退位子，一以贯之地采用合作探究的学习方式，渗透探究方法，建立合作机制，根据年段有梯度地加以培育，从而让学生在相互砥砺对话的过程中，展现课堂的别样风采。

《谈礼貌》教学片段

合作小贴士：

1. 快速浏览课文第 2～4 自然段，想一想：作者为什么要写这三个事例？它们有哪些不同之处？

2. 议一议：小组讨论，合作交流。

师：刚才同学们讨论得都很热烈，哪个小组先来交流？

生 1：通过讨论，我们发现作者所举的三个事例都很有代表性。三个故事的时代不同，第一个是古代的，第二个、第三个是现代的；故事中主人公的地位不同，前面的是普通人，周总理是领导人。

师：你们发现了两处差别，其他人还有别的发现吗？

生 2：我们还发现，三个故事中人物的年龄也不同，牛皋和岳飞是年轻人，女青年是中年人，小朋友是儿童，朱师傅和周总理也是中年人。

师：选择不同时代、不同年龄、不同身份的人谈关于讲礼貌的故事，作者的用意何在呢？

生3：作者是想告诉我们无论男女老少，无论身份高低，也无论何时何地，都要讲礼貌。

师：了不起！作者从多个角度来进行选材，这就是选材的典型。我们再来想一想：这三个事例可不可以调换顺序？

（生静默，继而展开讨论。）

生4：当然不可以。作者把周总理的事例放到最后，是因为身为一位国家领导人，他也能够礼貌地对待一位普通的理发师傅，更令人敬佩。俗话说，最重要的总是最后出场。

生5：我不同意你们的观点。难道就因为周总理是领导人就把他放到最后吗？别忘了人与人之间是平等的。我们组认为这三个事例的排列是有层次的：问路是向人求助，请求帮助的时候自然是需要讲礼貌的；踩裙是向人道歉，冒犯了别人更需要讲礼貌；而因刮脸受伤，还这么有礼貌，就显得非常可贵了。

生6：我来补充。岳飞问路，说明讲礼貌容易办事；踩裙事件，说明讲礼貌可以化解矛盾；而刮脸事例是在宽容别人，说明讲礼貌能体现一个人的修养。礼貌所起到的作用越来越深了。

师：这是一个非常了不起的发现！问路是在求人帮助，所以作者这样说理（引读第一处道理）。踩裙是在请人原谅，能不讲礼貌吗？所以作者这样说理（引读第二处道理）。刮脸是在宽容别人，这不单单是讲礼貌，更体现了一个人的思想境界，所以作者这样说理（引读第三处道理）。你们看，叙事是为了更好地说理，作者在层层深入地组织材料，非常有序。

正如薛法根老师所说，"好的语文课，教着教着，教师不见了；差的语文课，教着教着，学生不见了"。前者就是叶老所说的"不需要教"的课堂。这样的课堂致力于"学"的锤炼，教学不是为了寻找一个答案，而是为了养成一种思辨的习惯，提高言语思维能力，真正亲历一个学习的过程。这样的课堂，呈现最多的不是教师的精彩陈词，而是学生争辩、思索的过程性话语。教师只是静心聆听来自学生的声音，掌握火候，选择时机点拨，引导学生的讨论朝纵深方向发展。这样的课堂，才是真正具有人文关怀、具有温度的课堂。

三、优化设计，挖掘"练"的契机

叶圣陶先生说："语文教材无非是个例子，凭这个例子要使学生能够举一反三，练成阅读和作文的熟练技能。"为此，阅读教学的归宿不是课文，而是要用好"课文"这个例子帮助学生积累语言、形成能力、发展思维、提升素养。对于这一观点，我们的认识由来已久。"用教材教，而不是教教材；用课文教，而不是教课文"，这样的话语我们早就耳熟能详。然而长期以来，我们更多地还只是停留于对语文课程的一种理性认识，"教课文"仍然在当下的课堂中大行其道，"本体性"和"非本体性"教学内容错位，异化了语文课程的性质。

事实上，许多一线教师的困惑不在于理念的缺位，而在于方法的缺失，在于如何在具体的教学行为上真实有效地去策应。这就需要教师成为教材的开发者与研究者，需要教师有全新的视野，能创造性地使用课文。在实施时，这是教师"专业性"的体现，因为它不能依赖"教参"，也没有固定的范本，教师必须对各年段序列目标有宏观的把握，对于教材训练目标有统筹的编排，更需要教师凭借敏锐的教学智慧进行微观上的优化设计，如《中彩那天》设计的优化（表1）。这就是"学力课堂"所强调的"智教"，只有教师巧妙地"举一"，学生才能智慧地"反三"。

从《中彩那天》优化设计案例不难发现，"教课文"的课堂以思想内容的理解为主要目标，以文本的深入解读来组织教学过程；而"教语文"的课堂以发展学生的语言运用能力为目标，以语言的运用来组织教学过程。语文学习变成发展学生语文能力的载体和媒介，是充分挖掘文本的潜在资源，最大限度地争取"练能"的空间。在言意共生的言语实践中使学生获得了朗读能力、解读能力、复述能力、概括能力、写作能力等诸多能力的提升，学生也在这循序渐进的思维攀登中逐渐掌握言语吸纳与表达的秘诀，从而实现"不需要教"。

表1 《中彩那天》优化设计

基于"课文"的设计	基于"语文"的优化
一、初读课文，整体感知 1.认读新词，说说"拮据"的意思。 2.课文讲了一件什么事？	1.用文中语句阐释词意：我家生活很拮据。 2.叙事性的文章通常把事情的起因、经过、结果串起来成为主要内容。围绕"车"寻找起因、经过、结果，练说主要内容。
二、研读赏析，体验情感 1.如果你是父亲，有哪些理由可以把车留下来？找出相关语句。 2.父亲的表现是怎样的呢？从中读出了父亲怎样的内心？ 3.父亲为什么要还车呢？你替父亲说说原因吧。	1.选用"因为、此外、况且、再加上"等连词陈述父亲可以留车的理由，要求说连贯、流畅。 2.小练笔：学习文本通过动作、神态反映人物内心的写法，想象并描写父亲擦字迹时矛盾的心理。
三、总结文本，升华主题 1.诚实守信是人的立身之本，齐读母亲的话。 2.链接有关诚信的名言和故事。	隐藏第1节中母亲的话语，结合搜集的诚信名言进行个性创作，补白点睛之语。

总之，"教是为了达到不需要教"既是教学的目标，又是教学的路径。叶圣陶先生的这一教育思想仿佛一盏明灯指引着我们朝向阅读教学的明亮那方前行，且行且思，让我们的课堂勃发出生命的律动，促进学生智能的发展、学力的形成。

■ 斯霞：中国现代教育的引导者

斯霞（1910—2004），江苏省首批特级教师。生于浙江诸暨，17岁从教，85岁退休。她在小学教育教学改革方面成绩卓著，所倡导的"童心母爱"教育思想、所创造的"随课文分散识字"教学方法，在教育界产生广泛影响，被誉为中国现代教育的引导者。

让"童心母爱"闪耀于新时代语文教育

徐　艳

　　斯霞，一位小学语文老师，一位一辈子献身小学教育的语文老师，荣获首批宋庆龄"热爱儿童奖"，被誉为我国基础教育界"杰出的教育实践家""中国的苏霍姆林斯基"。今天，当我们重新走进斯霞老师的教育世界，她倡导的"童心母爱"教育思想，创造的"随课文分散识字"教学方法，依然契合当下的教育需要，对破解教育困境依然有着深刻启迪。

　　当前学生负担太重，教育存在的短视化、功利性问题，并没有得到根本解决。斯霞老师在 1958 年秋季承担了学制改革试验（简称"五年制教改"），到 1963 年 7 月，在不加班加点、不加重学生学习负担的前提下，用 5 年时间圆满完成了小学 6 年的教学任务，达到了缩短学制、提高质量、减轻负担、全面发展的目的。斯霞老师以"童心母爱"为核心的教育思想与教育实践所蕴含的价值观、前瞻性和创造性，对当前"双减"背景下基础教育的改革，尤其是语文教育改革具有切实可行的指导意义和引领价值。

一、斯霞老师的"童心母爱"，呼唤当下教育要更加彰显赤子之心

　　斯霞老师认为：所谓"童心"，就是要懂孩子，老师要学会像儿童那样去想问题；所谓"母爱"，就是要爱学生，要像爱自己孩子那样去爱学生。

　　斯霞老师的"童心母爱"彰显了斯霞老师纯一不杂、朴实无华的赤子之心。这种赤子之心具有"至诚""至刚""至柔"的特点。

　　生于 1910 年 12 月 7 日的斯霞老师，自 1927 年于杭州女子师范学

校毕业后，17 岁便开始当老师。斯霞老师对于教育的"至诚"表现在"我为一辈子做小学教师而自豪"上，表现在主动辞去教育局副局长职务，表现在近 70 年漫长的教育生涯中始终以爱的甘泉滋润一代又一代的孩子。"唯天下至诚，为能尽其性；能尽其性，则能尽人之性；能尽人之性，则能尽物之性；能尽物之性，则可以赞天地之化育；可以赞天地之化育，则可以与天地参矣。"（《中庸》）只有抵达最真诚境界的人，才能将自己与天地万物融为一体，开创一个不凡的世界。斯霞老师教育实践的一生，是将自我生命的至诚尽性与化育至诚尽性的儿童生命融合的一生。

斯霞老师对于教育的这份赤子之心，除了表现在对于职业的"至诚"坚守外，还表现在对于爱的教育的坚定维护，呈现出"至刚"的特点。十年"文革"期间，斯霞老师因"童心母爱"遭受了空前严厉的批判，甚至一度被剥夺了教育学生的权利。但斯霞老师并未因此动摇，丧失信心，她说："工人爱机器，农民爱土地，军人爱武器，教师为什么不能爱学生？爱学生遭批判，体罚学生倒不受批判，我想不通！爱孩子何罪之有？"在先生离世，独自抚养五个孩子，又承担学制改革试验繁重任务的情况下，斯霞老师每天早晨四五点起床，晚上经常到十一二点才能睡觉，终于圆满完成试验；她的五个孩子也都被培养成才，可见斯霞老师之坚毅品质非同一般。在承担五年制试点班教改任务后，斯老师牢记试验要求，始终坚守"不能影响儿童的身体健康，儿童的思想品德要和平时一样抓"。她说："我自己从来不和六年制班级比这比那，比是领导的事。我的任务是根据儿童的实际情况，能快则快。"她真正践行了"一切为了儿童"，而不是用试验项目来为个人谋取名利。

斯霞老师对于教育的赤子之心，还表现出一种"至柔"的特点。她说："每天早上，我总要细心地察看一下学生的神色，看看有没有精神萎靡、脸色不正常的学生，原来很活跃的孩子忽然安静了，或是脸色不正常，我就知道他病了。"斯老师用母亲般的至柔、细密、敏锐，关注着每一个孩子的精气神，而不是像当下不少项目、课题研究者，急功近利地整天盯着学生要成绩，督促学生为自己的研究项目增光添彩，而全然不顾学生真正的需要。斯老师全面关心学生，经常利用节假日和晚上登门家访，还给家长写便条、通电话，对学困生更是"腿勤、嘴勤、手勤"，经常走访，说服教育，争取家长配合，所以斯老师教的班级没有太差的学生。新时代基础教育工作，就该像斯老师这样，让每一个孩子都走在充满希望的生命之路上。

当教师，真的不能只为个人生计着想，应不为名诱，不为利诱，千万牢记我们肩上扛着的责任是"党之大计""国之大者"。斯老师之所以能以一名小学教师的身份成为大家敬仰、追慕的教育大师，诚如朱熹所说，"大人之所以为大人，正以其不为物诱，而有以全其纯一无伪之本然。是以扩而充之，则无所不知、无所不能，而极其大也"。

二、斯霞老师的"童心母爱"，呼唤当下教育要更加彰显生本情怀

斯霞老师说过："我们所从事的小学教育是教育这座宝塔的基础、底层。任何一个登上宝塔顶端的人，都不可能逾越这一基础教育阶段。"斯老师对于基础教育的特殊性和重要性有着朴素而深刻的理解。"教育是教人们如何运用知识的艺术，这是一种很难掌握的艺术。"而要教小学生尤其是七八岁的低年级学生，更是难上加难。斯霞老师却将这一难上加难的事情做到炉火纯青的境界，这与她用赤子之心走进儿童世界、以儿童为本是密切相关的。斯霞老师的"童心母爱"彰显出的生本情怀具有"天然""应然""自然"的特点。

斯霞老师对学生的爱出自"天然"。斯老师自己就是一位长大的儿童，她用赤子之心面对每一个孩子，她来自天性深处的纯净、温润、率真、平和、善良、敏锐，使得她与孩子们心心相印、天然相通。"我整天生活在孩子们中间，从他们的表情、动作、言谈中推测他们有什么想法，有什么苦恼，有什么困难，需要得到什么帮助……我和孩子们成天相处，他们也给我补充着稚子的童趣、生命的活力，他们天真活泼的动

作、纯洁无邪的心灵，也使我变得年轻了。"斯老师有着和儿童一样的好奇心。她教《野兔》一课时，对野兔与老鹰搏斗的情景非常好奇：野兔怎么会踢死老鹰呢？于是，她就带着孩子们去请教南京师范学院生物系的教授，印证课文中的描述是否正确。葆有和儿童一样的好奇心、求知欲与想象力，使得她的语文教学"童心闪耀"，老师和学生在语文世界里情相通、意相连、思相接。

她体谅、尊重一年级小学生的天性特点，她说：小学一年级学生就要忍受40分钟一节课，听老师讲，跟着动动嘴，而一双灵巧的小手被束缚住了，不能乱动。到该用手的时候仅仅只有几分钟时间。于是，本可在课堂上做完的作业，本可在老师直接指导下高质量完成的作业，被压到课外，被推到家庭，还美其名曰"培养学习习惯"。布置家庭作业，只问有没有按时交而不问学生是如何完成的、花了多少时间、遇到什么困难、如何解决的。她说：我相信科学，也不忍心让孩子长时间做作业而没空玩。所以我从不把加重作业负担当作提高教育质量的手段，而是向课堂40分钟要质量。

斯老师以学生为本的"童心母爱"并不意味着一切迁就儿童、一味放纵儿童。她始终牢记教师应担负的教育使命，明确儿童是发展中的人，教育应该引领儿童不断在原有基础上提升发展，因此她的生本情怀又具有"应然"的特点，是对一般意义上母爱的升华，是立足于教师职责，把党和国家对儿童寄予的无限的爱与日常概念的母爱，以及教育教学工作有机结合起来。斯老师说："现在，有些孩子只知道歌星影星，却不知道爱国将领，这怎么行？应当有危机感，应当有挫折教育，否则培养不出坚强的意志，也培养不出为国分忧的责任感。"她常说，学校教育最重要的任务是塑造孩子的品德。她给孩子讲英雄的故事，用榜样的力量去激励学生勇敢、守纪、为民、爱国。她处处以身作则，主动跟学生打招呼引导学生讲礼貌，和学生说话和颜悦色引导学生说话和气，带头劳动引导学生热爱劳动，听到上课铃立刻进教室引导学生上课不迟到，端端正正写板书引导学生认真写字……

　　斯老师这种浸润着童心与母爱的教育，温暖、深刻、恒久，又那么"自然"，春风化雨。她的语文教学其实就是她与儿童世界息息相通的生活写照。

　　斯老师的典型课例《我们爱老师》，在 1979 年被拍成新中国第一部小学教学纪实电影。课文的第一句话是："我们爱老师，老师关心我们。""关心"是本课需要掌握的新词，斯老师问学生："'关心'是什么意思？老师平时是怎样关心你们的？"一个学生回答："老师教育我们上课要用心听讲，不做小动作。写字的时候要注意姿势。"斯老师点评说："这是老师关心你们的学习。"简单的一句点评的话，把学生说的具体实例进行了概括，提示了"关心"的一个内涵，也为学生示范了"关心"这个较抽象的词语在句子中的运用。紧接着斯老师追问："老师还在哪些方面关心你们呢？"引导学生进一步拓展对于"关心"内涵的理解。一位学生回答："有一次，我把手放在嘴里，斯老师问我为什么要把手放在嘴里。我说我的牙齿活动了，斯老师就帮我把牙齿拔了。"斯老师点评说："××说，前几天他牙齿活动的时候，老师帮他把活动的牙齿拔了，这是老师关心你们的身体健康。"斯老师用简明的语言概括出了"关心"的另一个内涵。又有一个学生站起来说："有一次，天很冷，××穿的衣服很少，斯老师就找了一件衣服给他穿上，这也是老师关心我们。"斯老师立刻接话表示肯定说："对！这是老师在生活上关心你们。"再次用简明的语言概括出了"关心"的一个内涵。这时，斯老师发现一个孩子一直在举手，赶紧说："呵，××也想说，你说吧！"那孩子站起来说："有的时候，我们有缺点，老师找我们谈话，要我们向雷锋叔叔学习。"斯老师又点评说："这是老师在思想上关心你们。"然后总结说："你们讲得都很好。老师从学习、生活、思想品德方面关心你们，所以课文上说：'我们爱老师，老师关心我们。'现在大家把第一句话读一读。"斯老师在让学生自己联系生活理解词义的基础上，用清晰简要的语言总结了"关心"的主要内涵，将词语的学习与句子联系起来，帮助学生将生活体验与课文规范精准的语言学习结合起来。

这种教育的艺术本质上不是技巧层面的事情，而是对儿童生命的真正关切，对儿童全面发展、健康成长的殷殷期盼所创生出的自然教育之道。

三、斯霞老师的"童心母爱"，呼唤当下教育要 更加彰显教育智慧

斯霞老师毕生从事母语启蒙教育。她对母语教育最具影响的贡献，是在"集中识字"广为流行时，独创了完整有效的"随课文分散识字"方法，在全国产生了广泛而深远的影响。斯老师的教育实践智慧之所以具有超越时空的强大魅力，是因为她的"童心母爱"与母语启蒙教育的特质和谐共生，斯老师用自己的赤子之心与儿童生命融合，以儿童为本，把语言文字的学习与儿童的生活、精神成长有机融合。斯老师这种和谐的教育智慧具有"不易""简易""变易"三个特点。

教育之道总有不变的、需要坚守的根本之道，这些根本之道是"不易"的、始终如一的。斯老师牢牢把握小学阶段汉字学习这一重要的基础性目标与内容。斯老师在《谈随课文分散识字》中指出：识字是阅读和作文的基础，识字教学的质量直接关系到语文教学的质量，关系到学生掌握语言文字这一工具、提高其他各门学科学习的质量。她在语文教学中始终重视汉字、词语的教学，并且深谙汉字、汉语的智慧之处，她牢牢把握汉字音形义的特点，她提出的"字不离词、词不离句、句不离文"的主张与汉语"意合"的特点相吻合，也与儿童认知需要情境、语境、故事性相契合。她很多课例中的字词教学都令人拍案叫绝。

如教生字"笔"时，斯老师拿着一支毛笔，指着笔杆问学生："这是什么做的？"学生回答："是竹子做的。"斯老师在黑板上写个"竹字头"。又问学生："下面是什么做的？"学生说："是用毛做的。"斯老师就在竹字头下面写上"毛"字，就成为"笔"。学生很快记住了。斯老师继续启发学生："这是毛笔，你们还知道有什么'笔'？"学生你一言

我一语说了"铅笔""钢笔""圆珠笔""蜡笔""粉笔"等。这样的识字教学充分展现了汉字以形表义的独特构字方式，把识字与认识事物结合起来，让汉字抽象的部件还原为相应事物的形象，了解汉字部件的叠加组合实质反映的是事物的本质特点；通过连字成词丰富词汇，把汉字学习和思维发展、语言建构与运用结合起来。用现在倡导的培养学科核心素养的观点来分析斯老师的语文教学，可以清晰地看到斯老师教学汉字的过程，体现了语言建构与运用、思维发展与提升、审美体验与表现、文化理解与传承的多维价值导向。

作为中国人，作为小学语文教师，我们该如何在母语启蒙教育阶段培根铸魂，用汉字润泽童心呢？如何让孩子识中国字、养中国气呢？斯老师的教育实践智慧给了我们丰富的启示。她的这种和谐教育智慧根植于母语启蒙教育"不易"的本质之道，因而还具有"简易"的特点。斯老师了解一、二年级学生的心理特征，知道他们好动、爱玩，不能长时间专注于某一事物，喜欢接触形象的、具体的、有趣的东西，记忆力比较强，但易记也易忘。于是她想方设法把语文学习与简便易行的游戏活动、情境创设有机融合。比如，她常常会让学生玩"猜字游戏"，这种用来复习巩固生字的游戏，使学生在兴味盎然中反复认读生字词语，不知不觉强化了对生字词语的学习。

斯老师教育智慧具有"简易"的特点，还体现在她精心备课后呈现的精练、简明的教学语言上。如《我们爱老师》教学，炉火纯青的教学艺术和极佳的教学效果，受到教育部领导和专家的高度赞扬与一线老师的广泛欢迎。其中关于"祖国"一词的经典教学片段，让人回味无穷。

我国的小学语文教学，长期受到识汉字和学汉语之间矛盾的困扰。斯老师紧紧抓住小学汉字教学这个不变的重要的基础性内容，研究符合儿童认知规律和汉字规律的识字教学，探求既能减轻学生负担又能提高识字质量的更科学、更艺术的识字教学方法和途径。"斯霞老师在小学语文教学方面走出了一条新路，是一条识字、阅读、写作、学知识、提高能力、增长智慧相结合的道路。""是新中国解决识汉字和学汉语矛盾的第一人，对识字教学的贡献将继续造福子孙后代。"

斯老师结合不同课文不同的文和句，根据不同的字词特点，采用多种多样的教学方法，根据教材和儿童的实际，尽可能地采用实物、标本、模型、图画、幻灯片、录音、动作、表情或语言描绘等手段把生字词的"第一印象"深深地印在儿童的脑海里，还引导儿童用眼、耳、鼻、舌、手等多种感官参与获得新知识的活动。她的教育智慧呈现出丰富多彩、充满变化的"变易"特点。

例如，教学《我们爱老师》的第二句话"我们是祖国的花朵，老师是辛勤的园丁"时，斯老师启发学生质疑："我们是小朋友，怎么成了花朵呢？"她先让学生来尝试回答，在学生回答后放映幻灯片，画面中有许多活泼可爱的儿童的笑脸和一朵朵美丽的鲜花，斯老师边让学生看画面边说："这些小朋友，一张张笑脸，胖胖的，活泼可爱，像什么一样？"孩子们一起笑着回答："像花朵一样。"斯老师立即接过话说："对了，像花朵一样。花，美丽可爱，小朋友呢，也活泼可爱，像花朵一样。这是打比方的话。我们把新中国的儿童比作祖国的花朵。花会结出很多果实，我们小朋友长大了会干什么呢？"这段教学真是简明精彩而丰富，有类比思维的启发，有用形象的画面帮助学生理解课文语句隐喻的表达，有水到渠成的学科育人：用花儿会结果来启发学生立下成才志向。

斯老师的教育智慧体现出的丰富多样的"变易"的特点，还表现在她不断捕捉各种机会，丰富儿童生活体验，创造多种多样的促进学生运用语言文字的机会。她把每天的课表、值日生名字写在黑板上，把要告诉学生的话写在黑板上，让学生读并按要求去做；鼓励学生自己写姓名，辨认同学的姓名，识路牌，看商店名称，办黑板报、小报，记班级日志，记种植情况、作物生长情况，给家里的器具贴上自己写的名称，提倡有事给老师写纸条。斯老师强调，识了字就要用，用多了，用熟了，就能"生巧"，这个"巧"，就是智力的一种表现。学用结合是熟练掌握知识的必要条件，是开启儿童心扉的好办法。

　　斯霞老师是 2004 年 1 月离世的，至今已有 19 年了。最好的纪念是传承。在今天，我们重温斯霞老师敬业爱生的精神，学习她赤诚的"童心母爱"、智慧的教育实践、凝练的"随课文分散识字"教学主张，不仅是重温一种识字教学改革的经典流派，更是确认一种小学教师应有的文化人格、精神归属和价值认同，共同确认对基础教育应有的深刻理解和崇高使命。

呵护童心：斯霞习作启蒙教学艺术的启示

鲍国潮

斯霞老师一生恪守"童心母爱"的教育理念，她认为：小学语文教学的对象是儿童，他们是活泼的人，是有思想、有个性的人。尊重儿童是教育儿童的前提，教儿童学习语文，必须贯穿实践的观点，听说读写都只有让儿童去亲身实践，才能达到应有的水准。她的教学实践鲜明地体现了这一思想。因此，袁微子先生曾评价其教学风格"于质朴中见真功夫"：所谓"质朴"，即尊重儿童的生命，呵护童心，以发展儿童作为教学的出发点与归宿点；所谓"真功夫"，即尊重儿童语言能力发展的规律，令儿童的语文素养得到真正的有效发展，这一评价十分精准而贴切。

斯老师十分重视儿童习作教学，她认为作文是学生识字、读书后的实际运用，是语文教学中指导学生运用祖国语言文字的具体体现。所以，在斯老师的习作启蒙教学中，鲜明地体现出了呵护童心的特色。

一、习作能力起步基于童年的语文素养积累

斯霞老师认为，习作能力的发展并不是单纯通过习作训练达成的，而是在语文素养的综合发展中逐步培养的。斯霞老师曾说："听说读写就是把识的字付诸实用。可以这样说，谁学用结合得好，结合得早，就在发展儿童语言、发展儿童智力上占了优势。在低年级，以语言训练为中心，把识字、阅读、写话结合起来是一条行之有效的途径。""写话教学不能孤立进行，必须与整个语文教学，即识字、写字、说话、阅读等教学活动密切联系，同时进行。"可见，习作能力的发展须植根于儿童整体语文素养的积累。

（一）在识字中积累习作的库存

语言文字的积累形成了写作能力的"库存"，其容量越大，学习得越扎实，言语材料的搭配选择空间就越大，学生的写作能力发展就越有可能性。斯老师主张"随课文分散识字"，注重在语境中识字，注重学生语言文字的体验与实践，学生的识字能力会更扎实。在此基础上，斯老师十分重视汉字的运用，为习作储备力量。如在《小壁虎借尾巴》一课的教学中，斯老师要求学生把"小鱼姐姐，您的尾巴借给我行吗？"中的"行吗"换成别的词，但意思不变，这种以语言实践推进文字运用能力的培养，可以逐步积累习作素养。

（二）在阅读中培养习作的萌芽

习作能力是从阅读中起步的，斯老师精心地呵护着学生习作能力的萌芽。比如，在《我们爱老师》一课的教学中，斯老师通过幻灯片让学生体会到把祖国比喻成大花园、把小朋友比喻成花朵后，让学生展开想象说话："花会结出很多果实，我们小朋友长大了会干什么呢？"这就无痕地培养、发展了学生的想象能力和表达能力。再如，在《小猫钓鱼》一课的教学中，斯老师问："小猫为什么钓不到鱼？"学生说："不专心。"斯老师就引导说："你这样回答，对是对了，可是人家猛一听，不知道谁不专心，最好把意思说得清楚一些，说说小猫怎么不专心。"这样引导后，学生就会有理有据地具体展开来说，这就种下了完整表达意思的种子。

（三）在表达中打下习作的基础

斯老师注重口语表达能力的培养，认为口头表达的教学是写话教学的过渡。关于说话，她曾提出如下教学建议：（1）注意从多方面丰富儿童的词汇；（2）注意儿童用词的准确；（3）注意儿童说话的完整和连贯；（4）注意儿童说话的流利和生动；（5）注意培养儿童说普通话；（6）注意针对不同的情况进行指导。这些建议着力于说话能力的培养，实则指向习作能力的基础建设，指向书面表达能力的形成与发展。

二、习作内容选取注重童年的生活经验提炼

斯老师指出："教学生作文必须从内容入手，遵循从说到写、多读多写的原则，加强说写与阅读的联系，与学生生活实际的联系。"可见，斯霞老师高度重视习作内容的选取，注重习作的内容从儿童的生活中来，注重对儿童童年生活经验的提炼。

（一）记录日常生活经验

写作需要用文字表达经验，而经验需要从生活中来。孩子的成长过程从某种角度来看，就是学会认识并提炼自己经验的过程。斯老师十分注重让学生记录日常生活经验。比如有天早晨，斯老师和学生在做早操，发现天空飘着一丝丝白云。早操完毕后，斯老师就把学生留下来，指着天空问他们："你们看，天空的云彩怎么样？是什么预兆？"学生说："天空飘着白线似的薄云，就要刮大风了。"这是他们在《一个气象哨》中学到的知识，在日常生活中经过运用，就成为学生的语言经验。再如，斯老师让自己班的学生从一年级下学期开始就写请假条、留言条、简单的书信，这样注重对日常生活的表达，就会对作文产生积极的影响。

（二）丰富校园生活经验

校园生活是丰富的，同时又具有很强的教育性，因此校园生活经验必然成为学生重要的习作内容。斯老师非常善于引导学生丰富校园生活经验，生成习作内容。比如，放寒假时，学校举行结业典礼，学生坐在教室里听校长广播讲话，斯老师就让他们尝试把讲话的要点写下来。再如，让学生为墙报写稿子，总结自己的学习经验。这些写作行为，可以引导学生关注校园生活，提升写作能力。

（三）转化阅读生活经验

斯老师重视儿童阅读的引领指导，无论是课内阅读还是课外阅读。在阅读中，注重迁移、转化阅读中获得的写作经验。关于词语的学习，她在丰富学生词语的同时，还让他们理解、掌握多种多样的表达方式。

如《精彩的马戏》中有三处直接描写观众反应的句子："那顽皮的样子逗得观众哈哈大笑。""观众又发出一阵哄笑。""全场观众都为它喝彩。"同为陈述句，用词各不相同，教学时进行点拨，学生就能学着运用。关于句子，她常在课文学习时进行句式转换的练习；同时，从低年级开始，斯霞老师就开始篇章结构的指导。这些努力，均推动了阅读经验向习作内容的过渡与转化。

三、习作过程指导关注童年的写作思维启蒙

思维对语言起着决定性作用，对学生进行习作指导实际上就是进行思维引导。斯老师认为，小学生虽然思维能力尚弱，但通过习作培养，既可以提升学生的思维能力，同时思维能力的发展又推动习作能力的提升，思维发展与习作能力提升是同构的。

（一）形象思维与抽象思维

斯老师十分重视形象思维的培养。比如"三十万人的目光一齐投向主席台"中的"投"字，"走上讲台，扫了大家一眼"中的"扫"字，都有"看"的意思，斯老师就引导学生体会当时的情景，达到"意会"，让学生知道什么样的词语用在什么样的场合更加合适。这就把形象思维培养与抽象思维培养结合了起来。此外，斯老师非常注重指导学生读书、读报，品味语言；组织学生参观、游览，带领学生一边游玩，一边用学到的词来描述所见所闻；组织学生表演、手工劳动等，丰富学生的体验，作为习作的内容，这些也充分体现了形象思维与抽象思维相结合的教学特点。

（二）直觉思维与逻辑思维

斯老师指导低年级学生作文，并不过分强调列书面提纲和打草稿。她只要求学生在写作前认真想一下，先写什么，再写什么，如何开头结尾，等等。究其原因，小学生写作中起主导作用的还是直觉思维，学生是凭借习作的体验、积累来支持写作的，具备一定的写作能力后，才开始慢慢发展逻辑思维。

（三）相似思维与创造思维

斯老师给三年级学生出了个作文题"我们的学校"，学生都说这个题目已经写过了。斯老师说："对，的确写过了，你们还记得你们是怎样写的吗？"她就背给学生听："我们的学校在四牌楼 22 号……"斯老师还没背完，学生都笑了，都觉得当时怎么写得这么简单。斯老师就点拨道："那时候，我们还不懂得具体地写，现在你们知道用一个个生动的事例来说明学校好、老师好、同学们好。要让别人一看这篇文章就觉得：这个学校真好，这个学校的老师同学多么团结、友爱。只要达到这个目的，从哪里入手写都可以……"从这个案例可以看出，儿童习作始于模仿，起主导的是相似思维，而真正的写作则需要创造思维的参与，斯老师的指导有序地推动了儿童习作创造思维的培养。

四、习作质量评价尊重童年的原初表达之美

童年的表达有生命的原初之美，因为每一个儿童都是诗人。因此，在儿童习作的评价中，要学会尊重童年的原初表达之美。斯老师总是用呵护的姿态对待儿童的习作，她对于儿童习作的评价独具爱心，同时也独具匠心。

（一）多体会

儿童的习作是童年的作品，是独特的表达，需要教师的珍视。斯老师说："不管怎么批改，首先要认真阅读学生的作文，体会儿童作文中的思想感情，从他们的实际出发进行修改，评定文章的优劣。不要以为小孩子写的东西比较简单，不值得反复研究，不是的，儿童习作中反映的思想感情是需要我们好好体会的。"所以，评价儿童作文首要在于尊重儿童作文，从儿童的表达中体会儿童的表达意图，从意图再到语言，才能从根本上呵护儿童写作的兴趣。

（二）多保留

斯老师主张"少改动多保留，基本通顺的不改，勉强通顺的少改，真正不通的多改"。第一，这样做有利于对儿童习作时积极心理的培育。

因为儿童时期的表达是正处在发展中的表达，不甚成熟实属正常，教师理应以平常心和正常心对待。第二，儿童的表达源于童年的世界，有独特的童年密码，也有儿童交往中形成的独特文化，天然地具有童稚之美，多改之后必然增加成人味，有时不一定能给习作添彩。第三，过多改动也不利于培育儿童的习作自信。

（三）多交流

习作完成后，斯老师都会组织评讲，如选一篇中等水平的作文，全文出示在黑板上，指导学生一起讨论修改；选择优秀的作文，让学生一起评议作文的精彩之处。学生参与讨论后，提升了语言品鉴的兴趣与能力。同时，注重对不同发展水平的学生习作积极性的呵护，特别是习作能力较弱的学生。多维度、多层面、多方式的交流构成了斯老师作文讲评的特色。

遵循规律，为儿童的语言发展而教

张 莉

当前，"双减"政策提出教师要优化教学方式，通过课堂提质增效，减轻学生过重的学业负担，明确规定一、二年级不留书面家庭作业，不进行纸笔考试。很多老师、家长对此产生了不少疑问和焦虑：没有了习以为常的试卷检测，没有回家后的抄写、默写，学生生字学习的质量如何保证？如何通过高效的课堂教学，帮助学生读准字音、认清字形、掌握字义、学会运用？如何借助复习，促进学生思维与言语的发展？著名教育家斯霞老师的一堂"识字复习课"，为我们带来了很多启发。

一、关注情感的体验

如何激发学生的学习兴趣，让学生对复习内容充满新鲜感呢？斯老师通过巧妙设计、精心安排，不仅关注学生字词的积累运用、思维发展，更关注儿童的情感需求，深度体察和满足儿童的心理需要。

斯老师从学生学习的第一个生字"人"字入手，引出表示人身上东西的字、表示数目的字、表示称呼的字、表示人做的事情的字……一方面，丰富了对"人"字及与"人"字相关的其他字的认识，加深了学生对这些字的印象；另一方面，在关联中让零散的生字组合，生发出新的意趣，由此激发了学生对汉字复习及运用的喜爱之情。

与此同时，斯老师时刻注意激励学生，让学生伴随着成就感进行复习巩固。在学生集中认读了 111 个生字后，斯老师表扬大家："我们已经学了 100 多个字，大家很用心，能读、能写，大多能默写。"斯老师让学生从学过的字中找表示人身上东西的字，很多学生陆续找到"口""手""胸""腰"，这时一位学生回答："还有用心的'心'。"斯老师立刻表扬这个学生，说他"用心学习，肯动脑筋"。孩子开心地笑了。斯老师的这句话，既充分肯定了孩子的回答，表扬了他的学习态度，又巧妙地把"心"字的用法通过教学语言进行了示范，丰富了学生对"心"字内涵的理解。在学生找出表示人身上东西的字时，斯老师都会把这些字写在黑板上，等所有字找出来后，斯老师让学生把这些字一起读一遍，读一个擦掉一个。擦完后说："人身上还有许多东西，以后学到了再把它们加上去。"

斯老师引导学生归类复习了表示数目的数字后，说："我们认识了十个数字，就可以变化出很多数目。以后每天的作业做完后，都要自己写上哪一年哪一月哪一日。"这样的复习，将生字的学习由课内延伸至课外，激发了学生在生活中发现汉字、运用汉字的主动性和积极性。

二、关注思维的提升

思维是人脑借助语言对事物的概括和间接反映的过程，思维以感知为基础又超越感知的界限。对小学生来说，思维的发展离不开概念的建立，概念是人的思维对客观事物本质属性的反映与提炼，是人认识自然、社会、人自身的起点，是知识之网的枢纽。识字复习的过程是帮助学生进一步建立、清晰概念的过程，也是运用概念，使思维精确、发展思维的过程。

在帮助学生归类复习表示人称呼的字词时，斯老师问学生：人有哪些称呼呢？当斯老师发现"称呼"这个概念对儿童来说比较陌生时，马上很智慧地联系实际，问学生："你们叫我什么？"学生回答："老师。"斯老师又问："我叫你们什么？"学生回答："学生。""同学。"斯老师把学生说的词都写在黑板上。在斯老师的启发下，课堂上顿时活跃起来，学生纷纷举手，接连说出"毛主席""工人""农民""爷爷""奶奶""爸爸""妈妈""哥哥"等。斯老师用列举的方法帮助学生体悟"称呼"这个比较抽象的词的内涵，帮助学生领悟到像"工人""农民""爷爷""奶奶"等都是表示人的称呼。斯老师启发学生时间的"你们叫我什么""我叫你们什么"两个问题打开了学生的思维阀门，让学生把在课文中学到的所有表示人称的词语都说了出来。斯老师的教学并没有到此结束，而是在黑板上又写了个"人"字，说："人"字前后都可以加字。想一想，我们学过的哪些字加在"人"的前面或后面，也都是指人称的？学生想了想，回答出"大人""好人""女人""男人"等一大堆词，最后还有一个学生说"人民"。这样的设计促进学生的思维进一步提升发展，由前面列举的"妈妈""姐姐""妹妹"等词语，和"女人"这个更为抽象的词语建立联系。最后说出的"人民"，是一个更大、更抽象的概念，表明学生的思维在字词的运用中切实得到了发展和提升。

三、关注语言的发展

斯霞老师的语文教学经验以语言教学为中心，把识字、阅读、写话三者结合起来。在识字复习课中，斯老师没有简单、割裂地让学生死记一个个汉字，而是把一个个文字化为发展学生语言的材料，根据汉语"意合"的特点，创造性地设计语言实践活动，让学生在丰富多样的语言实践活动中来丰富个体言语的经验，在具体的语言情境中培养学生正确、有效地运用语言文字进行交流沟通的能力。我们一起来欣赏斯老师的这个识字复习片段：

师：(指着黑板上表示人称的字词和表示人做事的词语) 你们能把谁会做什么搭配起来吗？

(学生随着教师的指示，齐读"老师会唱歌""老师会读书""老师会画画"。)

师：老师把"会"换成"爱"呢？

生：老师爱唱歌。

生：老师爱读书。

生：老师爱画画。

师：(又在表示动作的词语后面写了"得好"两个字) 什么"得好"呢？刚才你们唱歌唱得好，谁来写"唱"字？

（学生把"唱"字写在"得好"的前面。）

生：（齐读）我们唱歌唱得好。

师：同学们再挑选黑板上的词语，说说谁做什么，做得怎么样。

生：农民种地种得好。

师：你在"得好"的前面写上"种"。

生：学生写字写得好。

师：你在"得好"的前面写上"写"。

（学生一边说，一边写动词：读、做、排、画、说……）

师：大家把人称和动作连起来读一读。

生：（齐读）老师读书读得好。爸爸做工做得好。小学生排队排得好……

师：下节课我们把这些句子写在作业本上。

斯老师的这段复习生字的教学妙不可言。这样的设计既唤起了学生对于老师、自己及家人在生活中会做的、爱做的、做得好的美好事情的回忆，又把大家的日常活动和规范的语言表达联系了起来。这样的语言实践活动，让学生兴味盎然，既激发了学生对日常生活和学习活动的美好情感，又增强了语言运用的成就感，让语言发展与精神成长共生。

■ 张志公：传统语文教育经验"密码"的解读者

张志公（1918—1997），我国当代著名语言学家和语文教育家。他坚持用唯物辩证法指导自己的学术研究，重视实用和普及，注意知识的继承和革新，尊重前人，学习今人，博采众长，提倡学术民主等，历来为学术界所称道。其主要著作《传统语文教育初探》开辟了中国语文教育史的研究方向，开拓了语文学科研究领域，为现代语文教育提供了历史参照。

张志公："小学语文"永远缅怀的大师

周一贯

  张志公先生（1918—1997），河北南皮人，是我国当代著名语言学家和语文教育家。他早年就读的是中央大学外语系，后转学，毕业于金陵大学外语系，精通的是外国文学和语文学。之后因为工作需要，开始涉足中国语文教育的研究，由此全身心投入其中。其因见解卓著、硕果累累而成为语文教育大家。但是他一直认为自己是"转行"的，以致常常谦虚地表明："我本来不是学习和从事语文教学这一行的，换个说法，是个外行。二十几年前，可以说是由于一个带点偶然性的机缘，我接触了这件事。"这个机缘应该就是他在1949年后，先后任《语文学习》杂志主编、《中国语文》杂志编委，之后又任人民教育出版社汉语编辑室主任和外语编辑室主任、人民教育出版社编审，并任中国文字改革委员会委员、中国社会科学院语言研究所学术委员会委员等。显然，这些职务都与语文教育有着十分密切的关系。终于，张志公先生以其全身心的付出，成为与叶圣陶、吕叔湘齐名的现代语文教育大家。

  张志公先生对小学语文教育的关注和厚爱，特别令我感动。本来像张先生这样的大家，他会更多地去关注文字改革问题、语文课程整体建设问题、高校和中学的语文教学问题。但是，古人云："蒙以养正，圣功也。"小学是基础教育的基础，正如他谦逊地认为："初级教育的重要性很大，这个认识是早就有的。然而理解是朦胧的。我这两年直接看了一点，认识也就略微清晰了一点。""'从小看大'这句话不够科学，不那么可靠，那么，一个人的智力怎样发展，儿童和少年期的学校教育起的作用却是很大的，即使不能说是决定性的。"在他的许多论集中，不仅有涉及小学语文教育的问题，而且有不少是专门论述小学语文教育的，让我们获益匪浅。正因如此，张志公先生永远是小学语文界一直缅怀的一位大师。在张志公先生众多的论述中，我认为对小学语文教育的历史发展和时代改革，发挥着指导价值的主要有以下一些方面。虽然尚不免挂一漏万，但也愿意写出来求教于大方之家。

一、对小学识字教学问题的深入研究

对小学语文教育来说，识字教学无疑是个重要问题。这不仅是因为识字是进行读写的基础，还因为识字在汉语文教学中所具有的特殊意义。汉语文教学的根本问题是汉字的教与学，那是因为汉字不是如拼音文字那样的表音文字，学会了字母就可以直接拼读与拼写；汉字是表意文字，是以形为主体的形音义的结合。汉字得一个一个地教与学。尽管汉字有利于激发学生的想象，开发学生的智慧，但难教难学也是客观存在的事实。对此，张志公先生在多种场合都反复地强调过。他曾经指出："更普遍的一个现象是把字的教学看成一个小节，看成只是小学低年级的事，一到小学中、高年级，对字的教学就逐渐放松，到了初中以上，语文教学中就着重发挥微言大义，不再去管'文字小节'，即使强调基本训练，也只在语法修辞上转念头，字的问题总归不管了。这种看法，在道理上和实际上都是大成问题的。"他一针见血地指出："一个青年掌握字的能力怎样，在很大程度上反映他掌握词汇能力的高低。"确实，常用汉字的数目"要能大致看懂一般的书籍报纸，大概有三千字左右就行，不过要在阅读写作中真正够用，恐怕五六千字是必要的"。为此，他认为小学低年级只能教两千上下的字，小学毕业也只能达到三千来字，离够用还差两三千字。所以在小学的识字教学中要着重培养儿童的识字能力；同时，在中学里也应该重视文字的教学。他曾经设想小学语文教学的基本思路是"借助拼音字母开展语言训练和阅读训练，识汉字，写汉字，这三者各自按照本身的要求去进行，不互相干扰，不互相牵制，三途分进，逐步靠拢，终于达到胜利会师，完全结合在一起"。这与今天识字教学的基本路线——激发识字兴趣，以拼音助识字，识写分流，在读写实践中提升识字质量等——也是完全一致的。

他在一次职工业余语文学习讲座上，还举了一件足以说明识好字、写好字之重要性的生活趣事：住在北京城演乐胡同时，他收到一封在信封上贴了三张条子的信，都是邮局贴的，因为字迹不清，无法投递。第一张条子上写着"试××胡同"，结果不对；第二张条子上又写着"改试××胡同"，结果还是不对；第三张条子上写着"再投演乐胡同"，这才对了。请看因为没有写好字，浪费了多少人力物力。他在《语文教学论集》之《从儿童学字的角度看书写工具》《说"练"》等文章中，都强调了识字教学的重要性。特别是在他的专著《传统语文教育初探》中，更是从历史的经验总结了"集中识字"的重要意义和"集中识字"与"分散识字"相结合的时代优势。这一直是我国小学识字教学的圭臬并得到不断发展。

二、对小学语文课堂"讲得太多"的深刻反思

小学语文教学一直存在着以课文为藩篱，在"讲深讲透"上下功夫的积疾，严重影响了语文教学的效率。张志公先生在谈词句教学时说得好："教学中把绝大部分时间和精力都用在'讲'上，我看是值得斟酌的。"他深刻地点明："语言是一种活动。无论口头语言或者书面语言，都是一种活动——一方表达、一方理解的这么一种活动。语言既是活动，那就应当通过活动去学习它，掌握它。也就是说，要让学生通过自己的听、说、读、写的实际活动去学习听、说、读、写，不能靠老师的知识灌输学到听、说、读、写。"同时他也辩证地指出，"老师有计划有步骤地认真讲些知识是必要的，然而目的在于指导、帮助学生去活动，而不是代替学生的活动。在语文课的教学中，学生的活动应该是主体的，教师起一种主导作用，就是有计划、有步骤地带领着学生正确地进行必要的听、说、读、写的活动"。显然，当我们今天似乎还有点艰难地接受课标中关于"语文课程是一门学习语言文字运用的综合性、实践性课程"这一课程性质时，其实在50多年前张先生已经有了深刻而辩证的论说。他在《关于阅读教学和写作教学的几个问题》中又谈到了课

堂上教师不是不能讲，而是必须“精讲”，并指出“精讲的‘精’，是质量概念，不是数量概念”。“精，就是恰到好处，讲什么，讲得多或少，详或略，深或浅，都要恰到好处。”何谓“恰到好处”？“就是一切要从实际出发，实事求是，讲究实效”，也就是说要根据“是什么文章，对什么人讲，文章中有什么东西可讲并且必须讲，以及学生需要讲些什么而定”。当然，“精讲”的目的，还是让学生能主动学，自己去思考，去体味。教师“只需在关键的地方点一点，教师不讲或不全讲，留有余地，让学生自己去思考，去体味”。他对所谓的“教文章要讲透”也提出了自己的主张。对什么才是“透”，作了通俗的比喻：“不嚼而吞是不行的，那样消化不了，吸收不到营养。嚼，也不是容易事，所以还得有人帮帮忙（先切一切，加点水，拌一拌，等等）。就是这样，嚼一遍也还不见嚼得好，往往需要反刍一回。可是，毕竟要自己嚼，等别人嚼烂了来喂也是不行的。这就是说，要达到透，万不能专靠教师来讲，而是要在教师启发指导之下，由学生自己去思考揣摩，精读，熟读。”所有这些都足以说明张志公先生十分强调语文课堂上教师万万不可讲得太多，应当让学生更多地自主学习，教师的“讲”只能是启发和引领，而不能是单向的灌输和授予。这在提倡语文课堂应引导学生深度学习、高阶思维的当下，无疑仍有着深刻的意义。

三、对小学语文教学应当重视训练的深层探索

语文教学应不应当重视训练，是一直争论不休的问题。近年来则集中在要加强语文的人文性就必须淡化那些语文技能性的训练这个焦点上，以致在课标中也鲜见“训练”这类提法。其实语文教育应当是工具性和人文性的统一，也就是说，语言形式与所表达的思想内容本来就具有同一性，所以语文训练也一样应该具有人文性，而不是纯工具性的。这个问题在张志公关于语文教学应当重视训练的诸多论述中，早已有十分中肯的阐述。他在说到语文的工具性与人文性的关系时作了一个十分适切的比喻：锄头是工具，锄头是除草的，而锄头和草是两码事，锄头

和草并不长在一起。语文是交流思想的，语文和思想虽然也是两码事，可是由于语文是交流思想的工具，而思想是抽象的，它要依靠语文这个物质外壳而存在，所以语文和思想老是长在一起，是分不开的。这是语文工具跟其他工具不相同的一点。"这就意味着，学习语文这个工具的时候，学习怎样用语文来交流思想的技能，跟学习语文所表达的思想本身，是不可分割地结合在一起的。"正是这发表于 1963 年的"工具"与"思想"的统一观，建立了张先生的语文教学训练观，训练并不是纯语文技能的。显然，这样的认识与课标所强调的"工具性与人文性的统一，是语文课程的基本特点"是高度一致的。

张先生一直十分强调语文教学必须加强训练。他在 1979 年发表的《要重视接受与表达的训练》一文中强调了语文教学不仅要重视训练，而且这种训练还必须是全面的："进行语文训练，就应该把听、说、读、写都包括进去。学习外语常常提这四个字，但是学习本国语，却往往把口头语言的听、说丢了。在书面语言这一头，往往又特别重视写，把读放在次要地位。"他特别强调："听、说、读、写四项各有其特点和规律，不能互相代替；四种能力又是相互依存，相互制约，相互促进的，不可割裂开来，有所偏废，顾此失彼。处理好这四者的关系，是语文教学必须解决的一个重要问题。"他在多种著述中都强调了语文训练的重要性，如《从"想""说""写"的关系谈起》（1958）、《读是写的基础》（1962）、《语文训练问题需要加紧研究》（1977）……这些论述，无论是在当时还是在当下，都一样振聋发聩。

四、对实现语文教学科学化、提高教学效率的深度拷问

语文教学效率低下是张志公先生一直关注的问题。他在 1978 年发表的《语文教学需要大大提高效率——泛论语文教学科学化和进行语文教学科学研究的问题》一文中说："从小学到中学的十二年或十年之间，语文课所用的教学时间占全部教学时间的三分之一左右，居各门课程的首位。然而，相当大的一部分中学毕业生，语文没有学通。"他表示

"这种现象，不应当再继续下去了"。

他对于提高语文教学效率只寄希望于"多读多写"有自己的不同见解："'多读多练'这是个传统经验……这个经验是应当吸取的"，但是"读和练需要指导和方法"，"否则，如果路子不对头，没有合理的计划与步骤，没有恰当的方法，至少是见效慢，成效差，甚至比这更坏一些"。所以，只是"多读多写"，并不能完全解决问题。对此，他曾讲过一个小故事作隐喻：有个捉臭虫很有经验的人，人们问他应当如何彻底消灭臭虫时，他的答案只有两个字"勤捉"。看来这似乎也不错，但这只是最基本的、人人皆知的方法吧。在有了"六六六"粉后，说明比"勤捉"更有效的应当是"用药"了。

要真正提高语文教学效率，使学生获得全面的语文能力，张先生认为并不神秘，关键在于必须"力求做到语文教学科学化"，即"无论说话、听话、识字、读书、作文，能力怎样一步一步地提高，应该有一般的规律可循。摸清楚这些规律，运用它，设计出训练的途径、步骤、规格和方法，就能大大减少教学上的盲目性，提高效率。这就是科学化"。他在《再谈语文课的几个问题》中说到语文教学大纲时进一步认为，"既然是个大纲，在许多方面就只能提出些概括的原则性的意见，不可能规定得很细。但是在教学工作中，对于培养语文能力就要考虑得细致、具体，并且一段一段的时间、一个一个的项目都要有明确的标准，严格的要求"（1978）。由此对照，今天我们在落实课标中，所面临的也正是如何从实际出发，将它具体化、过程化。唯此，才能真正落到实处，转化为教学实效。

实现语文教学的科学化是张志公先生语文教育思想的一个重要内容。他在不少论述中都提到这个问题，如《提高语文教学的效率》《科学态度和科学研究》《关于语文教学中科学性与艺术性问题的探索》等。

五、对古代传统语文教育经验的深化传承

在十分重视语文教育科学化、现代化研究的同时，张志公先生也特

别关注对我国古代语文教育传统经验的梳理和拓新。1962 年，上海教育出版社出版的《传统语文教育初探》便是张志公先生在这方面的一个重大贡献。应当说，这是一本在这方面出版最早、最系统，也最具开拓性的专著。正如他在该书序中所认为的那样，"千百年来的文化遗产，无论哪个方面，在成堆的糟粕之中，总还有某些精华——前人的智慧和经验在内"。"蒙馆能在比较短的时间里教儿童认识相当多的字，这个事实就值得重视"。确实，一本《千字文》从南北朝直到清代末期，竟能流行一千四五百年，绝对是个奇迹。《千字文》可以说是世界上历史最早、使用时间最长、影响最大的识字课本。它的生命力证明了它存在的合理性，里面确实有许多值得研究的符合汉字特点和教学规律的理据。为此，张先生研究了"集中识字"到"进一步的识字教育"，从中梳理出汉语文识字与教育的重要历史经验，这显然是与汉语文教育内在规律高度吻合的"中国功夫"。在系统梳理传统识字教育经验的基础上，张先生又系统探索了我国古代的"读写基础训练"和"进一步的阅读训练和作文训练"这两部分。在每一个部分，张先生都不只是提供历史事实和发展轨迹，而且还从中专列出"经验和问题"部分，陈述著者的观点，进行历史唯物主义的批判和借鉴。对此，孟宪范同志在评价《传统语文教育初探》一书时，称"这是我国第一部对传统语文教育进行系统研究的著作。它大大开拓了我们对语文教学研究的视野，因而引起了国内外读者的广泛注意"。确实，这本书不仅在当时，而且在探索语文教育中如何更好地弘扬中华民族优秀传统文化的当下，产生着越来越深远的影响。

当然，张志公先生的语文教育思想对小学语文教育的引领是全方位的。如他的文学教育理论、语法教育理论、语文教育方法论等，虽然主要不是专门为小学语文教育所为，但对小学语文教师一样有着十分深刻的启迪。他是小学语文界的教育者永远仰望的一位大师。

张志公先生的语文教学效率观

白金声

　　张志公先生是我国著名的语言学家和语文教育家。他的语文教育思想涉及广泛，可以说对古今中外"语文"教育均有深入和具指导意义的论述。本文拟就张先生一贯倡导的提高中小学语文教学效率的问题，做一些阐发性的研究。

　　要研究语文教学效率问题，首先得弄清楚两个概念，即什么是"语文"、什么是"效率"。我们看看张先生是怎么说的。

　　什么是"语文"？张先生说："语文是个工具，进行思维和交流思想的工具，因而是学习文化知识和科学技术的工具，是进行各项工作的工具。"这个观点是非常精练的，张先生道出了语文的本质属性。说语文是思维工具，这是因为语言和思维是共生的、互相依存的。没有语言，人脑就无法思维；另外，思维又有力地推动了语言的发展。语文教学就是要在教学过程中不断积累和丰富学生的语言，并同时启迪和发展他们的思维。说语文是交流的工具，这是因为语言是社会生活的实际组织者。脑科学研究发现，偏僻地区的儿童同外界接触少，课外阅读欠缺，因而词汇贫乏，信息量极其有限，缺少一定数量的语言来表达他们的思想，因此，这些儿童较之"见多识广"的儿童，反应迟钝，思维缓慢。这说明，语言在组织人们生产、生活、交流思想的过程中是何等重要！说语文又是学习的工具和工作的工具，这是很容易理解的。读书、看报，就是利用语文这个工具，不管是学历史、地理，还是学时事、政治，都离不开语文这个工具。

　　语文的内涵又是什么呢？张先生说："这个'语文'就是'语言'的意思，包括口头语言和书面语言，在口头谓之语，在书面谓之文，合起来称为'语文'。"据此，语文教学的主要目的，是要"教学生掌握语文工具，也就是掌握足够的字和词，掌握句子的构造和方法，掌握谋篇布局的道理和技能"。一句话，掌握听、说、读、写的能力，能够正确理解和运用祖国的语言文字。

什么是"效率"？简言之就是单位时间内完成的工作量，一般是指单位时间内的工作效果，包括量的多少和质的高低。张先生指出："讲效率，它的内涵无非是这几个字，一是多，二是快，三是好。""对于人才的培养，不仅要多，要快，而且要好，要尽快培养出德才兼备的有用人才，为四化建设服务。"张先生这段话告诉我们，效率是教育的生命，是现代中小学语文教学的基本特征。要实现语文教学的现代化、科学化，必须提高教学效率，这是时代的要求。

自改革开放以来，不管是同教师谈话，还是撰写文章，张先生总是不厌其烦地谈论效率问题，并多次呼吁语文教学"少慢差费"的问题必须彻底解决。现仅举两例：

1984年，张先生出席在大连召开的语文教改座谈会时指出："高效率地培养学生听读说写的能力是语文教学现代化、科学化的迫切需要，应当建立实际应用的语言的知识系统适应这一需要。"

1991年，张先生发表了录音讲话，他说："（语文教学）要在原有基础上，有所调整，或有所改进、改革，以适应新时期的需要，要在效率、致用两个方面有所突破。"

为什么张先生这么重视语文教学效率呢？原因有二。

一是因为"世界已经跨入了信息化时代。信息高速公路兴起，就是这个时代的重要特征。世界上所有国家、所有民族，都将在'信息化'这个问题上展开竞争，进行较量。这不是一项两项技术工作的竞争，而是一个国家、民族建设、发展的成败，也就是生死存亡的斗争。语言文字是传输信息的最主要的工具，在这场'信息化'竞争、较量中，语言文字首当其冲"。

二是因为"多年来，语文教学的效率是不能令人满意的。从小学到中学的十二年或十年之间，语文课所用的教学时间占全部教学时间的三分之一左右，居各门课程的首位。然而，相当大的一部分中学毕业生，语文没有学通"，"高中毕业了，大学毕业了，搞贸易不会写商品说明书，不会写广告词；当干部不会写公文；搞科技的写不出实验报告、设计说明；当医护人员写不好病历、写不好值班报告……这样的青年比比皆是"。

张先生面对现实，站在世界发展潮流的高度来审视中国中小学语文教学，把语文教学纳入以提高效率为中心的轨道上来，我认为这是抓住了开创语文教学新局面的关键。

导致语文教学效率不高的症结在哪里呢？张先生一针见血地指出："那就是：语文教学缺乏科学性。"语文教学科学性在某些方面也可以说是语文教学科学化。什么是语文教学科学化呢？张先生说："所谓科学化，就是搞清楚语文规律，按规律办事。"就具体实践来说，就是："无论说话、听话、识字、读书、作文，能力怎样一步一步地提高，应该有一般的规律可循。摸清楚这些规律，运用它，设计出训练的途径、步骤、规格和方法，就能大大减少教学上的盲目性，提高效率。这就是科学化。"长期以来，语文教学总是摆脱不了盲目性，人们不是跟着"时尚"走，就是跟着"感觉"走，能在实践上清楚而自觉地按照语文教学自身应有的"规律"走的，为数不多。因此，教学取得了好效果，不知道这效果从何而来；教学碰了壁，也不知道这壁是什么，为什么会碰壁。这种在暗胡同里摸索的状况，在社会主义现代化建设进程中必须有所改变。只有变"暗中摸索"为"明里探索"，让语文教学走上科学化的坦途，才能从根本上提高语文教学效率。

在张先生众多的讲话和文章中，列举了一些语文教学不科学的现象。下面我们来看一下。

张先生说："从旧传统承袭下来一个很不科学的做法是：语文教学限于书面，忽视口头语言的训练……如果继续对'语'和'文'采取分而治之、厚此薄彼的办法，很不利于提高语文教学的效率。"语文有四种能力，即听、说、读、写，它们就如一张桌子的四条腿，缺一不可。只有把这四者有机地结合起来，才能构成语文能力赖以区别于其他学科能力的框架，从而形成自己独特的结构。人的语言活动发展顺序是：听—说—读—写。听和说是语言的第一性表现，读和写是语言的第二性表现。教育心理学研究表明，社会语言活动，听约占45%，说约占30%，读约占16%，写约占9%。由此可见，口头语言在交际中的作用，我们不可等闲视之。

张先生说："语文教学兼差过多：思想政治教育任务、提高审美观的任务、提高思维能力的任务，等等，等等。这样，语文本身也成了其中的小差事之一，反而不是主要内容了。语文就是语言文字。但是，往往是既有意于讲语言文字，同时又要讲别的什么。用意很好，结果却适得其反，两败俱伤。"诚然，语文教学目的是一个多元的结构，传授知识、训练能力、开发智力，以至立德、审美都是其宽泛的内涵。但是我们必须牢牢记住，语文姓"语"，语文教学的特殊使命是指导学生学好课文，始终突出语文教育的根本目的——教会学生理解和运用祖国语言文字，把语文课真正上成语言文字基本功训练课。现在有一种倾向，一讲培养能力，似乎字、词、句、篇教学就不值一提。须知，学好知识是提高能力的基础，任何时候都是如此。现在还有一种倾向，一提思想教育，似乎听、说、读、写训练就不值一谈。须知，脱离听、说、读、写，思想教育将是一句空话，任何时候都是如此。

张先生说："把提高语文能力看作一种相当神秘的事，看作一种'只能意会，不可言传'的或者'运用之妙，存乎一心'的事，看作一种只能听其自然、任其沉浮的事，是语文教学缺乏科学性的又一表现。"语文教学规律具有客观性、必然性、普遍性、稳定性等特点。人们不能创造语文教学规律，但可以发现、认识语文教学规律，利用语文教学规律来提高语文教学质量。

张先生说："不重视方法的另一方面，是一旦有了方法，很快就定型化、程式化。比如，说谈话法好，就谈话，不论大学还是中学，不论教这样的课或教那样的课，都采用谈话法。搞这种程式化，自然就会产生无效劳动。"语文教学应当有模式，但不能程式化。如果我们让模式凝固起来，把它变成僵死的条条框框，不看年级，不看课文的具体内容，千文一法，千课一式，那就陷入了形式主义泥潭，还讲什么教学效率？

那么，怎样提高语文教学效率呢？张先生的观点是这样的：

第一，学习中国传统语文教育的精华。

张先生用历史唯物主义的观点，研究中国传统语文教育，凡 30 年。他旁搜远绍，爬梳剔抉，精辟地概括出其中的功过得失。他认为中国传统语文教育的经验主要有四条，我们应当很好地学习。一是教学从汉语汉字的实际出发，并且充分运用汉语汉字的特点来提高教学的效率。通过整齐押韵的字书（重要的蒙学读本），集中解决汉字的认读和积累；识字、写字分别进行训练，互不掣肘；利用"属对"进行综合的语文基础训练。二是教学要从语文的工具性这个特点着眼。重视思想材料和语言材料的有效积累，因而强调要"多读"，要"博览"；重视工具的熟练操作和灵活运用，因而强调要"熟读"，要"多写"。这都是从语文的工具性这个特点着眼的有效做法。三是要重视启发学生独立思考，使他们自己能不断地增长读书作文的能力。四是在以读写实践为主的前提下，在适当的时机需要教给学生一些必要的知识，教给他们使用基本工具书的方法，把不自觉的学习逐渐转化为自觉的学习，从而提高其学习效率。

第二，走语文教学"一条龙"整体改革之路。

张先生的语文教学效率思想，集中体现在他的幼儿、小学、初中、高中语文课程、语文教材、语文教学"一条龙"整体改革设想中。

幼儿阶段。以训练口语为中心环节，兼顾思维训练、知识教育、思想教育，但不进行识字教育。

小学阶段。语文课分三条线先后独立进行。第一条线，利用汉语拼音进行语言训练、阅读训练、写作训练，直到四年级；第二条线，从一年级第二学期开始进行识字教育，按照汉字的识字规律独立进行；第三条线，稍晚于第二条线，进行写字教学，按照写字的规律独立进行。到了四年级，分进的三条线并线，总会师。小学五年的教学任务，四年基本完成，第五年只是巩固、提高。

初中和高中阶段。把两个学段联系起来，六年或七年，分为四个大段落，每个大段落一年半左右。以系统的理性知识为先导，并以实用的语言知识系统为序，按照知识与实践合理组织全部语文课。

为实施这个方案，同时改革课程。（1）初中增设文学课，完成文学教学任务。（2）高中开设文言文选修课，让有志于文言文研究的学生选学，进行严格训练，学会用文言文写文章。

第三，更新教学观念，改进教学方法。

当前语文教学的弊端之一，就是讲风太盛，无用功太多，教学方法单一。譬如讲读课文，总是时代背景、作者介绍、划分段落、分析讲解、归纳中心，然后是写作特点，篇篇如是，一个模式，使学生学起来味同嚼蜡。本来是一篇生动形象、感染力很强的作品，被教者烦琐的讲析肢解成了支离破碎的零部件——知识点，其间的血脉贯通、气韵流动全被破坏了，文章的精髓与灵魂不见了，哪里还有情感的陶冶可言！对此，张先生指出："教学方法的中心目标在于最有效地培养学生的能力——包括运用所学知识的能力和自己去学习新知识、新技术的能力。"对学生也要有正确的认识，"要把学生的头脑看成一个能动的、能思考的对象"，要想办法，"迅速有效地打开学生的脑子，让它动起来"。为达到此目的，张先生认为一定要有一套"科学的、新鲜活泼的教学方法"。同时要坚决废止注入式、满堂灌式陈腐落后的教学方法，实行启发式、诱导式、讨论式的教学方法。在教学中要精讲精练，要调动学生的积极性、主动性，让学生"在老师的启发下，自己动脑子去分析问题、解决问题，从而得到更深的印象，获得更大的收益"。这样，语文教学就活起来了。一句话，提高语文教学效率的"内在资源"在于更新教学观念，改进教学方法。

第四，提高教师的整体素质。

张先生指出，要想提高语文教学效率，根本问题是教师。教师本身素质不高，很难教出高水平的学生。"教师应当具有扎实的基本功，要有广博的学识，要见多识广，要掌握科学的教学方法。"教师"要下功夫学习，要懂得心理学、教育学、哲学，这样就有可能提高语文教学效率和质量"。

学作文是为了用

尹逊才

　　作文难写、难教的原因很多，但写作教学的目的异化是一个关键的原因。张志公先生一针见血地指出，受封建科举考试制度的不良影响，我们的写作教学长期以来一直存有脱离应用实际的毛病。1982年，他在《写作教学要重视实践性》一文中指出，当下写作教学耗费大量时间和精力而不能取得成效的重要原因是"对写作教学的实用性重视不够"。1984年，他在《人民教育》上又发表了《学作文是为了用》，旗帜鲜明地提出了写作教学的应用目的观："最根本的一点是明确作文教学的目的，提得高一点，说得严重一点，就是首先要从教学思想入手。""学作文是为了用。"他的写作应用目的观可以说触及了学校教育的本质：学生进入学校学习的终极目的是什么？今天重温他的这一观点，有助于我们从学生未来发展的角度反思当下的写作教学，有助于我们调整思路找寻新的出发点。

一、应用不是教应用文，而是教给学生写作的"应变"能力

　　一提到应用，有很多老师马上会想到"应用文"，并且说：加强"应用"不就是多学点应用文嘛。这种观点在张志公先生看来是需要纠正的，"一说到应用，人们很容易想到狭义的'应用文'，就是书信、便条那一套。实际上不是这样的。面向应用就是要考虑学生日后在日常生活中、在进一步学习中、在实际工作中要写些什么，需要具备什么样的写作能力，更重要的是，应当养成他们什么样的能够适应各种需要的写作能力"，"这就是面向应用，并不是说把三百六十行的所有应用文体都拿来讲一通，练一通"。也就是说，所谓"应用"，不是那些所谓的静态

的、结果性的文体知识或篇章样态，而是在日常生活中运用语言进行沟通和交流的能力，换句话说，学生要学会沟通和交流本身，而不是沟通和交流的结果。此外，所谓的"应用"，不仅仅是一个"现在进行时"的概念，更是一个"未来进行时"的概念。它更侧重的是学生在未来的情境中运用沟通和交流的能力，"教给他们在写作方面的'应变'能力，也就是适应今后会产生的各种新的需要的能力"。因而在中小学阶段，并不是所有的写作能力都需要培养，而是要教那些基础的、核心的能力，能与未来的需要一脉贯通的能力。对此，他在《谈作文教学的几个问题》一文中提出，"有三个是最关紧要的"，即态度和习惯的问题，思路问题，字、句、篇章的问题。

张志公先生的写作教学应用观，是值得我们当下小学语文写作教学深思的。首先，它告诉我们，写作教学是为学生明天的生活做准备的。可遗憾的是，当下很多学校和教师并不考虑学生的未来，而是只盯着考试，并且越来越把考试当成一个挡箭牌，"分数就是硬道理"。这种做法，显然不是用发展的眼光来看待教学的，学生的学习是以某个时段的考试为终点的，考试结束，学习和发展也就终止了。很多学生进入大学后，就放松了对学习的要求，这就是一个明证。有的教师也许会说：我是着眼于应用了，可是学生考试考不好怎么办？应用与考试真的矛盾吗？如果我们去了解一下已故的著名特级教师于永正先生长达30年的"'言语交际'式小学语文教学实践探索"的成果，也许就会改变自己的固执观点。其次，它告诉我们，教学中要抓基础的、核心的能力。写作能力的提高涉及很多内容，但是每一项能力都要去抓，恐怕不成。英国著名过程哲学创始人怀特海在谈到教育时，曾说过两条戒律：不要同时教授太多科目；如果要教，就一定要教得透彻。因而，我们要研究哪些是小学生必备的、能够促进未来发展的核心写作能力。写到这里，大家是不是会想起"核心素养"这个词来，他的这种思想不正是"核心素养"观吗？

二、文学性的写作与实际应用的写作要区分

基于应用的写作教学观，张志公先生对文学性写作与实际应用写作之间的关系问题进行了深入的思考。他指出："照目前的做法，文学教育和实际应用的语文训练搅在一起，实际上起了互相削弱的作用。"——并且特别强调"这是很值得深入思考的问题"。由此可见，他敏锐地意识到了文学性写作与实际应用写作之间的区别，并且注意到教学实践中两者出现了相互抵牾、相互削弱的情形。不过对这一问题，由于时间因素，他并没来得及进行进一步的探讨，指出两者相互削弱的根源所在。当下很少有人从这一角度审视教学，相反，还一味地提倡加强文学性教育，这种做法，直接导致语文教学中文学性文体与实用性文体的混乱，实用性交际的空间被严重挤压、变形。

我有一次应邀去一个小学参加作文授课比赛。其中有一位老师执教的写作课是"记一次神奇的实验"。主要内容是这样的：老师把一尾小金鱼放到一个试管里，再把试管放到酒精灯上，把水烧开，但是小金鱼却安然无恙。老师让学生观察并把实验的过程和自己的感受告诉同学。其中有一位男生是这样描述的："我看见老师从口袋里掏出一盒火柴，点燃了酒精灯……"这位老师打断他，说："你能不能说得生动一些？"这位男同学改说道："我看见老师从口袋里掏出一盒火柴，拿出一根，'刺啦'一声划着了火柴……"老师立即表扬道："很好，你用上了咱们学过的拟声词。你还能不能再生动一点？"这个男生思考了一下说："我看见老师从口袋里掏出一盒火柴，拿出一根，'刺啦'一声划着了火柴，火柴的光亮像太阳的光芒一样照亮了整个屋子！"老师再次表扬："这位同学的想象力多么丰富呀！用了一个具有诗意的比喻。你们也要生动地描述你们的所见。""记一次神奇的实验"是写实的记叙文，它首先要求的应该是内容准确、文从字顺、条理清楚、明晰确切，而不是生动，至于夸张的想象更是不应该的。巧的是，紧接着后面有一位老师上的作文课是"卡通人物"，这类型的作文显然首要的任务是激发学生的想象，编写自

己的故事，但是整节课学生也没有意识到可以塑造自己的卡通人物。课后，当我问几个同学"你能不能把自己的橡皮和铅笔变成卡通人物"的时候，学生连连摇头。

那么这个问题如何解决呢？第一，我们在教学中要有意识地、明确地、严格地将实用文写作与文学性写作区分开来。文学性写作的本质特点是托物言志，带有强烈的主观色彩，讲究的是作者情感的真实，比如"感时花溅泪"，花怎么能落泪呢？但是这就是杜甫心情的真实写照。写实用文，就不能这么写，实用文讲究的是客观的真实，不能夸张、变形。第二，实用文的写作，尤其要突出读者意识。交际信息的交流和传递，讲究的是信息的准确、快速、接受与反馈，读者对象的确定对信息的传递具有良好的裁剪作用。比如，上面的"记一次神奇的实验"，如果要求学生将这个事情回家后转述给父母听，学生就得考虑：按照什么顺序介绍才能更清楚呢？哪些地方父母不太明白，要详细地说说？哪些地方是父母比较明白的，可以简略提一下？比如，划着火柴点燃酒精灯，这是常识，根本没有必要详细叙述。但是老师拿了多粗的试管，烧的哪个部位，水烧开了没有，这显然是父母关心的问题，也是实验的核心、关键，因而要详细去描述。第三，实用文的写作因为具有交际性，尤其要注意真实情境的设置和真实任务的设计。真实交际都是在一定情境中进行的，真实任务的设置，会激发学生交流和表达的欲望。还是拿那个实验的例子来说，因为是"向父母描述"，学生有了具体的、真实的任务，就有了真实的表达需求。而反观我们学校通常的作文，都是给定一个命题，让学生自说自话，或者说给老师这个虚假的"读者"（其实是裁判）听，学生怎么会有兴趣呢？

三、写作能力的培养是一个综合性的问题

张志公先生反对将写作问题单独看待，细究他的观点，主要包括以下三点：

第一，写作跟阅读同样重要。

在传统的观念里面，可以说是"得写作者得天下"。他在《关于精讲及其他》一文中对这种观点提出了质疑，"在语文教学中，培养写的能力是目的，培养读的能力也是目的。……读与写，无疑有着密切的关系，两者互相影响，互相促进，但毕竟不是一回事"。并且还专门花了大量的篇幅来论述读的作用。他指出，从生活应用的范围来说，读远比写要广阔。阅读可以帮助人们吸收思想营养、精神营养、社会和自然常识以丰富生活，而写的范围就要窄得多了。

第二，阅读是写作的基础。

虽然两者同等重要，但是从相互促进的角度来看，阅读对写作具有促进作用。首先，阅读积累会优化写作的表达，"朗读得多了，时间久了，优秀作品中经过加工锤炼的语言会跟自己的口头语言沟通起来，丰富自己的口头语言，提高口头表达能力，养成良好的表达能力，这些，必然会在自己的书面语言——写作中反映出来"。其次，阅读所得的方法，能够提升学生的写作能力。"具体分析作品的语言艺术，并且教给学生学习运用那些修辞方法。作品的结构、组织、条理、层次、内在的逻辑性，等等，应该使学生充分理解，并且能够在自己的习作中注意到这些方面。"当然，写作也对阅读具有反作用力。张志公先生这个观点似乎是老生常谈，但是在这里我还是要强调一下，因为我们在实践中，根本还没有做好这一点，那就是仔细研究阅读，促进写作。比如《早》（苏教版五年级语文下册）这一课，其最为精彩的段落当数第三自然段，作者在表达顺序的安排上颇具匠心：书屋的整体布局按照"西—南—东—北"的顺序来介绍，每个方位陈设的介绍则按照"从中央到四周""从上到下"的顺序来写，两者如经纬交织，有条不紊。五年级的学生，表达和交流上最常见的问题就是思路不清，缺乏层次和顺序的安排。这篇文章在此方面可以说是一个范本。可惜的是，很多教师并没有解读到这一点，而是将着力点放到了对鲁迅品质的学习上。

第三，写作水平的提高，要靠多方面的配合。

有的教师认为，写作就是技法的提升，或者多写多练就可以了。张志公先生指出，这种认识是不对的。语文教育是一个整体，听、说、读、写四项是不可分的。读什么，怎么读，这个会影响写作；知识积累增加、思维发展、能力提高，才能提升写作水平。这个前面已经提到，此处不再赘言。难能可贵的是，他指出，写作能力的发展，与各科教学及环境都有关。"各科教学对于学生写作能力的发展，有非常重大的影响。各科教学都向学生进行思想教育，同时充实学生的科学知识，培养学生的认识能力和思维能力，丰富学生的词汇，发展学生的语言"，"社会影响是另一个值得重视的问题"。

张志公先生的这种思想提示我们，写作教学不仅仅是写作教学的问题，语文教学的问题也不仅仅是语文学科的问题，学校的各个学科都要相互配合，而不是分裂；学校跟家庭、社会也要相互配合，而不是分裂。知识的学习是为了让我们更好地去理解、认识和适应这个世界，但是目前的学校教育，还没有出校门，却让我们已经有了偏见、无知和盲目，这不能不引起我们的深思。

当代著名哲学家张世英在《哲学导论》中说："后人比前人更能理解前人。"我们今天重温张志公先生的写作应用观，虽然不能说我们在写作教学的认识上超越了他，但是在理解"应用"的意义上，我们敢说我们应该是更前进了一步。

教之道 贵以专

张敬义

张志公先生是我国著名的语言学家，也是我国著名的语文教育家。他十分重视对传统语文教育经验的总结和借鉴，从大量的蒙学教材中总结出识字与写字教学的精华，著有《传统语文教育初探》《传统语文教育教材论》等著作。如果用最简约的语言概括他的低年级识字与写字教学观，那就是"教之道，贵以专"。

一、教之道

在基础教育阶段，语文教育是最基本的，或者说是教育的第一个层次。识字是阅读和写作的基础，是培养语文综合素养的前提和保障，是学习和掌握科学文化知识的必要手段。汉字是语文之基。如何做好语文教育的基础工程？张志公先生有诸多论述，见微识远，引发了我的一些思考。

（一）低年级为什么要安排集中识字？集中识多少字为宜？

首先，要明晰什么是集中识字。张先生曾说，传统集中识字的主要教材是"三百千"（《三字经》《百家姓》《千字文》）。他评价道："这三种书合起来，就所收的字和所涉及的内容来看，确如吕新吾所说，既比较地合于'日用'，也多少能使儿童增长些'见闻'，还相当地能教给儿童一点'义理'。"按照张志公先生的说法，可以有两种理解：一是说小学一、二年级集中力量识字，多识一些字；二是说在一、二年级，每册课本都采用先集中识一批字，再读一批课文，再集中识一批字，再读一批课文的方法。随着语文教材建设的发展，各种版本的教材创造了许多令人耳目一新的集中识字新课型。比如，统编版一年级上册教材安排了两个专门的集中识字单元。识字形式吸收了传统蒙学经验，没有离开"象形"和"依类"这两条基本原理，关注基本字、高频字、生活用字、儿童用语等。其识字形式可谓丰富多彩，图形、文字、诗歌等，多线并行，便教利学。

其次，要理解为什么要安排集中识字。文字是记录语言的符号，不识字就不能理解书面语言，就不能达到吸收知识、接受文化的目的。低年级之所以安排集中识字，是因为如果识字太少，读书、习作必将遇到很大困难。所以说，要教学生能读书、会习作，必先让学生认识足够量的汉字。对此，张先生在《传统语文教育初探》中阐述道："汉字不是拼音文字。学习汉语汉文，不能像欧美的儿童那样，学会了二三十个字母以后，可以一边识字，一边很快就能成句地乃至成段地阅读的。学汉字，必须一个一个地认，一个一个地记；在认识一定数量的汉字之前，是无法整句整段地阅读的。不阅读，不跟语言实际联系起来，识字的效果又会受到影响，难于致用，难于巩固。这是个矛盾。前人采取了集中识字的办法来解决这个矛盾。"由此可见，集中识字对低年级学生来说是十分必要的。

最后，要考量集中识多少字为宜。张志公先生在《传统语文教育初探》一书开篇就说："识字教育是传统语文教育的一个重点。在这个方面，前人用的工夫特别大，积累的经验也比较多。很突出的一个做法是在儿童入学前后用比较短的一段时间（一年左右）集中地教儿童认识一批字——两千左右。"此外，有关专家研究表明："当学习者掌握了 560 个最常用的汉字时，就可以阅读一般书刊的 80% 的内容；掌握了 1367 个汉字，就可以阅读一般书刊的 95% 的内容；掌握了 2400 个汉字，就可以阅读一般书刊的 99% 的内容。一般人识得 3000 字，阅报，看小说都没有问题。"另外，义务教育语文课标对低年级的识字与写字教学的要求是："认识常用汉字 1600 个左右，其中 800 个左右会写。"张先生认为："太少，不够用；太多，儿童记不住，而且旷日持久，也会挫伤儿童的学习积极性。"综上所述，低年级学生集中认识 2000 字左右是比较适宜的。

（二）传统的识字教学为什么只要求学生会认、会读，能背诵？

传统的识字教学"要求儿童认得一个一个字的模样，能念能背，并不要求句句会讲，教的时候，大致是略微讲解一下，孩子们懂多少算多少"。为什么这样要求呢？

"有它的道理，就是在开始识字的最初阶段相当困难，如果要求认一个就全面掌握一个，做到会认、会读、会讲、会用、会写，那样进度就会很慢。可是不认识相当数量的字，无法读书。而语文教育以至整个的教育又需要尽早接触读物，以便通过书面丰富他们的语言，增长他们的知识，提高他们的思想。"张先生进一步指出："事物是充满矛盾的，要善于抓住主要矛盾。抓住了主要方面，对于其他方面就要'善于将就'，不能面面俱到，样样求全。实际上这并不是'将就'，事情就应该这样处理。"

是的，识字是小学低年级语文教学的重点。可是目前小学低年级的识字课堂并不尽如人意。每教一字，不光要会读，还要分析字形，能说出字的意思，组词，造句……可谓任务繁多，喧宾夺主，识字受到了干扰，严重地影响了识字教学的质量。识字量决定了阅读量，阅读量决定了智力发展的水平。张先生的以上论述切中肯綮。

（三）写字教学为什么要由简到繁、由易到难？

写字是小学生应具备的一项重要的语文基本功，写字教学是小学语文教学的重要组成部分。如何指导学生写好字呢？

"会写一个字比识同一个字要难。因为写字属于动作技能，还要牵涉到肌肉、骨骼及相应的神经系统的运动。假如一定要求儿童识一个字要做到五会（会认、会读、会讲、会写、会用），实际上就会使写字拉识字的后腿。"此外，写字训练还有一定的序列，"字由简到繁，由易到难，方法是由有依傍（即描红、影写、临摹）到无依傍"。

张先生的这段阐述意思很明确，学生识字负担重，不是重在识字上，而是重在写字上。要求写的字，大多应是字形简单、构字能力或构词能力强的独体字，也可适当选择特别常用的合体字，大体按照由易到难、由简到繁、由独体到合体的顺序练写。

二、贵以专

我们知道，"专"就是抓住重点，抓住主要矛盾。凡事目标明确、精力集中才能办好。

（一）如何进行集中识字教学？

张志公先生曾引用清人王筠的话告诉我们："蒙养之时，识字为先，不必遽读书。先取象形、指事之纯体教之。识'日''月'字，即以天上日、月告知；识'上''下'字，即以在上在下之物告知，乃为切实。纯体既识，乃教以合体字。又须先易讲者，而后及难讲者。"同时又指出："以韵成文，容易构成简短整齐的句子，容易押韵……这样的启蒙教材使孩子们感到朗朗上口，便于朗读，易于背诵，不觉得多么难得可怕……并且从小在不知不觉中受到一些语言美、声音美的感染熏陶。"这两段论述，看似前后矛盾，实是辩证统一的，是对集中识字教学法的真知灼见。其至少给我们三点启示：

第一，蒙养之时，适合集中识字，不需要急急忙忙读大段大段的文字。如果要读，读读简单的韵文为最佳。以统编版一年级语文上册第2课《金木水火土》为例："一二三四五，金木水火土。天地分上下，日月照今古。"从声音上说，和谐顺畅，读来上口，听来悦耳；从内容上说，容易联想，容易记忆。教学自然要"读"占鳌头，寓识于读，让学生一次次地在朗朗上口的韵文中与生字宝宝见面，认识它们，积累语言材料，为以后的读文奠基。

第二，象形字教学适宜以形现义，以物告知，"图"说汉字。儿童认识事物多从具体的形象开始。教学中增强识字教学的直观性、形象性，有利于激发学生识字的兴趣。比如，第4课《日月水火》属于象形字归类识字，以"日月水火，山石田禾"为学习内容，并配以形象的图画，揭示了象形字观物取象、以象示意的特点。图片与汉字对照，便于学生理解字义，识记字形，初步了解象形字的造字方法，感受古人造字的智慧。

第三，会意字教学要依照理据性和趣味性相结合的原则进行。这完全符合张先生"又须先易讲者，而后及难讲者"的教学要求。这是为何？因为儿童的认知能力有限，所以必须循序渐进，由易到难，寓教于乐。比如，教学第9课《日月明》："日月明，田力男。小大尖，小土尘。二人从，三人众……"可以利用做游戏的方式激发学生学习的积极性。教师发给学生带有本课生字部件的卡片，由教师发出游戏指令——部件找朋友，如拿到带有"日"和"月"部件的学生就可以将两个部件拼合在一起组成"明"字，拿到"小"和"土"部件的学生可以组成"尘"字……这样学习，学生会觉得其乐无穷。再如，教学"从"字，可以让两个学生表演一个人跟着一个人走，利用动作表演，让学生理解会意字的意义。著名心理学家皮亚杰指出："所有智力方面的工作都依赖于兴趣。"因此，"兴趣"培植应成为儿童识字的不变追求。

几千年识字史，教法繁多，呈现"百花齐放"的态势。我们应当兼收并蓄、博采众长，充分挖掘教材优势，顺应儿童认知规律，突出汉字特点进行识字教学。

（二）如何进行写字教学？

张先生告诉我们："写认得的字，因为学过它，大体知道它的意思和偏旁形体，写起来容易些，进而又可以加深和巩固对它的认识。如果认字和写字互不相谋，就收不到这个效果。"同时又指出："如果肯定了集中识字，肯定了学写字应该从基本笔画入手，并且大致按照汉字的构造规律逐步地练，那么，写字和认字的步调不完全一致，恐怕是难于避免的。"这两段论述是符合写字教学实情的，对指导写字教学是十分有指导意义的。

现代人十分聪明，编写教材大都遵循识写分流、多识少写的编排原则，科学安排识字写字序列。要求写的字，大多是字形简单、构字能力或构词能力强的独体字，也适当选择特别常用的合体字，大体按照由易到难、由简到繁、由独体到合体的顺序编排。那么如何进行写字教

145

学呢?

第一，要做好写字的准备工作。培养良好的写字习惯比写字本身更为重要。一年级是练字入门最佳期，一旦错过，若形成不良的书写习惯，就要花很长的时间来纠正。从写字教学的整个程序来说，首先要做好写字的准备工作，如正确的写字姿势和执笔方法等。然后结合识字教学，认识笔画名称、笔顺规则及田字格等。

第二，练习写好基本笔画。"古人教孩子们写那似通不通的'上大人，孔乙己……'干什么？那是在练习基本的笔画，基本部件，基本结构，为写复杂的字练基本功做准备呢！"练习笔画，主要解决用笔方法问题，目的是生产合格的"零件"。指导学生书写每一个笔画都要有下笔（略重）、行笔（轻一些，线条或直或弧或弯）、收笔（或顿笔或轻提出尖）三个步骤，不能平拖或平划。笔画书写得好与坏，直接影响到字的结构效果。

第三，练习写好字的结构。练习结构，主要是解决笔画和部首之间的组合方式问题，目的是学会结构方法，掌握结构规律。教师要抓住有代表性的关键字，重点指导，反复练写，以收到事半功倍的效果。对于低年级的学生来说，字要写得端正；随着年级的升高，字还要写得匀称、紧凑、饱满。

第四，认真练习临写。"由有依傍（即描红、影写、临摹）到无依傍"，练习写字要一看、二描、三临写，这三个过程是练习写字的一般步骤。临写是练习写字的必经阶段，作为一种技能必须经过有目的、有意识的练习才能形成。应汲取传统习字经验，以描红、影写、临摹等形式安排习字训练。

总之，低年级写字练习，首先要重视良好书写习惯的培养，并且要一以贯之；其次要认真进行笔画练习，使笔画熟练；最后逐步把基本字中的独体字写好，进而写好合体字，把字写工整，并力求美观。

教之道，贵以专。我们应谨记！

■ 霍懋征：“文道统一”的践行者

　　霍懋征（1921—2010），出生于山东省济南市教师之家，1943年毕业于北京师范大学数理系。毕业后留任北京师范大学第二附属小学（今北京第二实验小学）工作，担任语文、数学教学兼班主任工作。由于工作努力，成绩突出，1956年被评为全国首批特级教师。她是我国当代著名教育家，是“爱的教育”的倡导者和实践者，是我国高学历人才从事小学教育的先行者。从教60多年，她为国家培养了大批优秀人才，为我国的教育事业做出了卓越贡献。

霍懋征语文教育思想及实践探索述评

易　进

　　霍懋征老师是新中国第一批小学语文特级教师。她于1943年毕业于北京师范大学数理系，由此开启了小学教师的职业生涯，承担过小学多门科目的教学工作。她一直坚持在一线工作，潜心钻研，积极投身教学改革。她在多年实践和反思的基础上，总结了许多行之有效的教学经验，为语文课程教学理论的丰富和发展做出了突出贡献。时代在不断变迁，语文课程目标、教学理念、教材选文等也在不断变化，但霍老师等老一辈优秀教师的许多教学经验是经过实践检验、符合语文学科教学规律的，对于当下落实立德树人目标、培育学生核心素养、指导学生学习语言文字运用等，可以提供很多借鉴。

一、坚持文道统一

　　霍懋征老师在20世纪70年代末明确提出语文教育要坚持文道统一。在1979年的一次教学示范活动中，霍老师通过《毛岸英在狱中》一课展示了她对文道统一的理解，即语文教学不仅要指导学生学习基础知识和基本技能，而且要对学生进行政治思想品德教育；并且，思想教育要从具体课文的实际出发，结合文中具体内容来引导。在这节课上，霍老师抓住文中的关键句"岸英亲眼看到妈妈多次被敌人打得皮开肉绽"，以关键词"多次"为切入点，引导学生体会毛岸英当时的思想感情；再结合"多次"有感情地朗读课文，使学生最终体会到母亲的言传身教对年仅8岁的毛岸英的深刻影响，明白了是母亲的英勇表现使毛岸英形成了战胜敌人的勇气和智慧。学生不再用"实现共产主义""解放全人类"等套话来解释毛岸英战胜敌人的原因。

　　1980年7月，霍懋征老师在全国小学语文教学专业委员会成立大会上以"语言形式是为思想内容服务的"为题发言。她强调，我们要培养的是德智体全面发展的学生，政治思想品德教育是语文教学中的重要任务，语文教学必须要坚持育人为本，培养学生爱祖国、爱集体、爱人民的品质。同时，要进行思想教育一定要从学习材料的实际出发。

（一）语文教学有明确的情感态度、价值观目标

至于文道统一的具体做法，首先要根据课文的实际情况，确立具体的思想教育目标。在霍老师的经典教学案例里，我们都能在"教学目的和要求"一栏看到至少一条与课文内容相对应的情感态度、价值观维度的目标。例如，《月光曲》的教学要使学生了解贝多芬谱写《月光曲》的传说，认识到贝多芬是一位同情劳动人民的伟大音乐家；引导学生通过有感情地朗读，深入理解课文，体会课文的语言美和音乐美，从而受到美的教育。《李时珍》的教学要使学生了解李时珍是我国古代伟大的医学家和药物学家，他经过长期的反复实践和刻苦钻研，编写了《本草纲目》；引导学生学习李时珍刻苦钻研、认真实践的精神，从小爱科学、学科学。《冬晚》的教学要使学生了解旧社会像小车夫这样自食其力的劳动者所具有的不接受别人施舍的高贵品质，明白在旧社会对劳动人民的同情、施舍是不能使他们彻底摆脱贫困生活和痛苦处境的。《林海》的教学要使学生感受到大兴安岭美丽的景色是那样可爱，认识到大兴安岭的林海与祖国社会主义建设事业的密切关系，激发学生热爱祖国的思想感情。这些教学目标表明，语文教学中的思想道德教育不是"贴标签"式的说教，而是教师带领学生透过文本的语言文字感悟文本主题，体会文中人物或作者的思想境界和人生选择，进而在情感和思想上受到感染，逐渐接受和认同真善美，拒绝和反对假丑恶。

（二）文章理解与情感态度、价值观教育相结合

文道统一教学目标的达成是有一定难度的，尤其在霍老师任教的时代，小学语文教材中不少选文在题材和思想情感方面与小学生的生活经历有一定的差距，不少教师认为这些课文难学难教。霍懋征老师常常会抓住学生理解起来可能有难度的地方，通过自己的情感来激发学生的情

感体验，影响他们的思想认识。她在备课时会反复阅读课文，努力感受文中细节所表达的情绪情感，进而在课堂上把自己的感悟通过范读或讲解传递给学生，使学生受到感染。

例如，在教《一个苹果》一课时，在学生了解课文讲了志愿军叔叔分吃苹果的故事之后，霍老师饱含深情地向学生介绍文中故事发生的背景。谈及战士们一心想着战斗，一心想着战友，心中唯独没有自己时，霍老师眼里闪烁着晶莹的泪花。学生被老师的话语和情绪所感染，内心受到深深的触动。

霍老师十分重视范读，注意通过不同的语速、停顿、重音、语气表现课文所表达的情感，从而使学生受到感染。在她的课堂上，无论是学生还是听课的老师，都曾在悲的地方潸然泪下，喜的地方开怀大笑；在乐的地方忍俊不禁，怒的地方义愤填膺；在美的地方心向往之，丑的地方厌恶嫌弃。她的一个学生在题为"潺潺的溪水"一文中这样写道：

"有一天，她（霍老师）读王愿坚的《亲人》。当读到将军满怀赤子之情，想让那位失去了儿子的盲老人相信自己就是他的亲儿子时，老师哽咽了，半天没能读出下面的字句。她的充满激情的滴滴泪水，犹如甘露，深深地渗入了我的心底。"

此外，霍懋征老师会针对学生的阅读困惑，围绕课文的关键部分，精心设计提问和学习提示，引发学生联系上下文，对课文的思想内容进行深入思考，进而理解并接受积极的人生观和价值观。

例如，在《别了，我爱的中国》这篇课文里，"别了，我爱的中国，我全心爱着的中国！"这句话出现了三次。有学生质疑，句子出现三次是不是重复了，有些多余。霍老师提示学生反复朗读课文，从主人公"我"的角度去体会。学生通过自己的朗读，逐步意识到，这句话第一次出现在"我"即将乘船离开，是在向亲友、向祖国告别；第二次出现是"我"在途中目睹帝国主义的军舰停在祖国的内海，留恋与愤恨交织；第三次出现是在大海上，"我"不忍做"不负责任地离开"的罪人，发誓要"求得更好的经验，求得更好的战斗的武器"，回国后"以更勇猛的力量"为"我爱的中国"而战斗。三句话，人物情绪从惜别、留恋到内疚和决心。学生说："课文三次出现'别了，我爱的中国'，不是重复，而是表达作者对祖国的爱一次比一次深。"再如，在《手术台就是阵地》一课中，最后一个自然段是："齐会战斗进行了三天三夜，胜利结束了。白求恩大夫在手术台旁，连续工作了六十九个小时。"霍老师请学生想想"三天三夜"和"六十九个小时"差几个小时。学生很快算出只差三个小时，说明白求恩一直战斗在手术台旁。接着，霍老师请学生联系上文的环境描写，想象这六十九个小时对于伤员、对于部队分别意味着什么，白求恩又是在怎样的环境下、以怎样的状态在工作。学生纷纷说出，这是伤员获得新生、重返前线杀敌、摆脱死亡的六十九个小时，是部队保证胜利的六十九个小时；而白求恩就是在伤员陆续被抬来、小庙被烟雾淹没、敌机在上空盘旋、炮弹不断在周围爆炸的环境中，昼夜不停、临危不惧、将生死置之度外、对战士充满爱心地工作了六十九个小时。最后，学生谈到，在他们心中，白求恩是一个高尚、对工作极端负责、对革命工作极端忠诚、对同志极端热忱、毫不利己专门利人的人。一连串的提问，层层推进，把学生带到课文所描绘的情境中，不仅巩固了学生对课文内容的理解和记忆，而且激活了许多与课文相关的词汇、联想、情感，丰富了学生对人物形象及其精神品质的体会。

二、强调方法指导

霍懋征老师早在 20 世纪五六十年代就意识到，忽略学习方法的传授会制约学生进步。她认为，教师的职责是带着学生走向知识，而不是带着知识走向学生。教师不是把知识像流水一样灌给学生，而是要教会学生取"水"之道。

（一）语文学习一般方法的指导

就语文学习而言，学好语文的方法固然很多，人们可以在实践中不断摸索、创造。但总有一些是学生需要遵循的共通的东西。霍老师将语文学习的一般方法归纳为多读、多听、多思、多问、多练，以及课前预习好、课上理解好、课后复习好，简称"五多三好"。她在日常教学中通过对学习行为和过程的明确要求引导学生尝试、体验、巩固这些学习方法。

"多读"指广泛阅读各方面的文章，并对重点文章进行熟读，是我国传统语文教学行之有效的方法。多读能帮助学生理解文章的内容，积累词汇，逐步掌握遣词造句、谋篇布局的一些特点和规律，在潜移默化中培养学生良好的语言习惯。读得越多，知识就越丰富，思路就越开阔，理解、表达起来就越运用自如。

"多听"不仅指在课堂上听老师讲解、同学回答，而且包括在课外听广播、电视、电影中的语言。会听表现为在平时对话中识别哪些语言不正确，哪些语言正确，矫正自己的错误语言，提高自己的语言水平。

"多思"表现为边读边想、边听边想、边看边想，具有善于思考的习惯。例如，在阅读时，评判文章的哪些地方写得好，作者是怎样表达某个意思的，类似的意思还可以怎样表达，等等。

"多问"需要独立思考，明确经过努力自己仍然解决不了的问题。这样的问题一定要问师长、问同学、问字典、问书本，养成勤学好问的好习惯。霍老师主张鼓励学生大胆提问，养成爱提问的习惯，然后再指导学生经过思考后提出有价值的问题。

"多练"指多进行听说读写的实践。练习内容可以是字、词、句、段、篇、标点，活动形式可以是分析、综合、模仿、创造等。练习要从每个学生的实际出发，扎扎实实地打好基础。一方面针对薄弱环节下苦功夫多练，另一方面通过练习要把规律性的知识转化为技能。如叙述一件事情，一定要说清楚何时、何地、何人、起因、经过、结果。

"课前预习好"是要为上课做好充分的准备。每次上课之前，霍老师都会对学生提出预习要求。中高年级阅读教学一般要求学生通读文章，通过查字典、词典解决生字新词问题。然后边读边想，了解课文的大致内容，提出自己难以理解的地方。这样，学生可以带着问题进入课堂，从而提高听课的效率。

"课上理解好"主要表现为专心听讲、按老师的要求积极思考。教师要让学生明白，课堂上讲授的是根据教学计划精心准备的内容，如果课堂上没有注意听和理解，课后再补会很困难，甚至会影响今后相当长一段时间的学习。

"课后复习好"表现为及时、经常地回顾。除了按时完成老师布置的作业以外，还要自觉地温习已学过的知识。复习要注意把新旧知识有机地联系起来，从中悟出一些规律性的东西，然后进一步用规律性的知识把前后各方面内容串起来。

（二）读写方法的指导

除了一般性的学习方法外，霍老师也很注重在教学中指导学生学习具体的阅读方法、写作方法、观察方法等。在写作方面，霍老师认为，教学生写作有一个从扶着走到独立走的过程。让学生模仿就是扶他们走路，在扶着走的时候，教师要用各种形式引导学生一步一步地往前走。小学语文教材中选编的都是很好的文章，有的课文的写作技巧、布局谋篇、遣词造句、标点符号的使用都恰到好处，很值得初学作文的小学生学习。霍老师常常结合课文的学习提出练笔要求，对学生进行写作方法的指导。例如，结合《落花生》学习选材，从生活中选取一个小东西写成有意思的文章；模仿《陶罐和铁罐》，尝试用拟人的方式写"（开得晚的）菊花和（开得早的）红花"的故事。

相对而言，霍老师对学生进行的阅读方法指导比较多，包括分析文题的方法、质疑的方法、按照事件基本线索把握文章主要内容的方法，等等。

不少文章的题目揭示了文章的中心，霍老师会抓住这些文章的特点，指导学生由题目展开猜想，并对阅读做出计划；同时，在阅读文章的过程中也经常回顾题目，尝试将文中的一些细节与题目关联起来。通过对题目的分析，再结合课前预习，学生就能较好地掌握课文的中心和重点，为深入理解文章的中心内容做铺垫。这样的指导实际也是在教给学生一种阅读策略，即根据文章标题对文章内容进行预测，下一步还可以根据预测制订阅读计划，比如对可能是重点的部分进行细读，对其他部分可以略读。

　　霍老师认为，鼓励学生质疑问难应贯穿教学的整个过程，这样才能培养学生的独立阅读能力。她在教学中指导学生从不同的角度对课文提出质疑，有时针对课题，有时针对某个段落，有时在全篇课文读完之后。她对学生提出的问题总是表现出肯定和接纳的态度，即便学生提出的问题脱离文本主旨，她也不会表示否定，而是赞赏学生的努力尝试，告诉学生把问题留待课下解决。她会对学生的提问方式进行指导，抓住学生提出的好问题组织全班同学思考和讨论。这些问题有的与文章的重点部分或内容主旨有关，有的是学生联系以往学过的知识对文章提出的质疑。霍老师会告诉学生哪些问题提得好，解释这些问题好在何处，并请学生分享他们是怎么想到这个问题的。

　　针对当时小学课文多是记叙文的实际情况，霍老师以课文为例，告诉学生，一般的记叙文差不多都有事情的发生、发展、高潮、结束，在阅读这类文章时可以按照这样的思路去读，写的时候也可以按照这样的思路去写。有时候，一篇文章可能写几件事，其中一件事也可能有完整的情节。例如，在《草地夜行》一课中，霍老师根据学生回答，在黑板上逐步完善板书，列出文本的基本线索，再请几个同学借助板书说出文章的主要内容。霍老师随后总结道：故事从小红军掉队开始，这是故事的起因；老红军帮助赶路是故事的发展；最后小红军赶上了队伍，这是故事的结束。这是一个完整的故事情节。这之后，霍老师又带领学生回顾课文的第二部分，借助幻灯片提示学生，这个中心段也是一个完整的情节，叙述的是老红军如何帮助小红军赶路。起因是老红军出现，发展是老红军背着小红军前进，高潮是老红军光荣牺牲，结束是小红军万分悲痛。最后，霍老师指出这篇课文代表着一类课文，读文章从审题开始，先试着找到文章的主要内容，厘清事件的起因、发展、高潮、结束；再根据主要内容找到文章的中心部分，同样按照事情的起因、发展、高潮、结束的顺序把事情说清楚。

三、注重统筹规划

霍懋征老师认为，教师要遵循教学规律，采用适当的方法合理组织教学，提高课堂教学质量，这样才能真正减轻学生的负担。她提出，语文教学除了结合课文内容进行思想道德教育和思维训练外，还要围绕学生的全面发展对语文课堂和课后活动进行通盘考虑。她以促进学生学习为目标，积极探索提高教学有效性的途径和方法，就讲练结合、组合阅读、课内外整合等形成了很多有益的经验。

（一）讲练结合

霍老师认为，在传统教学中，教师往往有一种片面的认识，认为讲得越多越好，似乎只要讲得多，学生才能学得多。然而事实并不是这样，学生的学习需要一步一个脚印打下扎实的基础，不可能一口气吃成大胖子。想在一节课内让学生能够掌握所涉及的所有知识，那是不可能的。想要提高教学的质量和效果，就必须在精讲和多练上下功夫。

精讲不是讲得越细越好，也不是简单地少讲，更不是只读不讲。教师要根据教学目的的要求，结合教材和学生的实际，找出重点、难点，讲文章的精华，讲规律性的东西，讲学生不懂但又必须掌握的难点。要讲得准确、精练，特别是要善于在关键处启发、点拨学生的思维。

多练是因为学生只有经过大量练习才能形成熟练的技能和技巧。课堂练习的方法多种多样，但霍老师指出，无论什么方法，都应该遵循四条原则：一是从学生的实际出发，根据教学要求实事求是地展开练习，不搞形式主义；二是要特别注意把有规律的知识转化为学生的技能；三是启发学生尽可能联系新旧知识，将其结合起来；四是照顾到全班同学的差异。

霍老师主张及实践的课堂练习形式有很多。第一是以类似内容引导学生练习。当课文之中出现相似段落时，霍老师仅仅教授一到两段，剩下的留给学生自己阅读思考。学生可以模仿老师教授的方法，自己对文本进行概括总结。第二是结合课文的阅读理解，穿插进行字词句和口语表达练习，如回答问题时把话说清楚、结合课文练习对话等。第三是在学生力所能及时，教师不要讲出所有的教学内容，而是引导学生自己说，帮助学生自己分析。第四是通过小组活动展开练习，让学生有更多的表达机会，锻炼口语表达；相互评价、互相学习，锻炼合作能力。第五是提供其他阅读材料，让学生迁移运用新学到的阅读方法或者朗读技巧等。第六是安排巩固性训练，及时复习所学知识和技能；或者安排创造性练习，如看图说话、口头作文等。

部分教师常常感到课堂时间不够用，找不出时间给学生练习。对此，霍老师认为这是因为教师把"讲"和"练"割裂开来了，认为"讲"是教师的工作，而"练"只是学生的任务，教学任务最终完成与否，全由教师的"讲"来决定。其实，在语文教学过程中，"教师讲"和"学生练"是统一的，是同一个活动的两个方面而已。两者的共同目标都是让学生掌握语文知识和技能，培养语文素养。"培养学生语文能力，既是讲和练共同的出发点和归宿，也是教师和学生在统一的教学过程中的共同任务。"

（二）组合阅读

为了更好地提高教学效率，霍老师曾尝试将多篇课文组合起来进行教学。她深入研读各年级语文教材里的课文，分析各篇课文可以承载的教学内容，再根据实际教学需要，对课文进行重组，同时适当补充来自课外的阅读文本材料。她把相同类型的文章组成一个单元，重点教一两篇，突出其基本规律，以带动学生学习其他几篇，促进学生形成举一反三的能力。

比如，在三年级的教学中，她把古今中外相关的寓言组成一组，重点分析寓言的词语、了解寓言的因果关系，最后揭示寓意。学生掌握学习寓言的方法后，再读其他的寓言作品。这样不仅增加了学生的阅读量，开阔了学生的视野，而且使他们掌握了寓言作品的特点，提高了他们理解寓言的能力。

有的时候，她会为了配合某一阶段思想教育的需要，在不打乱整个学期教学计划的前提下，对教材课文进行重新安排。例如，四年级下学期，围绕贯彻《小学生守则》培养良好学习态度这一目标，霍老师将《珍贵的教科书》《董老学习的故事》《马克思的好学精神》《纪昌学射》

《泉子学文化》五篇课文组合起来，补充王冕学画及古人囊萤映雪等刻苦学习的故事，既教语文基础知识，进行基本技能的训练，又启发学生明确学习目的，端正学习态度，掌握学习方法，培养刻苦学习的良好习惯。

霍老师曾经在三年级第一学期带领学生读了95篇课文，在四年级第二学期用七周时间指导学生学完了教材里的全部课文，随后补充阅读了42篇文章。这些课文的学习都采用讲练结合的方式，练习主要在课堂上开展，因此，学生的负担没有随着课文数量的增加而加重，基本上做到了堂堂消化、课课吸收。

（三）课内外整合

霍老师认为，课堂教学的时间以及教材囊括的课程内容非常有限，但课外活动的潜力却可以无限拓展，能够为学生提供许多在课堂中无法接触和学习到的宝贵知识和经验；而且语文源于生活，应最终回归生活，实现"生活语文化，语文生活化"。她非常重视课内学习与课外拓展的有机结合。课内主要指导学生精读范文，教会他们怎样读书，掌握读书的方法，同时对学生的课外阅读进行引导。

在课外阅读方面，霍老师经常结合所学课文给学生介绍整本书，建议他们课后去读，如学习《我要读书》这一课，就介绍《高玉宝》一书；学习《卖火柴的小女孩》一课，就介绍《安徒生童话选》一书；学习《小英雄雨来（节选）》一课，就介绍《小英雄雨来》一书。有时候，霍老师通过讲故事的形式把书介绍给学生。讲到最精彩、最能吸引学生兴趣的地方，突然刹住，不讲了，让学生自己去读。每逢节假日，霍老师就提前准备一些书，推荐给学生，并鼓励学生摘录好词、好句，写读书笔记。等学生返校后，霍老师请学生展示和交流他们的阅读笔记，并给予表扬，进一步激发学生的读书欲望和热情。

为了让每一个学生都有机会参与有益的活动，满足不同学生的多样化需求，霍老师设计了许多丰富多彩的课外活动小组，如朗诵组、诗歌组、写作组、板报组等。学生可以在各自小组内合作开展专项语文练习，以锻炼其能力。霍老师还结合班会时间举行讲故事比赛，组织诗歌朗诵会、读书心得交流会；每过一段时间召开一次"赞祖国的语言文化"主题班会，组织学生开展"成语接龙""谚语对仗""成语对仗"等活动。

她还按照学校制订的学期计划，定期组织学生开展参观、调查、访问、游览等各种活动。在这些活动中，霍老师会对学生提出明确的学习要求，引导他们观察、思考、练习语言表达。例如，霍老师曾经组织六年级学生进行过一次社会调查。事前，她和班干部一起到公共汽车站、西单商场、街道工厂、学校、药店等处进行联系沟通，安排活动内容。全班分为 5 个小组，分头制订调查计划、实地搜集资料、讨论总结、撰写调查报告。学生走向社会，真实地了解祖国的巨大变化，不仅受到生动的爱国主义教育，而且在交往、表达，听、说、写、画、讲等方面都得到了锻炼和提高。有一位学生写道："国庆 10 周年时，我们自己写词，自己作曲，自己排练歌唱伟大祖国的歌曲。同学间出现了矛盾，发生了打架现象，我们自己开队会处理解决。我们还给二年级小同学当辅导员，给小弟弟、小妹妹们修理桌椅……一位来学习参观的外国专家伸着大拇指夸奖道：'这些孩子能力很强呢！'"

总而言之，霍懋征老师在语文教学方面的摸索、尝试、反思、总结，一直都围绕着一个目标，那就是通过教学促进学生的全面发展。语文教师不仅要学习霍老师的语文教育思想，而且要学习她持续不断学习和开展实践探索的工作状态。无论是在承担学制改革实验任务、被选派参与教学大纲和教科书编写工作的特殊时期，还是在日常教育教学工作中，霍老师都会抓住机会向其他优秀教师及各行各业的专家学者学习；她广泛阅读教育学、心理学等专业领域的相关著作，积极尝试在实践中运用理论、检验理论，进而创造理论。在 60 余年的教育生涯中，霍老师大部分时间从事一线教育教学的实践和研究工作。她曾在教学改革中，为提高教学速度和效率，每教完一课就去学生中了解情况，听取学生的反馈，检验学生的学习成效。她还经常和其他教师，包括其他学科、其他学段的教师交流、研讨，反复琢磨教学设计，合作探讨小学教育教学的特点和基本规律。

霍懋征系统性减负思想的当代启示

鲍国潮

纵观霍懋征老师一生的语文教育实践，她始终把"全面育人，整体发展"作为自己的教育价值观。正因如此，她将学生的健康成长放在第一位，表现在语文教学中，她追求数量要多、速度要快、质量要高、负担要轻的理想教学境界，努力改变少慢差费的落后面貌。在"双减"的大背景下，重温霍老师的语文教改思想，可以为当前的改革提供历史经验与参照，特别是其系统性减负的思想，更具有现实针对性与指导意义。

之所以把霍老师的减负思想称为"系统性减负"，是因为霍老师始终把减负作为育人的重要内涵来看待，有机地渗透于语文教育的全视野和全过程。她认为，减负要正确认识四个关系：充沛的精力与高效的学习之间的关系；教师教与学生学之间的关系；课内与课外之间的关系；调动学生学习积极性、培养学生能力与减轻学生负担之间的关系。可见，其减负思想涵盖了学生的身心、教学的互动、学习的时空、学习的情感等诸多方面因素，确实是系统性的。下面我从四个方面分析其减负思想的内涵。

一、减负的基础：在人文熏陶中培育学习意志

学业负担是学生消极的学习体验，只有当学生在学习过程中体验到愉悦感、成功感的时候，才会产生积极的体验，从而消除"负担感""压迫感"，强化其正向的学习期待，增强学习意志力，为后续的学习奠定良好的基础。霍老师十分注重通过调动学生的学习积极性、加强对学生的人文熏陶，提升学生对语文的喜爱程度，从而激发学生学好语文的兴趣，逐步培育学生的学习意志品质。

（一）改善师生关系，促进意志形成

师生关系决定教育质量。霍老师认为在教学过程中，教师对学生的情感有着直接的感染作用，教师要尊重学生，严格要求，但不能乱发脾气，应亲切地诱导。师生关系好，学生就喜欢上老师的课，学生学语文的兴趣就容易培养。

（二）唤醒成就动机，强化意志形成

在教学中，霍老师注重引导学生多思多练，特别是让学生对于有一定难度的问题想一想，做一做，一旦做成了，学生就有了兴趣，久而久之，学生就会产生成就动机。例如，为了提高写字的正确率，霍老师设计了"错别字病院"，让学生以日常摘录、分析原因、互帮互助、互相竞赛的方式消灭错别字。学生积极性很高，大家都想成为好"医生"，于是错别字很快就减少了。

（三）发挥课程特性，巩固意志形成

语文教材中大量选文生动形象，为儿童所喜爱，霍老师就用语言的生动性与形象性吸引学生。例如《林海》一课，她引导学生从"海"字联想大海，进而让学生想一想：大兴安岭真的像海吗？这就引导学生走进了课文的语言中，体会到了语言的美感。同时，霍老师能根据课文的不同特点，经常变换教法，做到常教常新，如《鸡毛信》故事性强，就引导学生进行复述；《我的战友邱少云》用第一人称来写，就侧重体会人物的心理活动；《别了，我爱的中国》抒情性强，就加强朗读指导。因课文特点而设计教学方式，激发了学生学习语文的积极性。

二、减负的关键：在阅读整合中提升学习能力

减轻学生负担的主阵地在课堂，只有在课堂教学中提升学习质量，让学生的学习经历深度体验，收获高质量的学习过程，减负才抓住了关键处。霍老师从来没有停止过对课堂教学特别是阅读教学的探索，她的"讲讲读读、议议练练、学习为主、注重智能"的教学模式取得了良好的

效果。霍老师的阅读教学，以读为核心，整合多重学习内容和多种学习方式，保证了课堂教学的效率，在减轻学生负担方面发挥了关键作用。

（一）读导结合，提升整体把握能力

读中指导，边读边导，读导结合，从整体上把握课文，有利于学生提高语文学习能力。霍老师的指导，一是导在高处，如教学《我的伯父鲁迅先生》一课时，霍老师针对课题指导学生思考："课题中既然'我'的伯父就是鲁迅先生，为何还要加上'我的伯父'，这不是重复了吗？"这个指导就为学生体会作者对鲁迅先生又敬又爱的情感打下了基础。二是导在难处，如教学《我的战友邱少云》一课时，霍老师引导学生思考："文章写邱少云，为什么不写他的动作、语言和外貌呢？"三是导在深处，如教学《陶罐和铁罐》一课时，霍老师引导学生体会"完整无缺"和"完整无损"之间的区别。

（二）读议结合，提升独立阅读能力

霍老师十分重视学生自己提出问题，她善于让学生通过提问来发展独立阅读的能力。在起步阶段，她让学生大胆提问，在扩量的基础上求质。同时，她不怕学生的提问打乱教学计划，而是悦纳学生的提问，她认为学生提出的问题如有价值，就说明教学计划确需调整。如教学《草船借箭》时有学生提出："诸葛亮为什么敢答应三天造出十万支箭？"在总结课文时，又有学生提出："诸葛亮为什么能有这么高超的智慧？"从这些提问的质量可以看出，学生的独立阅读能力得到了较好的发展。

（三）读练结合，提升阅读迁移能力

当堂练习的效果好于课后练习，霍老师的课堂重视读练结合，及时将阅读教学中训练的能力巩固提升。霍老师的课堂练习形式丰富多变，概括起来有：相似内容模仿练；结合新课穿插练；新学内容巩固练；核心能力经常练；启发学生自主练；小组合作配合练；拓展内容加深练；规律知识创新练；等等。从练习内容来看，有词语练习、朗读练习、说话练习、作文练习。霍老师尤其重视读写结合，她经常组织小练笔，如给个中心句"今天天气真冷",让学生具体描写;给一个简要的提纲,让学生叙述一个故事。这些练习,把阅读教学中培养的能力进行了迁移运用。

三、减负的根本:在思维训练中积累学习经验

语文学习强调积累,积累的语文经验越丰富,语文学习能力与水平就越高。因此,减轻学生学习负担就要丰富学生的语文经验。语文经验丰富了,学生就能学得轻松而有意义。而积累语文经验,就要重视思维训练,只有让学生充分经历思维的过程,他们才能深入语文内容的深处,产生深度学习体验,这才能从根本上推动减负。

(一)重视观察力和想象力,加强思维的基础性

霍老师认为观察能力是思维发展的基础,想象力则是儿童思维的特色,两者都应在小学语文教学中得到重视。在"看图学词""看图学文""看图写话""看图作文"等训练学生观察能力的基础上,霍老师又利用课文作为学习观察的范例,如《找骆驼》《记金华的双龙洞》《火烧云》等,指导学生体会观察的方法、顺序和重点。同时,霍老师又认为想象力是儿童最为宝贵的财富,她很重视情感的熏陶和情境的创设,比如她经常为学生范读,通过声情并茂的朗读,丰富学生的想象与情感。

(二)链接前经验和多文本,培育思维的灵活性

霍老师注重抓住课堂机遇,或向学生补充背景信息,或引导学生回顾自己的相关经验,比如背诵有关诗歌、谚语、成语,复述听过或读过的故事,回忆自己的经验,等等。这样做,可以让学生已有的语文经验及多种文本与当下的学习融合到一起,有利于学生在开阔视野的基础上增强思维的灵活性。例如,在教《月光曲》时,她就让音乐老师现场演奏,还补充了"知音"典故,引入了多种关于描写月亮的古诗词。同时,霍老师自觉践行大语文教育思想,积极指导学生课外阅读,推动班级图书馆建设,让学生有充足的时间参加参观、访问、调查等活动,将语文学习的触角延伸到学生生活的各个方面。

（三）推动结构化和系统化，促进思维的深刻性

霍老师尝试将多篇课文组合起来教学，如教三年级时，她根据文体把《一头学问渊博的猪》《蚕和蜘蛛》《农夫的遗产》《旅人与熊》《鲁五养鸟》《砂锅捣蒜》六篇寓言合在一起教学，先用一个多课时学第一篇，然后用半小时学第二篇，第三课时由学生自主完成剩余四篇寓言的学习。结构化学习的方式，促进了学生对寓言文体的深入理解。

四、减负的保障：在整体视野中深化学习评价

评价决定着减负的成败，因为评价既是对学习结果的测量，又同时深刻地影响着学习的过程。因此，评价的科学性和艺术性是减负的保障。霍老师所处的时代，对学生语文素养的评价尚缺少科学的评价工具，但其表现出来的评价思想，却具有十分鲜明的整体视野。

（一）首重成人，尊重差异

霍老师对学生的爱无私、无别，但有方，即对每一位学生个性特点的尊重和理解，创造条件扩大学生的课堂参与范围，赏识每个学生的才能，激励并期待每个学生的进步。她一般不对全体学生提出高度统一的要求，坚持"保底不封顶"。她注重给学困生创造机会，把相对容易的学习任务交给他们，让他们享受到成功的喜悦，用集体的力量呵护他们。这是从语文育人的整体视野形成的评价策略。

（二）有减有增，统筹兼顾

霍老师给自己规定：每天给学生布置的作业最多不超过半小时，能在课内做的不放到课外做，做一道题够了就不做两道题。在作业减量控量的同时，霍老师在阅读数量上进行了增量。三年级第一学期她教了95篇课文，四年级第二学期只用七周就教完了北京教材的全部内容，之后又增加了42篇课文。学生听、说、读、写能力的提升很快。这是从语文课程的整体视野形成的评价策略。

（三）分层分类，综合评价

霍老师有意识地实施分层：在作业的安排上实施分层，即为不同的学生按不同的水平分别出题，分别提要求。在课堂讨论中，按问题的难易安排不同的学生参与；同时，重视组织学生开展课堂讨论，让学生在讨论中相互借鉴，相互影响。她还根据学习内容进行分类，她提出的"三好"分别是课前预习好、课上理解好、课后复习好，这就在学习内容上形成了分类，不同水平的学生可以根据自己的学习进展投入精力，从而保证学习目标的达成。这是从语文实践的整体视野形成的评价策略。

霍老师的语文教学实践，站在历史的角度来看，是具有领先与探索意义的；站在今天的立场来看，又具有划时代的启示意义。学生减负，将是一项长期而艰巨的任务，霍老师的系统性减负思想，为当前的"双减"提供了源源不断的思想资源。

以"练"代"讲"，简约教学

黄吉鸿

霍懋征老师在 20 世纪提出了"读写结合，精讲多练"的教学理念。霍老师认为，"精讲"是学生学习的根本，"多练"是学生能力发展的关键。其核心思想是，教师要充分定位自己的角色，要把宝贵的教学时间尽可能地"让给"学生，这就是我们现在所说的"让学"。

"精讲"是对教师的要求、约束，是教学之因；"多练"是给学生留足实践时空，是教学之果。霍懋征老师认为，教师只有在教学时"精讲"了，学生才有可能获得"多练"的机会，从而真正提升各方面的语文能力。

这一教学思想对当下小学语文教学具有极其重要的指导意义。纵观当下一些语文教师的课堂教学，还存在着"讲风很盛"的不良现象：一方面，现在的教师普遍整体素质更高，知识储备更足，更能讲、会讲；另一方面，那些在课堂上"善讲、多讲、抢着讲"的教师，多数以为，只有通过自己的讲解、讲述、讲析，学生才能听懂、领会。这自然不对，真正的学习永远不是教师教会，而是学生自己学会。在课堂教学中，让学生"多练"是真理。

因此，我们要充分研究、领悟霍懋征老师提出的"精讲多练"的丰富内涵。个人以为，"多练"至少包含三层意思。其一，"多练"指在课堂教学中，学生应进行听、说、读、写等言语实践活动，即让学生反复不断地大量实践，正如霍老师"十六字教学方针"中的"数量要多"这一主张。其二，学生的"多练"和教师的"精讲"要紧密联系在一起，而不是孤立的，这一点尤为重要。"多练"不是由学生自由地、没有目的地练，而是在教师的引导、点拨下有针对性地、科学有效地练。其三，学生的"多练"是自主的，并伴有相对大的自由度。在练的过程中，让学生"学会学习、学会思考、学会审美、学会创造"（霍懋征老师"十学会"中的内容）。

基于以上认识，我反复思考后认为，我们今天传承和发扬霍懋征老师的"精讲多练"这一教学思想，要因课制宜、因人而异，让这一宝贵的语文智慧在课堂教学中获得时代精神传承和血脉延续。一个行之有效的方法是，我们可以尝试着把霍懋征老师提出的"多练"细化、具化为课堂教学中的"练习设计"。以"课堂练习"形式作为教学行进的主要设计路径，扎实、有效地让"精讲多练"这一理念在当下的语文教学中落地生根、焕发生机。

一、以"课堂练习"促进学生全员参与

霍懋征老师所说的"多练"，既指课堂上让学生多一些练习的机会和时间，也指让多数乃至全体学生参与到练习中来。我们要反思一种教学现象，多数时候，上课时，教师提出一个问题后，优秀学生往往稍加思考或不假思索（如果问题设计得不是那么有深度的话）就举手抢着要求回答。没有经验的教师往往不会等待，尤其是上公开课时，只要见到有学生举手，教师就会喜笑颜开，马上就请其回答；学生一答对，就大喜过望，立马就进入下一个环节。

这并不是好事，因为少数优等生抢走了其他学生回答（练习）的机会。这种现象一旦成为常态，大多数学生（尤其是部分学困生）就会习以为常：原来我们是不用回答的，有那几个优秀同学撑着就可以了。久而久之，他们便成为沉默的"看客"，干坐着，不思考，不发言，只是偶尔记记笔记罢了。

这不是"精讲多练"想要达到的目的。教师不妨换一种方式展开教学，尝试变简单的"课堂提问"为"课堂练习"。两者之间有着较大差别："课堂提问"往往只让学生口头回答，不一定动笔练习；而"课堂练习"必然包含了问题设计和任务解决，学生要用笔作答。一般情况下，"课堂提问"比较随意、随机，有时甚至是老师即兴提出，难度相对不大，学生不费多少时间即可获得答案。"课堂练习"则是教师充分研读课文后，根据对教材的理解和学生学情的了解，精心设计的具有一定难度的、需要学生进行一番思考后才能做出比较正确的回答的问题。在回答的过程中，他们还要去认真阅读课文，独立深入思索，在此基础上再各自动笔完成。

在"课堂练习"引导下，全班学生都要动笔参与。在学生动笔回答的过程中，教师要密切关注学生动态，了解哪些学生完成得令人满意，哪些学生相对不足，哪些学生比较薄弱甚至不能作答。对不能作答的学生，教师要给予个别"讲解"，要耐心、精心、细心地"讲述"，及时提供必要的智力支持。在某种意义上，这也是霍老师提出的一种"精讲"。

在交流反馈环节，教师根据即时掌握的学情，有意识地安排几个学生来回答问题，可以按照学生完成这一"课堂练习"的质量，以由低到高的水准依次呈现、展示。在这一过程中，教师要做到"后讲""少讲""精讲"，先让学生说答案，接着让其他学生讲他们的感受（优点或建议、意见）。等学生充分表达观点之后，最后教师再讲，要讲到实处，点到重点处。这样的教学，充分实践和体现了霍懋征老师提出的"精讲多练"的理念。

二、以"课堂练习"引发学生思维发展

霍懋征老师提出的"多练"思想，也指让学生多多进行必要而深刻的思维训练。语文四大核心素养排在第二位的就是"思维的发展与提升"，思维和语言有着极其密切的内在联系，"学习语言文字运用"必然要高度重视和培养学生的思维能力。

通常，造成教师在教学时多讲的重要原因之一是简单的"问答式"教学。课堂上，教师抛出一个问题，学生回答，教师反馈、解析、补充，不知不觉，教师说的话就多了。为什么呢？前文已有所提及，因为在课堂上，教师提出问题后，往往给予学生思考的时间太短。更重要的原因是，课堂教学以"问题设计"形式推进，针对某个"问题"，一般

不需要学生作具体的回答。而如果以"课堂练习"的形式落实，则是另外一种情况了，因为教师在设计"课堂练习"时，必然要考虑以下两个方面：

第一，答案的丰富性。不能设计只有一个答案的练习，更不能搞唯一的标准答案。设计的"课堂练习"要有多元答案，要有相对宽广的思考空间，且能给予学生一定的自由度。问题的答案要契合课文内容，促使学生为了正确解答，必须反复、认真地回读课文，充分理解课文内容。这样，就能潜移默化地把原本教师要讲的内容无形无痕地予以落实、解决。我在教学六年级上册《我的伯父鲁迅先生》时，根据课文中作者描写的一个精彩细节设计了一道"课堂练习"：

"这时候，我清清楚楚地看见，而且现在也清清楚楚地记得，他的脸上不再有那种慈祥的愉快的表情了，他变得那么严肃。他没有回答我，只把枯瘦的手按在我的头上，半天没动，最后深深地叹了一口气。"

请仔细默读课文"救助车夫"这件事，联系上下文，结合你的理解，完成练习：

伯父为＿＿＿＿而"叹"，这是＿＿＿＿的"叹"；伯父为＿＿＿＿而"叹"，这是＿＿＿＿的"叹"；伯父为＿＿＿＿而"叹"，这是＿＿＿＿的"叹"；……

很明显，这个"课堂练习"已告诉学生的是，预设的答案至少有3个，甚至不止3个。这样的设计，充分体现了"多练"之答案多元、多维。

第二，思维的挑战性。霍懋征老师说的"多练"也包含让学生"长时间地、深入地开展思维训练"的意思。教学时，教师要设计一些有难度的问题，让学生"多"费一些时间、"多"花一番心思，经过反复思考之后才能获得相对准确的答案；而不是让学生略加思索、稍加思考就能轻松解答。要让学生经历思维的过程，经历对课文深入品析、思考的过程，"跳一跳"才能"摘到桃子"。

回到前面提到的《我的伯父鲁迅先生》这一"课堂练习"，答案有这样几个：（1）伯父为黄包车夫的不幸而"叹"，这是同情的"叹"；（2）伯父为当时生活在水深火热中的劳苦大众（老百姓）而"叹"，这是悲悯的"叹"；（3）伯父为当时黑暗的社会（反动政府）而"叹"，这是愤怒的"叹"；（4）伯父为自己只能暂时帮助黄包车夫，不能帮助更多的像黄包车夫这样的人脱离苦难而"叹"，这是无奈的"叹"；（5）伯父为当时人们的冷漠、麻木而"叹"，这是痛心、悲凉的"叹"……

这些答案中，第1～3个相对容易些，学生深入思考后，基本能自己说出来。而第4、5个则有较大难度，需要教师在教学时"精讲"，加以点拨、引导，学生方能悟出。这样也能巧妙地追求达到"精讲多练"的教学境界。

三、以"课堂练习"导航课文学习方向

现行统编版教材所选的课文有些篇幅较长，这让教师面临一定的挑战。长文如何短教呢？霍懋征老师的"精讲多练"理念又可以给予我们很大的启发。

根据教学实际，我们可以将"精讲多练"这一理念加以灵活运用，"精讲多练"也可以转化为"精讲精练"。在当下的小学语文教学语境中，霍老师说的"多练"，也含有"多在课文重要处练""多在课文难处练""多在课文精彩处练""多在学生不懂处练"等方面的意思。

教学时，我们以学习任务驱动、引领学生对某一篇课文的学习行动，所设计的"课堂练习"直指课文学习重点、难点，避免学生在学习时走弯路、走错路，确保教学的精准。同时，这样的教学设计也将学生的学习行动前置，先学后教，以学定教，充分体现学生学习的主体地位。更重要的是，原本教师要按部就班展开的讲述、讲解，现在都巧妙地转化到学生的练习中了。这样就达到了先"练"后"讲"、以"练"代"讲"的目的。学生通过练习自己能解决的，教师不讲；学生自己解决得不是很好的，教师精讲；学生自己解决不了的，教师就要深入地讲解、分析。

我在教学五年级上册《慈母情深》时，充分落实霍懋征老师"精讲多练"的理念，在学生读懂课文主要内容的基础上，设计了一道"课堂练习"：

仔细默读课文，思考：作者描写的哪些场景、细节让你感受到了母亲工作的极其艰辛？用波浪线画出。然后把最让你感动的 1 ～ 2 处细节认真地摘录下来。

学生在这个任务的导航下，能够很快地把握课文的重点、难点，迅速地抓住作者写作的特点、亮点，开展有目的、有方向的有效学习。他们基本上能找到课文中精彩的几处场景和细节。汇报交流后，教师出示另一道"课堂练习"：

找到最让你感动的一处场景或细节，认真读 3 遍，然后圈出其中描述母亲工作极其艰辛的关键字词，仔细想一想，简要地批注你的感受，再和同桌交流。

这一环节的设计，还是围绕学生"学"的活动展开，教师把自己要"教"的用文字的方式呈现出来。教师"讲"了，是用文字无声地"教"学生具体的学习方法——"读、圈、想、写、说"。

教师并不是放弃自己的"讲"，而是在学生汇报交流时，及时、即时地"讲"，有针对性地"讲"，精要、精细、精准地"讲"，这就是霍懋征老师说的"精讲"。

历经长期的课堂教学实践，我越来越有一种深刻的体会：霍懋征老师在 20 世纪提出的"精讲多练"教学理念，是我国小学语文传统教学思想的精髓之一。借助它，霍懋征老师用智慧和真情演绎了《找骆驼》《望庐山瀑布》《月光曲》等一系列小学语文经典课堂。今天，这一教学思想依然有着无穷的生命力，有着理论上的前沿高度，我们要努力地学习它，用心地实践它。"精讲多练"，简简单单的四个字，却有着极其深刻、极其丰富的教育理解和教学内涵。

向霍懋征老师致敬！让"精讲多练"成为每一位小学语文教师教学的精神指南！

■ 李吉林：中国情境教育创始人

　　李吉林（1938—2019），著名儿童教育家，中国情境教育创始人。曾任中国教育学会副会长，2010年以来相继被聘为"国家中长期教育改革与发展规划纲要"咨询专家、"国家课程教材专家工作委员会"委员、"江苏省人民教育家培养对象"指导专家等。她坚持在实践中研究，先后出版28本专著。先后获全国教育科学优秀成果第一、二、四、五届一等奖，及全国首届基础教育课程改革教学研究成果一等奖。2006年，人民教育出版社出版的八卷本《李吉林文集》，获第五届中国教育学会科研成果一等奖第一名；《情境教育三部曲》于2015年获第五届中华优秀出版物奖图书奖，并由世界著名出版公司斯普林格购买英文版权，于2017年9月正式出版发行。2014年，新中国成立65年来首次评选的"国家级基础教育教学成果奖"，李吉林的"情境教育实践探索与理论研究"获特等奖第一名。

学习科学与儿童情境学习

李吉林

　　结合 30 多年为儿童学习所做的艰辛探索与潜心研究，回顾反思自己所上的课以及所参加的老师们的教学设计，我想略述从中获得的体验及感悟。

一、儿童学习知识的复杂性——对策：整合知识，选择最佳途径设计情境

　　学习知识对于儿童来说并非轻而易举之事，具有一定的复杂性。因为知识并不是孤立存在的，也不是人们习惯上认为的一个一个的知识点；学习科学阐明，每一个知识点都是以结构的状态相互联系地处于一定的系统中，而且是一个动态发展的系统。儿童的阅历浅、经验少，学习知识又必须与社会、与经验相连，还得经过自身的建构过程，这些多方面的因素决定了儿童学习知识的复杂性。教学设计如何化难为易，化抽象为具象，化单一为与事件关联呢？我们的策略是：整合知识，选择最佳途径，设计生动的学习情境。为学习者提供最佳的学习环境，是首要之举。

（一）利用经验设计情境

　　知识是在一定的情境中发生的。学习科学特别指出，儿童自己已有的知识所形成的经验，对他们学习新知识具有支持性。因此创设的情境首先要有意识地与儿童经验相关联，通过情境达到整合知识的目的，使知识镶嵌在生动的情境之中。这样，儿童获得的知识是有背景的、相互联系的，是可以体验、可以感悟、可以转化应用的；而不是僵化的、黯淡的、只会背不会用的惰性知识。例如，安排在一年级教材中的唐诗《春晓》，虽然只有四行，但结构上运用了倒叙的手法，这对于一年级的

孩子来说，显然是有难度的，教学需精心设计。

我让全体学生担任"诗人"，按照儿童生活经验中的时间顺序，体验诗人写诗前所经历的情境。再通过导语设计，一步步把学生带入情境——"夜深了，诗人你读书睡着了。""半夜里，你被风雨声惊醒了。""听着，听着，你又睡着了。"这样利用儿童生活经验担当角色，为诗歌内容结构的理解作了必要的铺垫。（播放鸟鸣录音）"清晨，你听到一阵阵鸟鸣声，你便吟起诗来，你先吟了哪两句？""诗人你忽然想起昨天半夜里风吹雨打的情景，你又吟了哪两句呀？""小诗人"们伴随着积极的情绪争先吟起诗来，仿佛诗句真是他们自己作出来的。热烈的情绪便渲染了整个学习情境，全体学生都在无意识作用下情不自禁地进入了角色，很快就学懂了全诗，而且特别快活。儿童学习不仅要快乐，还要高效，蕴含着的知识不仅要学得活，还要学得扎实。于是，趁着学生的兴致，我进一步设计落实诗中关键字眼——"眠""晓""闻"的语意，并通过语意让学生记住它们的偏旁。这样，利用儿童经验创设情境，在语境中学词，诗中的字眼可以顺其自然地得到整合，儿童获取的知识便是相互联系的，与自己贮存的信息相融合。情境中呈现的背景、事件，都给儿童留下了很深的印象，而整合的知识往往具备了较强解决问题的功能和迁移能力。音、体、美学科的情境学习同样要求把知识、技能的训练镶嵌在情境中，且从中萌生出许多学习的乐趣。

（二）利用艺术设计情境

情境学习的课堂呈现美感，显现出特有的魅力。那怎么优选途径设计情境呢？对于儿童来说，其要素就是三个字，即"美、智、趣"。而艺术恰是最理想的。图画、音乐、戏剧、表演角色这些艺术活动都是受儿童普遍欢迎且乐于参加、投入其中的。概括地说，情境学习便是利用艺术的直观与教师的语言描绘相结合，创设与教材相关的优化的情境，给学生以美的享受，使教学变得有情有趣。

对于小学低年级，别小看教材内容简单，越是年级低，越要精心设计。优质的设计，首先基于设计者准确地把握教材，利用视像和想象走进教材的情境。一年级的《小小的船》四行儿童诗，我早已熟读于心，设计前我仍然反复品读诗作。这首小诗从眼前的实景到坐上月亮幻想中的虚境，这结构上的跨度、语言的跳跃，寄托了诗人期盼孩子们飞上月球、探索天体奥秘的意愿。这是诗中精彩之处，也是难点所在，必须要很好地把握。我体验着诗中的情感，带着想象去设计。

其中，我选择了图画、音乐、担当角色等多样化艺术手段与语言描绘相结合的途径，把学生带入情境中。从设计的片段中，图像、空间、音响、语言都整合在"我飞上天了，坐在月亮上"的事件中。由于有事件，儿童很快就接受了，因为大脑特别擅长事件的记忆，加之音乐、图画，这些美生成内心的愉悦感，使学生处于兴奋状态。课堂上经常运用艺术手段，儿童还可从中获得审美感受，幼小的心灵得到润泽，从而促使儿童的个性在甜美中得到生动活泼的发展，小小的生命体同样显现出多元的色彩。

艺术心理学告诉我们，艺术具有唤情的作用，可以唤起和满足人的情感。情境学习利用艺术的美，让课堂在美的魅力诱导下，使儿童快快乐乐地学习。

二、儿童学习过程的不确定性——对策：以情激智，唤起持久投入的内驱力

学习过程中，学习内容的变化、作为学习者的儿童之间的差异、学习者个体本身情绪的不稳定，决定了在即时的学习情境中，教师与学生以及学生之间对话的碰撞甚至冲突，教师在儿童学习过程中瞬间产生的反思、教育智慧即时的发挥和顿悟、随机应对与引导，等等。这种变化中的学习过程必然是动态的，儿童也随之浸润在一个不确定的学习过程中。

我们在面对儿童学习过程的不确定性预设对策的同时，必须看到积极的方面，那就是教学的基本原理是不变的，它是规律的揭示，是教学的真谛；而且，儿童的学习行为及学习情绪也是可以预见的，可

以从学习过程中的线性因果规律性中去把握。教师的教学设计只需充分地把握教学原理，珍视教育现场中可能出现的良性现象，并由此拓展开去，"以不变应万变"，以确定的干预获得确定的结果。正因如此，教学设计也才有它现实的积极意义和价值。简言之，我们的策略是以教学原理不变的稳定性，抗衡学习过程的不确定性，来把握儿童的动态的认知过程。情境教育孕育的儿童快乐、高效学习的范式，把"儿童的情感活动与认知活动结合起来"，作为情境学习教学设计的基本原则。学习科学亦明确指出，这二者的结合正是"儿童学习的核心"。

（一）满足需求，形成驱动

传统的灌输式教学，脱离了儿童的经验，把课堂与周围世界的联系切断，舍去教材的情境，单纯符号式的讲解，违背了儿童学习应该遵循的规律，很难激起学生学习的积极情绪，产生学习动机。

积极情绪的参与恰恰是主动学习的关键。情境学习的教学设计正是以儿童为中心，首先考虑的是如何激起儿童的学习需求，形成学习动机。比如，《海底世界》是一篇三年级的常识性课文，没有角色，也没有情节。我便将课文情境化、拟人化，把知识镶嵌在相关的情境之中，根据教材的内容与结构层次，针对儿童的好奇心，设计了"实地考察""查阅资料""运用现代化仪器""搜集标本""展览汇报"等模拟的且具有普遍应用性的系列情境，把知识与真实世界联系起来，把"海底世界"作为儿童探究的对象。当儿童自己成为探究知识的主角，学习成为他们的主观需求时，儿童便会主动投入学习过程。

心理场的理论告诉我们，当学习活动成为儿童的主观需求时，必然会产生向着教学目标努力的内驱力，而且，教学内容的多元组合"丰富性中的力量就会显示出来"。这些"力量"都十分可贵，它们必然会驱动着、导引着学习者积极参与，勃发出很高的自主性和能动性，使不确定的学习过程变得顺理成章、水到渠成。从某种意义上讲，学习是由预想的结果所决定的。

（二）把握情感脉络，推进学习过程

情境学习运用艺术的直观创设情境，儿童进入情境感受到的美，唤起了儿童的情感，学习获得了愉悦的满足。我曾无数次目睹儿童热烈的学习情绪、情感推动着的学习活动现场，积极情感的驱动可以帮助学生逾越障碍，可以预防、抵御不良情绪的产生，消除瞬间的涣散。于是教师的主导与学生的主动便融合起来了。

情境学习过程中课堂上群体形成的这种热烈的情绪、真切的情感，渲染了积极学习的氛围，引起学生普遍的内心激动，这正是保证教学过程顺利推进的宝贵环境。这种热切的学习主动性，使儿童自然地投入学习过程中。

三、儿童学习系统的开放性——对策：链接生活，凭借活动历练实践才干

基于学习发生在一个多元的情境中，儿童情境学习主张课堂学习与生活链接，提出把学科课程与儿童活动结合起来的具体策略。通过儿童持久的系列活动，来历练实践才干。课堂教学活动更要以培养儿童的学习能力作为教学的中心。

（一）建构知识

针对学习系统的开放性，情境学习明确提出儿童—知识—社会三个维度的融合，通过学生自己建构知识，引导他们主动参与，热情地投入其中。其最重要的、无可替代的途径，就是活动。

课堂设计的活动引导儿童在已有知识的基础上建构知识，他们关注的新知识以及提出的问题，会形成建构知识的拉动力。让学生感受到知识产生的情境，找到知识的根，感受知识的文化意蕴。记得我和数学教师一起讨论设计"平行四边形面积的计算"一课时，我们以开放的理念，把学生带到知识产生的历史情境中，有意识地让儿童自己去发现知识。

设计的情境以叙事的形式作导语，并以简笔画勾勒了古代老农的小

屋和小屋前的一块平行四边形的土地，把学生带到平行四边形面积计算公式还未发现的那个年代中，让学生担当古代小小"数学家"。教师再从数学史的角度告诉学生，人类发现长方形面积公式以后，只用了很短的时间就发现了平行四边形面积的计算公式。

学生进入这样的情境中，自己是小小"数学家"，手上都拿着同样面积的长方形和平行四边形，在古典音乐的伴随下专心地端详着、思考着、比对着。最终破解了难题，公式由他们自己发现了，然后再进行现场测量计算。学生们兴奋不已，颇具成就感，学习兴趣倍增。

（二）模拟操作

学科课程与儿童活动结合，突出了知识在应用中理解，知识只有在解决问题中被灵活运用，才是有价值的。无论是语文教学还是数学教学，我常常带领学生走进生活，走向野外。在这些非正式学习的模拟操作中，将知识与世界相联系，极大地提高了学生运用知识的实践能力。

课堂上的模拟操作、模仿生活中的人物和劳动的场景，这些都让儿童感觉似曾相识，与大脑中贮存的图像具有相似性。儿童不仅感到特别亲切，而且又可亲自动手、动脑，角色扮演又往往颇具"游戏精神"，在互动中历练技能、技巧，对儿童更具诱惑力。所以模拟操作对儿童来说是形式特别生动的、有意义的知识学习。

（三）对话共进

学习科学指出，人们对世界认识、理解，总是不得不受个人视阈的限制，所以现代社会需要共同体，需要协商。为了更好地生存于社会，几乎任何人都终身需要进行对话活动。

对话让学生的思维特别活跃，且体现出事物间的因果、转折、假设关系。由此让学生运用多角度的辩证的思维方法去理解和分析问题，看法不同，鼓励求异，从而获得新知。

四、儿童学习催发潜能的不易性——对策：着眼创新，不失时机发展儿童的想象力

几乎每一个儿童的大脑都隐藏着巨大的潜能，具有无穷的创造力。但潜在的智慧并非已成现实，这是一种"沉睡的力量"。既是沉睡，就需唤醒，且要及时唤醒。因为儿童的这种"可能能力"若得不到及时开发，便会产生"递减现象"。这是一种渐变的而又无法挽回的可怕现象。但遗憾的是，不少教师每天走进课堂，每节课都认真地教学，并不见得都意识到自己辛辛苦苦的讲解、严格的要求、标准的答案，是一种划一的、统死的教学，是对儿童潜能的扼杀，把儿童智慧的嫩芽掐断，使之枯萎。可以说，这是一种"罪过"。基于开发儿童潜在智慧的不易性和因忽略而造成的不可弥补的危害，我们必须不失时机地在儿童生命的早期开发其潜在的智慧，深刻认识到儿童是一个活脱脱的小生命，有可能长成具有高智商、大智慧的人，我们必须对其悉心呵护、倍加珍爱、及时催发。

抓住儿童最具想象力的关键时期，情境学习采取"让儿童在美的、宽松的、快乐的情境中，通过发展想象力来培养创造力"以催发儿童潜能的策略。想象是儿童最可宝贵的思维品质。因为想象孕育着创造的嫩芽，想象是开发儿童潜能、发展创造力的一把金钥匙。教学设计应砸碎一切扼杀儿童想象的枷锁，引领儿童到更广阔的课堂中去发展想象力。情境学习着眼创造，不失时机地为他们的思维飞向创新的高地添翼。

（一）持续积累表象

儿童最善于想象，而想象正是创造的开始。针对儿童想象是由表象组合成的新形象，情境学习十分注重儿童表象的积累，精心设计许多让师生终生难忘的观察活动。由于这些表象笼罩着情感的色彩，储存在儿童大脑的记忆中，因此易于成为儿童想象的鲜活的材料。

作文是创造性很强的作业，能考查学生的语言能力还有创造能力。我曾教过的一届五年级学生在进行一次独立作文时，我要求他们根据自

己平日观察所得，选一种没有生命的物体，写出它的品格特点，自己选题，自己命题。学生感到很自在，很乐意。当堂完成后，我批阅时发现，所写题材各式各样，仅题目就有"歌""铁""路灯""火柴""石子""北斗星""太阳礼赞""石灰吟""蜡烛""红""绿"等20多种。他们写出了真情实感，赞美了这类物品的特点，且富有哲理。究其原因，那就是他们长期养成的观察习惯，积累了丰富的表象，获得了"直接的印象"，为他们的想象思维提供了丰富的材料，为新形象组合进行了重要的铺垫。

（二）即时嵌入契机

儿童的想象不会凭空产生，需要契机引发，我们的教学设计必须为儿童提供"需要的推动"，形成想象的欲望。我在教学设计时很注意这点，只要教材有空间，便会根据教材特点，在设计中即时嵌入想象契机。其实，儿童常常是带着想象去阅读、去思维、去表达的。让儿童展开想象的翅膀，真是"正合他意"。因此，我在语文教学过程中，启发儿童走进情境，让其设计想象人物的对话，假如你是××，你会怎么想、怎么做；或者增添一个新角色、一个新情节；或者想象故事的细节，进入一个新时空，续编不同的结尾。从不同的、新的角度去思维、去想象，不仅丰富了课文内容，加深了学生对知识的理解，而且开发了他们的创造潜能。

（三）引入广远意境

古代文论"意境说"中用"思接千载""视通万里"来形容诗人创作时的情态，"千载""万里"能想到千年之久、万里之远，想象时空可以是如此宽阔。古代的诗人尚且如此，何况21世纪的儿童呢？作为教学的设计者，我们应该意识到，孩子面对的未来世界，给人们的思维方式带来的是"可能"，是"不确定"，是"飘忽""变幻""互动"，从而使人们改变对世界的认识。为了开发儿童的潜能，我们很有必要打破程式化思维的定式，引导儿童主动地在自由宽阔的想象空间里思维，进入广远意境，追求创新。它虽然虚无缥缈，但却是可以操作落实的。通过设计，在没有束缚和统一规定的情境学习中，让儿童将课堂已激起的情绪和教材中的意象、学科训练结合起来发展想象力。

在情境学习的阅读和作文教学中，我有意识地设计与教材、与儿童生活结合起来的富有创造性的语言训练。

综上所述，情境学习多年来在学习科学引领下，窥视到儿童学习秘密的黑箱之一角。针对儿童学习知识的复杂性、学习过程的不确定性、学习系统的开放性以及学习催发儿童潜能的不易性，我们以"利用艺术之美""情感生成之力""凭借儿童活动""发展想象、培养创造力"为对策，进行教学设计。它体现了情境学习特有的"真、美、情、思"四大元素。它让儿童在与教师与小伙伴的互动中、与世界与生活相联中学习知识，它为儿童的学习提供了有力的支撑，营造了高质量的学习环境—— 一个愉悦的、丰富的、安全的且可以活动其中的环境，使我们的教学设计更具科学性，更具创造性。

情境教学：指向语文核心素养的操作性范本

胡海舟

核心素养时代，以研究者的身份回看李吉林老师在二三十年前开发的众多课例，在惊叹这位小学语文教学大师领风气之先的超前、超常的同时，仍会不自觉地像小学生一样，沉醉于她所创设的课堂氛围。20世纪八九十年代，当语文课程还只盯着单一知识维度，亿万儿童饱受"注入式"教学之苦时，李老师就以先行者的智慧，"通过创设优化情境，激起儿童热烈的情绪，把情感活动与认知活动结合起来"，语言文字符号与形象牵手，语文教学与生活贯通，语文学科与其他学科联通，让儿童快乐学习、全面发展，在语言的建构与运用中，获得思维的发展、审美的提升、文化的理解、情感的陶冶、智慧的启迪，为指向核心素养的小学语文教学提供了可资借鉴的操作性范本。

一、艺术创设感受性情境，让语文学习有形有情

语文是"在世"的确证，儿童"在世"的标志是他懂言语、能阅读、会表达。可以说，语言的建构与运用居于核心素养尤其是语文学科关键能力体系的根基部位，是语文学习的重心所在。但语言文字抽象枯燥，与儿童借助形象认识世界的天性相左。怎样解决这一矛盾，启发学生进入学习情境、深入言语之境，深刻感受、体验，含英咀华，将语言的品味揣摩、积累内化落到实处？李吉林老师的妙招是审美入境，将语文学习与审美鉴赏创造、思维发展提升等有机结合起来，以鲜明的形象、以艺术的手段，引导学生进入感受性情境，让语言学习伴随情感，强化学生感知语言符号的亲切感、敏锐感。《桂林山水》一课的教学是典型的代表。

《桂林山水》用如诗如画的语言描绘了漓江水、桂林山的秀丽景色，

有形、有境、有情。"作者胸有境，入境始与亲"。导入阶段，李吉林老师用动人的语言描述，把学生带入情境。精读环节，李老师启发学生结合插图，用想象丰富情境；轻轻哼唱《让我们荡起双桨》，以音乐渲染情境；随手勾勒简笔画，借图画展示情境。在李老师的悉心引领下，学生仿佛听到、看到了静、清、绿的漓江之水，奇、险、秀的桂林之山，对桂林山水的特点不再局限于字面的理解，对课文语言的形象感、分寸感、畅达感、情味感有了切身的感受。借助直观和情绪，教学不但轻松突破了难点，形象理解了"奇峰罗列""怪石嶙峋"等难解词语的意思，而且感受到文本语言的优美、抒情。其间重锤敲打、言意共生的句式训练更是匠心独运，师生对话精彩纷呈。在学生用"静、清、绿"概括出漓江水特点的基础上，李老师要求他们把这三个词组织到一个句子里，学生说出了这样的句子："漓江的水又静又清又绿。""漓江的水不但静，而且又清又绿。"李老师告诉学生："这样也能说明漓江水的特点，可是不能让人感到很美。现在我们把'静''清''绿'重叠起来造句。"学生造出这样的句子："漓江的水静静的，漓江的水清清的，漓江的水绿绿的。"教师继续引导："漓江的水这样美，用什么句子才能充分表达出我们的赞美之情呢？"学生自然将刚才的陈述句变成了感叹句，并通过感情朗读加以体会、内化。

卢梭曾说，"儿童处于理性的睡眠期"，儿童总是优先用感性触摸世界，即使是符号性质的文本，他们也极乐意、极自然地借助情境来进行模拟性的生活还原。李吉林老师针对课文表达的个性、儿童认知的特点和母语教学的规律，巧妙创设模拟旅游的情境，"以美为突破口"，携美入境，打通言语与儿童之间的通道，让学生透过平面、单调的文字，进入立体、多彩的世界"游山赏水"，将语法知识学习、课文内容理解、言语学习、审美鉴赏、情感熏陶等熔于一炉，有效实现了儿童言语生命的成长。

二、巧妙设置任务式情境，让语言实践有力有效

在李吉林老师的情境教学世界中，感受性情境属于言语之境，重在感悟、体味、理解、积累；任务式情境属于言说之境、探究之境，重在表达、运用、探索。虽然这两种情境很多时候是交叉融合的，但其侧重点还是有区别的。基于学习和生活需要的任务情境，是提升核心素养的重要抓手，2017 年颁布的《普通高中语文课程标准》就设置了 18 个任务群。早在 20 世纪八九十年代，李吉林老师就常常在小学语文教学中以任务驱动、角色扮演的形式，让学生在积极主动的语言实践活动、真实的语言运用情境中积淀言语经验，获得语言能力，提升思维品质，无论是文学性课文《燕子》的教学，还是说明性文章《海底世界》的教学，都相机设置了系列任务式言说之境、探究之境。

如《燕子》一课教学共设置 6 次任务式情境：（1）出示燕子的剪纸，指导看图，观察后口述，注意观察顺序。（2）学习春景图（课文第 2 自然段），在观察放大的课文插图之后，要求学生当小燕子，把观察到的美景说出来：这时候，你们从南方飞来了，啊，春天是这样的美，你们得仔细地欣赏一下。请把你们观察到的美景说出来。（提示用"春天来了，我们从南方飞来了_____"的句式口述）（3）品味比较了第 2 自然段语言的精妙后，以情境激发想象：你们这些小燕子看到这样的美景，心里想说什么？你们赶来做什么？从"百花争艳的盛会"这一短语里，你仿佛看到了什么情景？（启发回忆在春天观察的景象，进行想象，用"我仿佛看到_____"的句式表达）（4）第一课时结课阶段，要求同桌一个扮小燕子、一个扮燕子妈妈，对话表演，从春天来到说起，说到小燕子在春天看到的美景，注意学习运用比喻、拟人的手法，最后说也赶着去参加春天的盛会。（5）看图进行接近原文的复述（第 3 自然段）。（6）结课阶段，完成"燕子的自述"，顺序为：模样、赶来、飞行、停息。

《海底世界》共设置 4 次任务式情境：（1）出示蓝色大海图，继而

在画面上添加潜水员的剪纸，创设情境，检查预习情况：请潜入海底，向老师报告在海底看到的奇异景象。（2）播放录像或出示水中听音器简笔画，戴上耳机，当海洋工作者，听老师模仿深水鱼发出的声响，理解词语，比较阅读，体会用词的精确。（3）播放海底世界奇异景象录像，朗读课文第4、5、6自然段后小结：海底的景象这么光怪陆离，但是文章分门别类写得有条有理。结合板书，说说海底是一个怎样的世界。出示句式：①海底真是一个（　　　）的世界。（说一句）②海底＿＿＿＿＿＿。（说一段）（4）结课练习分层次创造性复述：现在初步知道了海底是怎样的一个世界，请讲一讲。有几种形式，任你选择。①你从海底考察回来：总说＿＿＿＿＿＿；分说＿＿＿＿＿；总说＿＿＿＿＿。②同桌合作模拟在海底考察的情境，报告看到的一种景象。③简要说明海底是怎样的世界。

两篇课文的教学，设置任务式情境共10次，可见频率之高。导入、初读、精读、总结、练习环节，都有任务式情境的穿插，可见分布之广。任务的出现，或结合角色扮演，让学生带着真实的内心感受和角色转变的新奇感觉，在体验情境中进行言语实践；或结合插图、剪纸、简笔画、录像，让学生在仿真的情境中进行言语表达，可见手段之活、设计之巧。言语实践任务的完成，或配合课文内容的理解，或联结课文情感的体会，或指向"注意头尾、明确全篇，分节分层、抓住重点，选出典型、了解一般"阅读策略的运用，或点燃想象性思维的火花，或意在学习课文的写法，或注重分层次复述、总结式提升、创造力培养，很多就是对象明确、任务叠加的口语交际，可见目标之明、训练之实、力度之大、效率之高。要说文学性、实用性课文任务式情境设置的区别，前者更注重体验、描述、感受性言语实践，后者更倾向说明、介绍、报告性语言训练，并关联科学探究兴趣、精神的激发。

三、精心选择生活化情境，让语文课程有源有根

情境教学有两条基本规律：一是抓住儿童语言发展的黄金时期学习

语言；二是注重把儿童带入生活的源泉或经过人为创设再现的生活情境中学习语言，以生活世界为源头，让语文课程有根。为此，李吉林老师强调语文教学必须拓宽教学空间，从封闭走向开放，从狭小的教室走向广阔的社会，将符号学习与生活挂钩，让课堂教学和大千世界牵手。

学习了状物类单元后，计划让学生写小动物。李老师马上想到学校饲养的鸽子，于是，她把课堂搬出教室。先请信鸽小组的辅导老师带来一只鸽子，让学生观察其静态外形特征，并给学生讲述鸽子从千里之外捎回信件的动人故事。接着来到鸽舍，撒下谷子，观察鸽子一只只飞下来吃食的动态情景。放飞鸽子时，有意留下一只。看鸽群扑啦啦飞上蓝天，李老师手捧留在窝里的鸽子，唤起学生的有意注意，激发情感："大伙儿都飞走了，这只小鸽子孤零零的，它会飞向哪儿呢？"说着，捧起鸽子，让它起飞。当孩子们看到落单的小鸽子奋力加入鸽群中时，都欢呼雀跃起来，在对鸽子产生感情的同时，也认识到它们喜欢群居的特点。在观察的基础上，李老师又启发孩子们想象："迟飞的鸽子已经赶上了集体，它们快活地飞着，准备飞到哪里去呢？"纯真的童心也跟着鸽群飞起来。精心选择、次第出现的生活情境群，感知目标鲜明，并且富于变化，激起了儿童强烈的兴趣和奇妙的想象，让他们获得了丰富的表象、具体的认识、深刻的内心感受，有利于词语与形象的结合、思维与语言的发展、内部语言向外部语言的过渡，使学生有话可写、有话要写、有话会写，文思泉涌，"可爱的鸽子"的写作教学非常成功。

四、着意建构主题性情境，让跨界学习分合有度

核心素养着眼的是人的发展，其根本特征是跨学科领域的知识、能力、素质的渗透与融合。核心素养时代的语文教学，除了应该注意语文学科内部听说读写及语言思维审美文化的整合融通，还必须有更宏观的视野，注意语文学科与其他学科的融会贯通。李吉林老师以活动为抓手建构的主题性情境，指向的正是这点。

一是探索中高年级语文的"四结合单元教学"，即在大语文观的框

架下优化结构，将语文的工具性与人文性结合、训练语言与发展思维结合、读与写结合、课内与课外结合，促进语文素养的全面提高、儿童素质的全面发展。比如，在"美丽的花草"单元教学中，李老师将《从岩缝里长出的草》等两篇课文的学习，与"自己种植花草并学会养护"的课外活动、习作"我种的花"有机渗透整合。

二是建构情境课程，设计跨界组合、综合学习的主题性大单元活动。"神舟六号"成功飞天，孩子们兴奋异常，李老师和同事们抓住契机，把当年的童话节办成以科学童话为内容的"我是长翅膀的小博士"主题性大单元活动。各年级语文学科安排了科学童话单元的学习，除课本上的童话，还补充了《圆圆和方方》《灰尘的旅行》等经典童话，不仅使学生扩大了阅读量、拓宽了知识面，深入理解了科学童话的特点，还激发了学生对科学的兴趣与创作科学童话的热情；美术学科教师引导学生为这些童话画插图、设计封面，制作童话小书、童话绘本；数学学科老师将一些数学知识用童话的形式呈现出来，让学生在故事中学数学、用数学；科学学科教师带领学生制作科幻模型。从这些简单的介绍中就可以看出，主题性大单元活动艺术地处理了综合性学习跨界与守界的关系，既不拘泥于学科，又不丧失学科性，既指向学生的核心素养这个总目标，又以语文学科特有的方式，承担起语文教学在促进学生形成必备品格和关键能力过程中的独当之任。

以美为突破口，以任务为驱动，以生活世界为源泉，以活动为抓手，李吉林老师创设情境的手段灵活、多样、形真、情切、意远、理寓其中，情境课堂特色鲜明。正因为这样，情境教学为儿童和谐、生动、全面的发展，探索出了一条具有普遍意义的途径，既具前瞻性，又有重大的理论和现实意义。核心素养时代的语文教学，一定能从情境教学中汲取丰富的营养，获得有益的启示。

儿童阅读课程化：李吉林老师的开创性贡献

周益民

自 21 世纪初以来，一场主要由儿童文学界、语文教育界及其他文化界人士共同发起、推动、参与的儿童阅读行动得到了广泛的关注，由民间发轫直至获得政府支持。十多年过去了，在儿童阅读的实践与思考方面，大家从起步阶段的环境营造、书目推荐、活动开展等逐渐推进到课程建设的层面。在这一过程中，涌现出不少颇具影响力的探索成果，诸如主题阅读、群文阅读、分级阅读、单元整体教学、阅读策略指导等，越来越多的教师开始有意识地将优秀的文本带入教室与课堂，在小学语文界广有影响的杂志《小学语文教学》还开设了"自选文本"专栏。其实，早在 20 世纪 80 年代，儿童教育家李吉林老师便以一种先发者的姿态，对儿童阅读进行了课程化的建构。

一、超越者的卓见："课外"时代的自觉行动

我们首先要还原李吉林老师情境教学实验初期的时代语境。20 世纪 80 年代初，在绝大多数语文教师眼里，语文课程基本等同于教科书，语文教学的任务就是教好一本教科书，课外读物被视为"闲书"，有时甚至遭遇禁止阅读的命运。教师中少部分深谙语文学习规律者，也仅是将读物作为一种推介，鲜少列入教学计划。当然，这已经很可贵了。我将这一时期称为阅读的"课外"时代。

在这样的大背景下，李吉林老师表现出一种难能可贵的时代超越性，她十分自觉地开始了儿童阅读课程的建构。我认为，这种"自觉"表现在以下三个方面。

首先，李老师对语文学习规律有着清醒的认识，并提出了鲜明的主张。她认为儿童应该从丰富的语言材料中获得语言积累，从优质的阅读

材料中得到精神滋养，应该"量中求质"。

其次，李老师在比较研究中积极汲取国外母语教材的优点。当时学术环境尚较封闭，但李老师已具备开阔的视野。她认真研究苏联小学母语教材，发现其可资借鉴处，在比较研究中坚定自己的主张。在当年的一篇论文中，她这样写道：

> 根据70年代的有关统计，我国的小学比苏联小学阶段多一年，可是我们的语文课本却比他们的语文课本简单得多。他们在一年级识字后，即开始用《语法课本》和《阅读课本》进行语文教学，全套三册阅读课本，他们称作《祖国语言》，共512篇，包括一百几十位著名作家的作品和片段……仅一年级就读198篇课文，包括近90位著名作家的作品。语文教材这样的"量"，这样的"质"，是我们目前的小语教材不可望其项背的。

正是有了这样的认识，李老师明确提出，"应加大阅读教材的信息量，强化语言的规范性，入选较多的名家名著、优秀的文学作品（包括儿童文学在内）以及一定数量的科普、应用、说明文体的范文"。

最后，李老师开展了卓有成效的实践研究。她进行了今天看来仍可视为大胆的结构的优化：低年级"三线同时起步"，中高年级"四结合单元教学"。在低年级，识字、阅读、作文同时起步，每周11课时分设三种课型（当时按实验五年制教学大纲规定课时划分）：语文课7课时，注音阅读3课时，观察说话1课时。这样，儿童的阅读完全纳入了教学计划，有了制度上的保证。"四结合单元教学"是针对忽略教材整体效应的编排体系、习惯于"单篇课文"教学的思路提出的。李老师认为，当时的小学语文教材存在"量少、难度低、名篇所占比例少"的"两少一低"的缺陷，于是从优化结构的角度着手增加数量，适当加大难度，提高名家名篇比例，并且将同类题材组合在一起集中教学，形成教育的强力。

以第六册为例，李老师将教材重新组合，按照写人、写事、状物、写景、古诗组合单元（大单元里再细分，如写人单元细分为写革命领袖、写科学家、写英雄人物三个单元），如表2所示。

表2　写植物单元的组合

单元	状物单元：写植物
教材目录	《荷花》《喇叭花》
补充教材	《春姑娘》《多美啊，野花》《王冕看荷花》《爱莲》
课外读物介绍	《植物趣谈》
思想教育	进行美的教育，热爱大自然
读写结合要求	学习观察植物的方法，有条理地介绍一种植物
辅助活动	开展找野花、观察蒲公英的活动
作文练习	"我是一棵蒲公英"

可以看出，这个组合打通了课内与课外，连接了读与写。更让人惊讶的是，居然还有整本书阅读的计划。据当时的记录，实验班先后增选224篇选文作为补充教材，连同教材课文，共计599篇，增选的篇数相当于教材的59%。学生从二年级起到五年级毕业，四年共读书6980本，人均阅读162本。阅读的范围涉及童话故事、小说、天文地理、历史、科普等方面，很多学生读过鲁迅、冰心、丁玲、袁鹰、管桦、金近、张天翼、高尔基、歌德等作家、诗人的作品。

二、个性化的读本：切合儿童的发展需求

为了弥补教材的缺陷，随着实验班学生的升级，李老师逐册编写补充阅读读本，前后共编了10册68万字（当时是五年制）。这套读本后来正式出版，并不断修订，日臻完善。最近，我看到了这套读本最初样子的照片，竟然是一份份装订成册的油印材料。想到当年李老师用老式钢板一个字一个字地刻写，心中感慨不已。

十多年来，市场上各类学生读本层出不穷，其中不乏口碑上佳者，

但是，李吉林老师的这套补充读本仍然具有不可替代性，并且具有很高的研究价值。

（一）经典追求、分级意识与多元选文

李老师一直强调要让儿童接触经典、走近经典，直至走进经典，她形象地称之为"这就像婴儿吃得少，就要吃最好的，尽量吃到最优质的母乳"。因此，她编写的读本里，名家名篇占到40%。仅一年级下学期，即已编入托尔斯泰的《农夫和水神》《庄稼和熊》《两个好友》等经典故事。

李老师很早就注意到了教学与儿童的关系，她的经典追求是建立在对儿童的理解之上的。她指出，对读本的选文要秉持这样的标准：一是富有童趣的；二是儿童会感到美的；三是会激起儿童想象的。可见，"儿童"是她的真正标准。她按照儿童阅读能力和审美意识发展的规律，从内容、体裁、题材多个角度分年级、有定向地选编相关选文，表现出分级阅读的意识：

一年级，50篇韵文，反映儿童情趣的短小故事。

二年级，47篇，结合儿童周围生活实际，编写短小写话范文。

三年级，54篇，按教材重新组合的单元分类补充，同时入选名家名篇。

四年级，48篇，继续分单元补充，逐步增加名家名篇，并适当增加说明文。四年级下学期补充学过的古代寓言的原文，接触文言文。

五年级，25篇，补充富有哲理的小品文、抒情散文。

选文呈现出丰富的多元性，既有名家文学名篇，又有知识性说明文，同时补充古诗文103篇。"丰富的美感，宽阔的想象空间，理科的早期渗透，有效地培养了儿童阅读的兴趣、审美情感及探索精神，促进了儿童的早期发展。"

（二）首创作家单元

在李老师编写的读本中，每册设置有三个作家单元，分别为两个"认识大作家"单元和一个"认识古代大诗人"单元，这在国内小学读本中属首创。这样的单元并非简单的作家作品集合，而是进行了结构化处理，分作家"简介""故事"和"作品"三个部分。"简介"是让儿童对作家生平有整体的了解。"故事"则选取作家的趣闻逸事，让人物可亲。这样的编排，将"人"与"文"统一起来，帮助学生知人论文，深化阅读体验。

作家的选择也很是讲究，有课文作者，如萧红、巴金、法布尔等，也有素有定评的大家，如冰心、普希金等，特别是还介绍了张天翼、陈伯吹、严文井等儿童文学名家。

（三）高年级以阅读方法指导编排单元

李吉林老师有一个观点，即语文教学要"以'练'为主线，在儿童自己的语言实践中学好语言"。这也同样表现在她的读本编写上。从五年级开始，以阅读方法指导编排单元，完全跳出了传统以叙述内容、思想内涵为主题的编排体系。譬如，五年级上学期的六个单元分别是：揣摩表达顺序、抓住说明要点、了解说明方法、体会思想感情、概括事件梗概、领悟表达方法。五年级下学期则是此基础上的螺旋上升，其中，将五年级上学期的"抓住说明要点""了解说明方法"合并为"了解说明要点及方法"，新增了"注意细节描写"单元。

有了这样的单元组织意识，将若干具备培养该项阅读能力的选文编排在一起，这仅是走完了第一步。如何让这些能力得到落实，这是编排的难点，也是考验编选者功力之所在。

李老师采取的策略是"范例阅读思考"，使思维过程可视化。每组三篇文章，首篇通过旁批的方式，具体展示该项阅读方法的全过程，让学生看得见、学得到。文后的"阅读提示"进一步从全文的角度对该项阅读方法进行总结、归纳。第二、三篇不再设旁批，通过文后"阅读提示"帮助学生阅读、思考。这样的编排大大超越了文章的原初价值，而赋予了更多的教学意义。

以五年级上册第一单元"揣摩表达顺序"为例，"范例阅读思考"编排了三篇文章：《三峡之秋》《尊严》《幻想、理想和现实》。《三峡之秋》设有 6 处旁批：

文章一开始就点出三峡已是秋天了，并突出写了橘树柚树的秋色。

"早晨"。通过写露水、峡风、白霜、朝阳中的橘树柚树，表现出三峡秋的明丽。

"中午"。写阳光下的江水，表现三峡秋的热烈。

"下午"。写黄昏中长江宁静的美。

"夜"。选取"渔火""灯标""汽笛"写三峡夜色。

特写月亮，表现了三峡秋夜的美。

旁批紧紧围绕着单元阅读方法，要言不烦，学生边阅读边揣摩，定然心领神会。文后的"阅读提示"有两道题：第一题综述文章的表达顺序，并将这一方法由篇推及类；第二题则引导学生欣赏文章的语言特色。请看第一题：

读了旁批，同学们就会明白这篇文章是按时间顺序，从早晨—中午—下午—夜晚几个时间段，写出了三峡之秋的美。

文中表示时间的词语常常出现在文章每一部分的开头，且成一个序列，同学们阅读这类文章时要注意揣摩这种表达顺序。时间顺序是最常见的一种表达顺序，同学们在习作中要注意学习运用这种记叙方法。

第二篇《尊严》是一个故事。文后提示指出：既是故事，那就有人物及其语言、神情、行为以及心理活动。在我们揣摩表达顺序时，就要把故事中的人物、表示故事情节变化的语句画下来，然后揣摩表达顺序。

第三篇《幻想、理想和现实》是一篇议论文。文后提示：我们要弄清楚这类文章的表达顺序，就要看文章一开始提出了一个什么问题，然后又是怎样来回答的，是分几层意思来说的。……在揣摩表达顺序时，要注意一些自然段开头的话。……请把文章中表达顺序的语句和表达中心的句子画下来，然后连起来说一说，文章的表达顺序就揣摩出来了。

三、突破性的教学：激活文本的经典课堂

精读、浏览、复述、表情朗读等是儿童阅读能力的重要构成，为了帮助学生获得阅读之法，李老师设计了"区分主次速读课""学习鉴赏

精读课""体验情感朗读课""扮演角色表演课""编写提纲复述课"。李老师将这种课称为专项情境训练课程。

1990年出版的《李吉林情境教学详案精选》，分为阅读教学和作文教学两个部分，阅读教学部分收有30个课例，其中课本以外的课例多达7篇，有《萤火虫》《大西瓜》《春姑娘》《太阳的话》《故乡的小园》等。根据书中注释，《故乡的小园》一课，是1986年李老师于学校80周年校庆时所执教的公开课，代表着当时学校的教学研究水平和教学改革方向。《萤火虫》一课是李老师的代表课之一，我曾有幸现场观摩，至今仍记得李老师运用情境教学的多种手段，引导学生深刻感受这首散文诗的意境内蕴。而其他教材课文，李老师教学时，也多有适当的其他文本的补充、穿插与拓展。

可以说，李老师对补充文本的课堂运用，成了她课堂教学的一大特色。那么，大容量的阅读材料是如何落实的呢？除了学生自由阅读外，李老师的教学常打通课内教材与课外读物的壁垒，将其整合，采取"多读、少讲、精练"的办法，加大教学容量，加快教学速度。

（一）课文主体，互文阅读

《海底世界》的教学是典型课例，在两课时里，李老师补充了《海底的冷灯》《人类的秘密仓库》两篇文章。与一般教师不同的地方在于，她不是在课文教学结束后，将相关文章作为补充、拓展材料推荐给学生课外自由阅读，而是作为课堂教学的一个有机组成部分，将其利用到课堂教学的课程资源的优化中来。李庆明先生认为"这几乎成为情境教学的一个主要特点"。

请看李老师教学的处理：

第一处：课堂导入时，教师启发谈话，"大家都知道我们祖国的土地很大，如果把全世界各国的土地合起来，那就大极了，你们可知道，地球上有没有什么地方比全世界陆地更大"。——阅读《人类的秘密仓库》第1、2、3节，读后说说这三节告诉了我们什么。

第二处：通过创设情境，学生凭借课文，发现深海有点点星光。这些星光是什么呢？——阅读《海底的冷灯》，同时指导阅读策略"跳读"。

第三处：启发思考：海底有哪些动物？除了动物还有哪些有生命的物体？——自学讨论《海底世界》第4、5、6节，《人类的秘密仓库》第4节。

第四处：阅读这两篇文章的时候，有没有发现有矛盾的地方？课文说"海底有三万种动物"，《人类的秘密仓库》说"海底有十五万种动物"，究竟哪个正确？

第五处：课文写海底动物和植物注意选取典型材料，《人类的秘密仓库》是不是也选取了典型材料？（"最重的""最小的"）

我们看到，李老师对文章的选用、组合非常用心，善于找到文本间的关联处，将其放大、凸显，从而获得远远大于单篇阅读的效应。

（二）整体阅读，获得规律

李老师还常常从优化结构入手，进行单元整体教学，让学生掌握阅读规律。"我们去寻找美"是写景单元，李老师编排了《雨》《外婆家》《冬天》《瑞雪》四篇文章。在这节单元综合课里，李老师运用角色效应缩短了儿童与教材之间的距离，揭示出写景文章的要领——看得细、听得真、想得美，并让学生初步懂得抓住课文中表示时间推移或地点转换的词语，厘清全文结构层次的学习方法。

在导入新课后，李老师就启发学生担当角色，进入情境——让他们选择担当这几篇课文的作者，组成一支旅行队，一起到大自然、到生活中去寻找美。学生凭借课文描写，在想象性情境中描述自己的所见所感。最后，凭借情境，引导学生理解文章的不同表达顺序。四篇看似关联不大的文章，在李老师巧妙的情境串联下，成了一个整体，既提高了阅读效率，又获得了对写景文章规律的掌握。

李吉林老师的情境教育思想被誉为"蕴含东方文化智慧的课程范式，回应世界教育改革的中国声音"，其在儿童阅读课程建设方面的开创性贡献同样让我们深怀敬意。

■ 贾志敏：教语文就是教做人

贾志敏（1939—2019），上海人，特级教师，著名小学语文教育家。曾任上海市浦明师范附属小学校长、上海市金苹果学校小学部校长，民进上海市普教委员会副主任，浦东新区区委委员。1999年获浦东开发建设特殊贡献奖，2000年被授予"浦东名师"光荣称号，2015年获中国好教育烛光奖。

从事小学教育工作60年，有着丰富的教育教学经验。他的教学态度亲切，教学语言生动，教学效果显著，深受广大教师和家长的好评，更受小朋友的欢迎。他一生践行叶圣陶语文教育思想，追求无痕的育人境界，形成本真、质朴、简约、灵动、大气的教学艺术风格。他治学严谨，勤于笔耕，著述颇丰，著作《与讲台同在》入选中国教育新闻网2017年度"影响教师的100本书"。

贾志敏小学语文教学的探索历程及思想演进

李 重

1958 年，贾志敏老师高中毕业后无奈地走上讲台，做起了代课老师。2018 年 4 月 14 日，他带病执教人生最后一课"素描作文"。从初登讲台到最后一课，贾老师坚守三尺讲台 60 载，在小学语文园地风风雨雨耕耘了一辈子，可谓桃李满天下，功德无量。本文试图从职业生涯发展的角度来梳理贾志敏老师的职业发展阶段，努力揣摩、提炼他每个发展阶段背后所蕴藏的朴素道理，尽力探寻、领悟其小学语文教学的育人之道，希冀贾老师光辉的教育思想能够流传于世、发扬光大。并以此文缅怀之。

一、代课、问教摸索期（1958—1976）

（一）教学探索：为谋生糊口，无奈当上代课老师，尽力站稳讲台

贾志敏老师高中毕业后求学无门，生活无着，只能靠打工代职谋生。在此境况下，他走上讲台，从代课老师起步，开启了他崎岖艰辛而又闪光不凡的教育人生。这个阶段属于早期探索时期，贾老师最初并不知道如何备课、上课，也不会教学，可是他非常珍惜来之不易的代课机会。为了上好课，他积极投入、多方求索，一方面反思自己、反思实践，另一方面积极求教于先进工作者，虚心学习教学方法。

1. 从自己的读写、带班经验来思考如何教语文

贾老师读高中时被誉为"文豪"，读写能力强，于是他时常反思自己的读写经验来教学生。他积极鼓励学生，悉心培养学生的学习兴趣，引导学生读好书，他发现只要学生爱上阅读就好办。贾老师还善于将心比心、换位思考来做好带班工作。1959 年，贾老师在上海徐汇区代

课，带的是六年级（1）班，这是一个出了名的"乱班"。"我那时候20岁，精力充沛，就跟他们一起种地啊，浇水啊，大家关系处得很融洽。咦，后来这个班变了，由'乱班'变好了。"（注：这是2015年2月5日贾老师在家里接受我采访时说的话。）后来贾老师据此写了一篇文章，题目是《中队日记》，刊发在《解放日报》1961年6月24日第2版。这次经历也让贾老师认识到了解学情、处好师生关系的重要性。带班如此，教语文亦然。

2.向过去的老师学习如何教语文

在摸索期，贾志敏老师时常回忆过去的老师、曾经的语文课，向自己的老师学习如何教语文。

（1）一位小学语文老师教他懂得激励的价值。贾老师在《课堂的记忆》中写道："65年前，课堂上。一个孩子终于磕磕绊绊地读完10个生字。真糟糕，还读错3个！他惶惶不安，等待教师指责。然而，教师没有批评他，却说：'真了不起，10个生字居然读对7个。为他鼓掌！'话毕，教师带头拍起手来，教室里掌声骤起。那个男孩第一次得到大家认可，他终于抬起头，露出笑容……这个男孩，长大以后也当了教师，而且当了一辈子教师。他，就是读小学时候的我。"正是这位可敬的小学老师在孩童成长的关键节点，给予了贾老师珍贵的激励与向上的力量，让他终于收获自信，慢慢喜欢上读书、学习。通过这个成长故事，贾老师深切地明白激励的育人价值，后来，善于激励也成为贾老师的教学特色。

（2）一位中学语文老师教他懂得教学语言的艺术与力量。贾老师曾回忆道："这位老师叫吴竞寸，穿着长衫，戴一副眼镜，貌不惊人。那个时候上课非常吵闹，其他老师没辙。有一次吴老师走进教室，大家还在吵闹。他走上讲台一边说'我姓吴'，一边将自己的名字写在黑板上，字非常漂亮。紧接着自我介绍，'名叫竞寸'，'我的名字是我的父亲给我取的，意思就是我们要保卫国土，每一寸土地都要竞争，寸土不让！'班上同学一听，'哎，有点意思'。吴老师几句话就把大家给吸引住了。课堂安静下来，他就开始讲课。这件事情对我触动很大，我感到说话要有艺术，才会有好的效果。"（注：这是 2015 年 1 月 31 日贾老师在家里接受我采访时说的话。）

（3）向大姐贾志勤老师学习，初窥语文教学门径。贾老师的大姐贾志勤长他 14 岁，1948 年毕业于圣约翰大学英语文学系，上海解放后，她改教中学语文，教得非常出色，颇受学生欢迎。贾老师说："她待人真诚、学识渊博、语言生动、语感极佳。普普通通的一件事，只要一经她叙述、描绘，就立刻变得生动有趣，让人爱听。"

贾老师最初不知道怎么上课，常求教于他的大姐，由此学会怎样把握教材、如何设计教案、如何驾驭课堂、如何评改学生作文等。例如，阅读课导入要善于抓标题，巧引导，点到位，收得拢，迅速切入课文主旨。还包括为人、为师的价值引领，贾志勤老师常说："一名教师首先要爱学生，其次要读好书。爱生是立业之本，读书是立身之本。""人要有傲骨，但不能有傲气。""志气是长出来的，臭气是'教'出来的。"这些平凡而朴素的话语长久地感动、激励着贾志敏老师。贾老师经常说："我的教学里有着大姐的影子。""大姐是引领我走进语文教学王国的导师。我感谢大姐对我的引导和教诲。"

（4）阅读名师文章，学习名师经验，把握发展方向。早在 20 世纪 50 年代，袁瑢老师就因教学业绩突出，荣获"全国劳模"称号，受到刘少奇主席的接见，享誉大江南北。贾志敏老师如饥似渴地研读袁瑢老师的教学文章，学习她的教学经验，边学习边实践，从而把握教学发展方向。

（5）被关进"牛棚"，仍不忘思考语文教学。"文化大革命"期间，贾老师也遭到冲击，受批判、被示众。这个时期贾老师无缘授课，在校打杂，可是他一有机会就凑到教室窗户边，悄悄观摩其他老师上课，思考语文教学。贾老师曾经撰文回忆这一时期观摩一位老师执教的五年级课文《砂轮的启示》，他领悟到语文课不能光顾着讲解课文内容，而要凭借课文组织学生读写练习，通过课文来学语文。

（二）教学思想的孕育期

从 1958 年到"文革"结束，贾志敏老师处在"代课、问教"摸索期，持续了近 20 年，总体上属于追求站稳讲台、谋求生存的阶段。为保住"饭碗"，贾老师必须尽心尽力上好课，赢得学生的喜欢，所以他把主要精力用来修炼语文教学的实用技艺。具体包括：（1）反思自己的读写经验，自得自悟。（2）回忆自己中小学老师的教学实践，汲取经验或教训。（3）积极向周围人学习，特别是向他的大姐贾志勤老师学习。这类学习属于情境化问题导向的学习，碰到具体的教学问题，随时请求指导、接受点拨。多年后，贾老师觉得这种学习方式对他的专业成长作用最大，他由此跨入小学语文教学进阶的大门。（4）社会生活中的语文学习，这是打底奠基的工作。在日常生活中，贾老师对语言文字运用极为敏感，处处留心，时时学习，点滴学习，不断提高自己的语文功底。总之，当时贾老师还没有形成教学思想的自觉意识，处在漫长的教学思想孕育期。

本阶段贾老师的主要教学特点如下：（1）职业动机从被动谋生升华为自觉追求、潜心研究。促成这个转变的关键因素是反思习惯与价值启蒙。从当代课老师起，贾老师逐渐养成勤于反思的习惯，一边从事教学实践探索，一边比较教学效果、分析原因，围绕教学问题不断思考，不断向他人请教。通过大姐贾志勤老师的点拨、引导，贾老师逐渐意识到：做人民教师，不仅可解决生存问题，还能为社会做贡献。他发自内心羡慕公办教师，自觉追求上好课，教好语文。这份明确、内在的自觉追求，以及相伴而来的存在感、价值感给予了贾老师强大的驱动力。贾老师忘我地投入教学工作，与这份强烈的内驱力不无关系。（2）学情意识、实践意识、师生交往、教学激励与学生主体等，已经构成贾老师酝酿教学思想的重要元素。为站稳讲台，搞好教学，贾老师非常注重从学生实际出发，依据学情来调动他们的能动性。他还善于和学生搞好关系，擅长采用灵活多样的方式来激励学生、引导学生，逐渐建构起学生主体的思想观念。（3）语文教学要积极调动学生主动参与，在听说读写实践中学好语文。这个时期贾老师开始摆脱"教统治学"的窠臼，摆脱教师"满堂灌"的模式，注意尊重学生在听说读写实践中的主体地位。如贾老师在评议语文课《砂轮的启示》时，说："陈老师对教材钻研深入，理解亦属深刻，在课堂上神采飞扬，滔滔不绝。欠缺的是课堂不闻书声琅琅，也不见议论纷纷，更谈不上质疑问难了。学生始终处于被动地位，很少见他们读和写、讲和练。"

二、站稳讲台，走向成熟（1977—1989）

（一）教学探索：为实现自我，勇挑教改重任，不断超越自我

1978年，学校正式让贾老师带班、上课，他非常兴奋，充满激情，迫切想做出成绩来证明自己。为了响应当时国家"多出人才，早出人才，出好人才"的号召，贾老师主动请缨，提议由自己语算包班，一年教完两年课程，四年级学生随五年级学生一起报考中学。经过学校领导同意后即付诸实施。那段日子，贾老师夜以继日地干，甚至曾晕倒在讲台边，被唤醒后"不下火线"，继续工作。功夫不负有心人，"到1979年的暑假，该班获准破格参加黄浦区初中入学考试，结果80%的学生成绩达到区重点中学录取分数线"。贾老师由此崭露头角，始有名气，他随后被转为公办教师。这件事情一方面给予了贾老师极大鼓舞，坚定了他教学探索之路；另一方面也为其专业发展创造了诸多有利条件。具体包括：

1. 吴立岗指导作文教学

贾老师的作文教学改革与吴立岗教授的素描作文教学研究，有着异曲同工之妙。经人介绍相识，两人一拍即合、相见恨晚。"他介绍的和我正在实践的几乎是一个事儿，我们第一次见面只感到相见恨晚。我记得只要我上公开课，他无论工作多忙，路途多远，总是早早地来到教室，坐在讲台边，微笑着看我上课。课上完了，他还要做些点评。""说立岗是我的导师是恰如其分的，一点也不为过……是立岗指导我进行了作文教学的研究与探索。通过他的帮助，我终于取得了一些进步和成

绩。"我和吴立岗教授从相识、相知到现在深交，已有 30 个年头了……立岗先生是我的伙伴、挚友，也是我的导师。"1982 年冬天，贾老师随吴立岗教授在山东牟平出席一个全国部分省、市作文教学研讨会，"我有幸结识了不少专家和学者，如北京的张田若，广东的丁有宽、钟治祥，天津的陈文彰等，我从他们身上学到了许多有用的东西"。

2. 李伯棠指导阅读教学

华东师范大学李伯棠教授携夫人常来听贾老师上课。李教授每次听课都闭着眼睛，听完了不说话，也不评议。有一次贾老师一定要他说几句，李教授就睁开眼睛，用地道的常州话说："还是读得太少。文章是白话文，学生一读就懂，何必分析来分析去的？要留出时间让学生多读课文。"当时贾老师还不太明白这些道理，后来越来越深刻地体会到李教授说这一番话的苦心。

3. 袁瑢指引专业发展方向

这个时期贾老师有较多机会观摩袁瑢老师的语文课。后来，贾老师随袁瑢老师一起评选上海市小学生优秀作文，一起编写四省市小学语文教材、S 版语文教材，一起去井冈山革命老区讲课，一起到改革前沿深圳经济特区交流。贾老师与袁瑢老师的情谊越来越深，袁瑢老师对贾老师的影响也越来越大，"她钻研教材深入细致，备课一丝不苟，上课从容自如，举重若轻；她言行举止随和而谦逊，让人感到亲切无比，完全是一位'学高为师，身正为范'的长者"，"袁瑢老师严谨的治学精神，谦逊的教学态度，朴实的教学语言，让我折服，催我奋进"。在袁瑢老师的影响下，贾老师逐步走向专业发展的成熟期。"我是读着袁老师的书成长起来的，我是踏着袁老师的足迹一步一步走向成熟的。"

（二）教学思想的形成期

在这个阶段贾老师持续努力了 10 余年。这 10 余年是贾老师奋勇前进、广为求索、在教育生涯中承上启下最为关键的 10 余年。这 10 余年也是贾老师在苦闷中坚守、积淀实力、蓄势待发的 10 余年，也是他激情满怀投身于小学语文教学改革，致力打一场"翻身仗"的 10 余年。

这个时期改革开放的宏观背景为贾老师的微观教改实验提供了必要的前提条件。借助改革开放的东风，贾老师的语文教学思想不断形成。其主要影响因素及主要特点如下：

1. 立足岗位成才，"做中学""学中做"

1978 年，贾老师正式得到一个三年级的教学班，通过"包班实验"，他摸索出提高学生成绩的要领。依托课堂，他积极推行语文教学改革，又得到了李伯棠教授、吴立岗教授等人的理论指导，从而改变了自己的教学观念，促进了其教学思想的形成。贾老师的这一经历启示我们，语文教学是实践性很强的专业活动，课堂是语文教师专业提升的舞台；依托课堂，"做中学""学中做"，实现教学理论与教学实践的转化与融通，是实现专业成长的重要方法。由此形成了贾志敏教学思想"重务实、重实践、本土原创"的特色。

2. 重视教学理论指导，避免盲目行动

贾老师非常注重遵循学生的认知规律及语文教学规律，注重科学的教学理论指导，避免盲目行动。在指导思想正确的前提下，贾老师的教学不投机取巧，不走捷径，真正做到了"扎硬寨，打死仗"。这也是贾志敏语文教学富有生命活力的根本保证。

3. 尝试建构独特的作文教学及阅读教学思想

在作文教学方面，贾老师重视"素描"，重视写作情境创设，重视写作任务及写作支架设计，引导学生在多写多练的语言实践中来学习作文、提高作文水平。这种作文教学思想倾向于学生学习语言文字的实际运用，倾向于训练学生的交际技能。在作文教学过程中也重视育人，"学作文，学做人"。在阅读教学方面，贾老师对白话文的阅读教学有了更深刻的理解。受李伯棠教授的启发，贾老师开始意识到小学白话文阅读教学的特殊性，即学生理解小学白话选文的思想内容相对简单，教师不必做烦琐分析，而是要让学生多朗读、多交流、多思考、多感悟，从而提高学生对语言文字的敏感度及语言运用水平。从此，贾老师走出了讲读课文的窠臼，彻底摆脱了对课文内容的烦琐分析套路，特别注重朗读课文，即通过反复朗读引导学生品味文章表情达意的佳妙所在。此外，贾老师也注重阅读与写作教学的整合、融通。

4.进一步深化对学生主体的理解

不仅充分认识到学生主体的重要意义，而且将学生主体放在语文教学规律层面来理解，在语文教学中全程渗透学生主体的观念。贾老师明确提出，要想有效提高学生的语文成绩，就要"把课堂还给学生，把时间留给学生，教师须精讲，学生得多练""就是按语文规律来办事，就是要让学生会说会写……所以我就叫学生每天练字，要把字写好，每天写作文，写好以后我来改，反复练、反复改"（注：这是2015年1月31日贾老师在家里接受我采访时说的话）。当然，这还是应付应试教育大环境的实用策略。

三、锐意精进，实现卓越（1990—2000）

（一）教学探索：教学相长，自我修炼，同行切磋，成就卓越

经过第一阶段20年的沉潜酝酿，第二阶段10余年的持续积淀，加上李伯棠、袁瑢、吴立岗等多位专家名师的指导，贾老师已经积攒了足够深厚的语文教学功力，具备冲击顶尖的潜能。可以说，自20世纪90年代起，贾老师专业发展真正步入黄金时期，"天时、地利、人和"，他乘势而上，锐意精进，终于春华秋实，硕果累累。贾老师于1994年荣获"上海市特级教师"称号；于1999年荣获浦东新区开发建设特殊贡献奖；于2000年又荣获"浦东名师"称号。

这个时期贾老师实现专业精进的有利条件更为优越，如：（1）为他的父亲成功平反，贾老师长久背负的精神十字架全部卸下，顿有重获新生之感，精神状态焕然一新；（2）1992年贾老师担任浦明师范附小校长，同时执教语文课，在新的平台渴望有一番新作为；（3）学校生态环境越来越有利。1990年4月18日，国家宣布开发上海浦东，这势必对浦东中小学校提出更高要求，也提供了更好的发展条件。当然，最重要的专业发展原因在于语文教学本身，在于贾老师的自我修炼。

具体情形如下：

1. 教学相长，差异教学，锐意精进

教与学是相伴而生、相辅相成的。贾老师虽然担任校长，但仍然坚守三尺讲台，教学相长，锐意精进。他从更深的层面来琢磨教学、探索教学。他会留意搜集学生的作业文档，细心研究学生的个性差异，并依据学生的差异来精心设计、悉心施教。与学生交往时，他常常反躬自省，不断调整自己，非常善于在教学实践中反思、学习。

2. 自我修炼，苦苦求索，全面提升

贾老师成为卓越名师的最根本的力量在于其持续不断地自我修炼。自我修炼是所有名师成长的利器，也是贾老师走向成功的不竭动力。"高中毕业之后，我就教书了，既没有经过专业培训，也没有进大学深造，才疏学浅，见少识窄，全凭自己的一腔热情苦苦地摸索。"他的自我修炼是多维度的立体修炼，如：学习叶圣陶语文教育思想，修炼思想、人格；生活中留心积累、研习，修炼语感、文感；感恩学生，修炼教学能力；坚守信仰、忠诚祖国的教育事业，修炼师者的人格底蕴。

3. 专业反思，专业写作，助推专业发展

（1）坚持"国旗下演讲"。从1993年开始，贾老师连续10多年坚持每天做"国旗下演讲"，主要是对各类教育现象作专业评议。为此，他每天都要留心观察、捕捉适合的育人素材，再加工、转化为演讲内容。这些发生在学生身边的平凡小事，经贾老师演讲，很感人，也很启迪人。后来这些演讲稿陆续得以出版。"国旗下演讲"，既是贾老师领导学校的方法，也是他锤炼专业能力的习惯性操作。（2）积极撰写教学反思。贾老师上完课后总爱反思，回想上课时所说的每一句话、每一个提问是否恰到好处，有时想到睡不着觉，有心得时就爬起来随即写下来。如果有比较系统的心得，贾老师就会把它整理出来，拿去发表。（3）撰写教学小论文。这个时期贾老师发表了很多语文教学小论文，深入阐发了自己对小学语文教学的独特思考。如《嫩枝宜扶不宜折》阐发了对教学激励的理解，提出"对学生鼓励要多于批评"；《"教师"与"教练"》

阐发了对语文教师的看法，"在课堂上，教师要精讲，学生要多练……一堂课，教师讲三分之一（最多讲一半时间），余下时间让学生多读多练"。（4）发表教案或教学实录。贾老师在全国各地上示范课的机会越来越多，他的教学实录或教学设计常在专业期刊发表。如《十里长街送总理》教案、《居里夫人小时候》教案、《程门立雪》教案、《镇定的女主人》教案，等等。（5）出版语文教学专著。如《贾老师教作文》（上海教育出版社，1993 年）、《锦上添花——贾老师教小学作文》（复旦大学出版社，1994 年）、《贾老师评改作文》（上海交通大学出版社，1997年）、《贾老师教语文》（上海教育出版社，2000 年）。

4.加强同行切磋，积极服务社会

这个时期贾老师与全国同行交流切磋的机会越来越多，他与于永正老师、吴忠豪教授的交往已成佳话，大家对语文教学诸多问题的见解常不谋而合。贾老师的作文教学改革实验，被拍成《贾老师教作文》教学系列片，在中央电视台及多家地方电视台陆续播出，产生了广泛的社会影响。贾老师连续 20 年先后到上海人民广播电台、上海东方广播电台讲授语文、做作文辅导，最初栏目是《特级教师到你家》。借助电波，贾老师将自己的教学经验、教育智慧输送到千家万户，为全国语文教育带来了深远影响。

（二）教学思想的成熟期

从 1990 年到 2000 年，贾老师的语文教学探索迎来成熟期。经历了第一个 20 年的蓄势与磨砺、第二个 10 年的爆发与追赶，第三个 10 年中贾志敏老师更加自信、稳健，苦尽甘来、意气风发，他更加注重总结、反思、提升，对小学语文教学的理解也更加精粹、醇厚、老到。贾老师实现了延续性、累积式发展，突破自己，成就自己，也成就了本真、质朴、简约、灵动、高效的"贾氏"小学语文教学艺术。下面试阐述这个时期贾老师的教学思想特色。

1.延续传统，返璞归真；扎根田野，收获真知

"五十而知天命"，这个时期贾老师的自我定位是叶圣陶语文教育

思想的自觉践行者。"我是比较传统的，我喜欢的就是叶圣陶、丰子恺的东西，我感觉他们才是中国语文的真正代表。……我的语文教学就是实践叶老的思想。""叶老的语文教育思想，确实是真知灼见。"(注：这是 2015 年 1 月 31 日贾老师在家里接受我采访时说的话。)通过课堂，他创造性地传承叶圣陶语文教育思想。对语文教学本质，贾老师主张"要返璞归真"，"摒弃繁琐分析，强化熟读背诵；着重语言训练，重视迁移应用；减轻课业负担，激发学习兴趣。如果我们切实做到删繁就简，返璞归真，则可望提高语文教学效率，使广大中小学生的语文基础得以加强，素质水平有所提高"。这与贾老师的语文教学风格是一致的。无论是教学思想，还是教学艺术，都是贾老师扎根课堂田野、长期苦干"做"出来的，都是实践智慧的结晶，也是生命体认的结果。

2. 阅读教学与作文教学的思想特点

这个时期贾老师出版了许多论著，提出了关于阅读教学及作文教学的诸多主张。总体而言，这些教学主张主要体现为注重语文教学过程，把握"两个对象"，通过创造性的教学设计与实践将两者关联起来，落实到学生的语文能力培养上。贾老师常说，小学语文教学就是"两句话""八个字"，即"字词句篇""听说读写"。"字词句篇"是指汉语汉字及其内在规律，这是语文的学习对象；"听说读写"是指学生的语文学习活动。语文教学就是精准把握"两个对象"的个性特点，通过创造性的设计与教学实践，实现两者的灵活转化。这里并没有将阅读与作文教学截然分开，这体现了贾老师语文课的一般特点——注重阅读与作文教学的整体融通。贾老师也常说，语文教学不算太难，教师主要做四件事：培养兴趣、传授知识、养成习惯、提高素养。这体现了叶圣陶"教是为了不教"的育人思想。为此，贾老师特别强调教师的自我修炼，尤其是"锤炼语感"和"研究学生"。"锤炼语感"的过程是教师修炼生命、完善人格的过程，"研究学生"则是教师感悟生命成长律动的过程。

3.遵循教育规律，坚守学生立场

贾老师教学严格、理性，态度认真、较真，其思维参照系就是遵循学生的认知规律与语文教学规律。对此，吴立岗教授看得非常透彻，他说："纵观贾志敏的作文教学实践，我认为他获得成功的关键在于他的教学思想端正，即把全面提高学生素质作为作文教改的根本出发点。"这也是贾老师整个教育人生根本的立足点，全部的语文教学探索都是为了学生的健康成长与最终成才。所以贾老师后来提出"为学生终身发展奠基"的观点，他说："教学生一年，要想到他五年；教他五年，要想到他五十年乃至终身。"

四、坚守讲台，服务社会，宝刀不老，风采依旧（2001—2019）

（一）教学探索：与讲台同在，培养教师，带病参与"真语文"教改活动

这个时期贾老师主要做了两件事，即担任上海民办金苹果学校小学部校长；参与全国"真语文"教改活动，为全国各地的小学语文教师上示范课。"当年，我为了生活走上这三尺讲台；今天，我离开这三尺讲台则一刻也无法生活……"退休以后，贾老师满心失落，他眷恋讲台，眷恋与孩子们相处的岁月。于是他退而不休，毅然选择与讲台同在，继续为小学语文教学奉献力量。

1.为青年教师上示范课，全方位培养卓越教师

在金苹果学校，贾老师将语文教学作为学校发展特色，主抓教师和课堂，服务学生健康成长。其实，培养青年教师，贾老师成名之后一直在做，浦明师范附属小学曾设立贾志敏"语文教师培训基地"。培训对象不单是本校年轻教师，也包括来自全国各地贾老师的弟子们，还有来自新加坡的学员。贾老师培养青年教师，不光凭嘴说，还要做给学员看，讲学、示范、评议、演练合一，效果显著。在金苹果学校执教期间，贾老师让年轻教师挑最难教的课文，统计好，"点菜、下单"，他逐篇挨个儿指导，从设

计教案到上示范课，再到课后指导等，手把手带着老师们过一遍，再让老师们研讨、领悟、实践。贾老师曾说："老有老的好处：精力不足，经验却老到。经验是一笔财富，失败也是一笔财富。把这笔财富毫无保留地赠送给年轻的教师，也是对社会的一种奉献。"虽然人到晚年，精力不济，甚至后来罹患重症，贾老师还是通过各种方式来帮助青年教师成长。他说："我愿作人梯，让青年人踩着我的肩膀去攀登科学的高峰。""我愿作红烛，耗尽自己，照亮别人。""这是我的责任——不可推诿的社会责任。"

2. 带病参与"真语文"教改活动，为语文教育的未来呐喊

2009 年，贾老师被诊断出罹患癌症，但他依旧坚守讲台，为广大语文教师带来了一堂堂朴实本真、清新生动的语文课。2012 年 11 月 22—25 日，全国 14 省市 32 校小学语文联合教学研讨会在福建泉州举办。73岁的贾老师为全体与会教师代表上示范课《普罗米修斯》。大家高度赞同并一致推崇贾老师的本真语文教学。最后，研讨会以《语言文字报》《语文建设》及全国 14 省市 32 校的名义发布了《聚龙宣言》，向全国语文教育界同人发出"学习贾志敏，实施本真语文"的倡议，"让我们本本色色教语文，认认真真教语文，使语文回归本真状态"。那些年贾老师伴随"真语文"去了北京、石家庄、成都、西安、广州等地，为数以万计的语文教师带去了一场场朴实、生动的语文课。潘新和教授曾写道："上手术台与上讲台，成为他生活之常态。他以信念逾越、战胜病痛，将师道之弘毅、壮美演绎到极致。"

（二）教学思想的升华期

1. 人格化的教学与生命的歌唱

从某种意义上说，贾老师是在用顽强的生命来呈现师道之壮美，用本真的生命来追寻师道之永恒。其语文课日臻完美，实现了人格化。杨再隋教授曾说："古人谓：文如其人。其实，课亦如其人。一堂好课，折射心灵世界，浓缩人生精华，散发人格魅力，凸显生命价值。""人与课的融通，心与课的交汇，情与智的聚合，教书与做人的一致。这就是人格化的教学。""人生就是一本教科书，一堂好课就是浓缩了的人生，人

生如斯，课如其人。"谈永康老师说："贾老师教语文，就像于漪老师说的那样：全身心投入，用生命歌唱。"教学是人生的一部分，贾老师将个人教学史融入完整的生命历程，化为承载生命价值、创造生命价值的过程。

2. 从学科教学走向全面育人，融通"教"与"育"

如果说过去贾老师的课更多地是追求效率，"包班实验"更多地是为应试服务，后来他则侧重于反思学科教学的育人价值，反思学生完整生命的成长和人格的健全发展。2017 年春节，年近八旬的贾老师接待了一批 20 世纪 60 年代初他教过的老学生，"有十几人，均是 70 岁上下的老翁、老妪"。当问到"小时候，你们读过的课文中，哪一篇印象最为深刻？《刘胡兰》《小英雄雨来》《收租院》《林海》《十六年前的回忆》《我的伯父鲁迅先生》……"时，大家面面相觑，回答模棱两可，没有人能说清楚，似乎读过的上百篇课文，印象皆无。"这，引发了我的深思。彼时，我们备课都是挑灯夜战，精心讨论。课上，我们均是认真讲解，仔细分析……结果，好像恰恰打了水漂，做了无用功。看来，语文课上我们仅仅给学生讲解内容、分析课文是徒劳的。"贾老师感叹之余顿悟："我们教语文，图的就是'育人'。"可见教课文不是目的，真正的目的是通过"教书"来"育人"，培育身心健康、积极主动发展的人。

凝视：中年级作文教学的新突破

梁莺莺

中年级是作文的起步阶段，是学生从看图说话、写话过渡到自主选材、独立习作的关键时期。很多学生在这一阶段会"无从下笔"。究其原因，是因为有经历无认识，没有从凝视的角度看世界，没有从凝视的视角炼语言。近日重新阅读了贾志敏老师关于素描作文的几个课例，可以找到突破这一困境的钥匙：凝视。也就是说，在习作课上引导学生对事物进行从外到内的细致观察和情感体察，激发学生的作文动机和兴趣，鼓励学生表达真情实感，扎扎实实地掌握语言文字的基本功。从作文教学的突破来看，中年级作文课上的"凝视"至少有以下三个视角。

一、素材：场景再现，重组素描资源

看到一个作文题目，很多学生的直觉反应是"不知道该写什么"，无从寻找习作素材。长此以往，学生怕作文的心理就产生了。贾老师的素描作文教学就给了我们很好的启发。学生没有写作素材，贾老师就做动作给他们看，找一些物品给他们看，看完了要学生练习写作。贾老师说："事与态都是摆在眼前的，极具体而有可观性，比较容易捉摸，好比习画写生，模特儿摆在面前，看着它一笔一笔地模拟，如果有一笔不像，还可以随看随改。紧抓住实事实物，决不至坠入空洞肤泛的恶习。"这番话其实就在告诉我们：写作，首先就要学会对素材的凝视。

贾老师在"叙事素描作文"一课伊始，就曾有这样一段指导学生凝视素材的经典片段：

师：写作文少不了观察，观察的主要手段就是用眼睛看周围的事物。可是如果光用眼睛看，不用脑子记，眼睛就会欺骗你。我问两个问题，看你能不能回答。对住在城市里的人来说，马路上控制交通的红绿灯不陌生吧？见过吗？（生点头）红绿灯中哪一个灯在上面？

生：绿灯在上。

师：是绿的？（出示）哪个在上？

生：红灯。

师：尽管我们的眼睛每天看到同一事物，但是却熟视无睹，脑子不用，看到的也是假的，眼睛会欺骗我们。再问第二个问题，我刚才进来跟你们见面，你们看到我穿了件大衣是吧？（生点头）这件大衣是什么颜色的？

生：黑色的。

师：黑色的？（拿出一件上衣）是大衣吗？不是的。所以观察要看仔细，而且脑子也要记，记清楚。

课未始，贾老师就从如何观察这一角度对学生进行了身体力行的教学，着力于提高学生的观察能力，继而引导学生留心观察生活，用文字记录自己的观察与感受。

细致的观察能力，只是作文成功的第一步。在作文课上，还需要教师带着学生对素材进行加工，从而实现资源的重组，为学生的习作服务。贾老师的素描作文课，经常会在此时停下脚步，用表演、实物展示等方式，引导学生对素材进行"凝视"，让场景在作文课堂再现。比如，在"叙事素描作文"一课中，师生共同表演，再现了"爷爷找手机"的场景；在"一个橘子"一课中，贾老师直接拿出橘子，引导学生凝视观察其外形、大小、形状、味道。在贾老师的指导下，学生逐步学会了用自己的眼睛、自己的心去观察生活，发现生活，学会了用儿童的语言来表现生活，从而走向作文练习的正道。

在贾老师的素描作文课上，对素材的"凝视"，其实就是对真实生活的聚焦和重组。它符合小学生直观感性的认知要求，鲜活的人物、生动的情境、直观的事物，对学生具有强烈的吸引力，尤其是刚接触写作的学生。

凝视素材，可以更好地激发学生的习作兴趣，解决"写什么"的难题。

二、语言：巧用策略，拉长炼字成文

贾老师指出："小学生习作就是把自己看到的、听到的，以及亲身经历过的有意义的事，围绕中心，按一定的顺序用文字表达出来。"这是他对习作性质的一种理解。其基本元素是"写什么"和"怎么写"。凝视"素材"，解决了"写什么"的问题；凝视"语言"，就能够解决"怎么写"的问题。贾老师的素描作文课常常巧用策略，帮助学生炼字成文，把对客观世界的认识、情感转化为文字的表达，提高学生的作文能力。

（一）巧用"拉长"策略，让语言表达有血有肉

贾老师认为：写作文就是由一句话变成几句话，而后再由几句话变成数十句话、数百句话的过程。他颇有趣味地说："作文有点像兰州拉面，一个面团，拉长以后，一折二，二折四，四折八……面条越拉越细，最终拉出的是细如头发丝的面条。"他的很多作文课都巧妙地运用这一策略，引导学生开展语言实践活动。

师：中国人写文章，讲究起承转合，要交代起因、经过、结果。这6句话，就是一篇文章。我请一位同学来读一读，题目就叫"找手机"。（出示，生读）

找手机

爷爷刚要出门，发现手机不见了，非常着急。他让我们全家出动，寻找手机，结果一无所获。当我知道爷爷的手机开着的时候，我拨通了他的手机。爷爷的手机在冰箱里唱着歌呢。手机怎么会跑到冰箱里去呢？原来，爷爷吃完了早餐，把剩下的饭菜送到冰箱里的时候，随手把手机也放进去了。

师：真有趣，两百字不到，把事情说清楚了，可是这样写，这样交代，

不具体。我们可以把一句变成几句，再把几句连起来。这里一共有6句话。（师指挥学生分组）每一组，把一句话变成几句话。

（生写作3分钟）

师：先写好的同学，可以轻声地读一读自己写的作文。通吗？顺吗？用词恰当吗？能不能再写得具体一点、清楚一点、生动一点？

（师选两组学生上台读自己的作文）

这一片段来自"叙事素描作文"一课，前面通过师生表演故事，学生已经对作文素材进行"凝视"，构建了新的作文素材，但是只有短短6句话。此处，教师将"凝视"的目光聚焦到语言的表达上，引导学生任选一句话，用"拉长"的策略将一句话变成几句话，从而把语言表达变得有血有肉。

（二）妙用"炼字"策略，让语言表达准确规范

写作文要咬文嚼字，静心会文。对此，贾老师几乎把它做到了极致。有的句子看似无可挑剔，句子通顺，意思明白，然而还得反复诵读，仔细推敲。在《贾老师教作文系列讲座》中有这样一个案例。

师：请看这样一句话："寒假里，我和爸爸有幸来到杭州。"对这一句话，我们不妨来"咬一咬""嚼一嚼"。

（1）"有幸"，指机会难得，非常幸运。句子中的"有幸"能管住"我"，而要管"爸爸"，则有些牵强了。道理很简单，上海、杭州相距不是很远，爸爸去杭州的机会一定不少，因此，应将"有幸"一词置于"我"的后面较为贴切。

（2）将"和"改成"随"或"跟"较好，借以说明晚辈对长辈的尊敬。

（3）从行文中可以看出，小作者是在上海写这篇习作的，故不能用"来到"，而须用"去"或者干脆删去"来"字。

（4）到杭州去干什么？句子没有交代。别人读了就会产生疑问，如果去奔丧、扫墓，也算"有幸"？因此，后面该加"游览"一词。

这么一"咬文嚼字"，就能辨别出一点味道来了。最后把原句改为：

"寒假里，我有幸随爸爸到杭州游览。"这个片段中，贾老师将"凝视"的目光聚焦在语言的锤炼上，做到"一字未宜忽，语语悟其神"。

三、评价：灵活点评，丰富言语场域

在作文之后，教师还应该将"凝视"的目光聚焦到"点评"上。

（一）凝视习作题目，炼思维

"语言是思维的物质外壳"，作文练习必然需要激活学生思维，发展学生思维，所以激活思维是作文教学方法的主要指向。题目的拟用，是思维的结果呈现。在贾老师的课堂中，我们经常能够看到这样的思维锤炼过程：

师：手机大大丰富了我们的生活，同时，手机也改变了我们的生活习惯、生活方式，演变出许多故事。我们今天的故事是手机系列中的一个，如果在"手机"前面加一个字，就是这篇文章的题目。

生：《找手机》。

师：可以。可否在"手机"后面加几个字，变成一篇文章的题目呢？

生：《手机失踪了》。

生：《手机去哪儿了》。

师：现在有部电影叫《爸爸去哪儿》。如果这篇文章是写人的可以吗？什么题目？

生：《糊涂的爷爷》。

师：如果将"爷爷"放前面，这句话怎么说？

生：《爷爷真糊涂》。

师：《爷爷真糊涂》，举了三个例子：第一个，拿着眼镜找眼镜；第二个，回家摸错了门，跑到别人家里去了，差点儿被人家当成老贼，抓到派出所去；第三个，手机放到冰箱里。三件事，写出爷爷的糊涂。

从叙事文章的取题，到写人文章的取题，设计可谓匠心独运，在锤炼学生思维的过程中，无痕地渗透了方法。

（二）凝视关键语句，炼语言

贾老师非常关注学生习作后的点评。点评时，贾老师特别关注关键语句，对学生的用词字斟句酌。

生：啊，这个橘子真可爱！

师：你读出了感受，我听了，也觉得这个橘子真可爱。

生：它黄中透绿，扁扁的，像个小南瓜。

师：写得很形象，文章就生动了。

生：又像节日里挂着的灯笼。你看！你看！

师：好！这儿为什么要写两个"你看"呢？我觉得可以更好地表达出惊喜的感觉，小孩子就喜欢这样说话。

生：放在手上掂一掂，沉甸甸的。放在鼻子前闻一闻，有一股淡淡的清香。

师："闻""有"可以去掉。另外，"放在鼻子前一闻"和"一股淡淡的清香"中间缺了一个字。你再读，读好了，语气出来了，这个字也就出来了。

生：（一连读了好几遍，直到读进去，仿佛为清香所陶醉时，"啊"字脱口而出）放在鼻子前一闻，啊，一股淡淡的清香扑鼻而来。剥开橘皮，我一数，一共有12瓣，它们多像12个胖娃娃围在一起说悄悄话。

师：加上"着"和"呢"，再读一下。

生：它们多像12个胖娃娃围在一起说着悄悄话呢。我摘下一瓣，放在嘴里。

师："放"是把东西放在桌子上、阳台上等，嘴是一个腔囊，应该说"放进"。

生：我摘一瓣，放进嘴里，咬了一口，甜滋滋的，还有点酸溜溜的感觉。

　　短短的一段话，贾老师放慢脚步，引导学生通过朗读的方式"凝视"语言，在评价中及时修正，切实提高了学生的语言表达能力。

　　素描作文，其本质就是让"凝视"走进作文。凝视素材，凝视语言，凝视点评，这三大视角的合理运用能够在一定程度上实现对当前作文困境的突破。

语文课不能忽视字词教学

王丽华

　　贾老师一向主张"简简单单教语文",一生追求真实、朴实、扎实的课堂,一直重视阅读课中的字词教学。其关于字词教学的很多理念和做法对一线教师正确认识字词教学有很大帮助,对扭转轻视字词教学的课堂局面有着重大意义。本文借贾老师的经典课例《爸爸的老师》一课中的字词教学,来一起重温、学习。

　　师:课文里的几个字词会念吗?（出示,生读）

　　数学家　学问　任溶溶　猜中　新鲜　鞠躬

　　师:字会念了,意思明白吗?这两个是多音字（指"任"和"中"）。"任"作为姓的时候读第二声,任（rén）溶溶。平时读什么?

　　生:任（rèn）。

　　师:什么地方读第四声呢?

　　生:任务、胜任、前任、班主任。

　　师:（指"猜中"的"中"）这个字念——

　　生:中（zhòng）。

　　师:平时我们念什么?

　　生:中（zhōng）。

　　师:什么地方念第一声呢?

　　生:中国、中间、当中、中华。

　　师:"鞠躬"是什么意思?无须你解释,只要你做一个"鞠躬"的动作,就说明你已经懂了。

　　（生鞠躬）

　　师:鞠躬是咱们东方人的一种礼仪。西方人流行握手,表示友好。

咱们中国人流行的是抱拳、鞠躬。小孩向师长鞠躬，理所当然。待到师长向小孩鞠躬，那就是惊天动地了。受"躬"字影响，许多人把"鞠"字也写成身字旁，那就错了。

师："我的爸爸还有老师，你说多么新鲜!"这里的"新鲜"是什么意思?

生：稀奇、奇怪，很少见的。

师：(手持两个新鲜的橘子)"这两个橘子很新鲜。"这句话通吗?

生：通。

师：说明"新鲜"这个词至少有两种解释——

生："新鲜"有两种解释：第一，新奇、奇怪的意思；第二，像刚从树上摘下的果子，刚生产出来的食物都是新鲜的。没有变质的叫"新鲜"。

师："学问"是什么意思?

生：知识、学识。

师：把话说完整。

生："学问"是指知识。

师：对，有知识才叫有学问。"学问"从哪儿来? 边学边问就有学问了。

师："数学家"是什么意思?

生：对数学研究有成就的专家。

师：谁是"数学家"? 说一句话，如"爸爸的老师是数学家"。

生：华罗庚是数学家。

生：陈景润是数学家。

生：祖冲之是数学家。

师："大数学家"呢? 是不是这个数学家长得人高马大的?

生：不是，是指比较有名的数学家。

师：对了，有名的数学家叫"大数学家"。那么谁是"大数学家"?

生：华罗庚是大数学家。

生：祖冲之是大数学家。

师："老数学家"是什么意思?

生：年纪大的数学家叫"老数学家"。

师：谁可以称为"老数学家"？

生：华罗庚是老数学家。

生：祖冲之也是个老数学家。

生：陈景润也是老数学家。

师：陈景润 63 岁就去世了，英年早逝。所以，我们不忍心称他为"老数学家"。

从以上字词教学片段，我们能得到以下启示。

一、字词教学不能表面化

贾老师常说："字词教学要扎实，不能表面化。"

重视字词教学，就要落到实处，不能蜻蜓点水。《爸爸的老师》一课字词教学能给我们带来以下三点启发：

第一，要舍得花时间进行字词教学。从《爸爸的老师》这节课的时间分配上看，导入课题 6 分钟，字词教学 12 分钟，指导朗读 13 分钟，理解课文 10 分钟，这在一定程度上说明了贾老师对字词教学的重视。当然，教学时间占用多和对字词教学重视之间并不能绝对画等号，到底占用多少时间合适要看具体的课文，要看这些教学时间如何运用，如何让学生高效率地掌握字词。

第二，字词教学内容要有选择，不能贪多求全。教师应根据教学目的和学生情况确定字词教学的内容：舍弃那些可以不学的，搁置一些可以留到以后学的，选择关键字词，如难懂的字词、体现语言知识的字词、对理解课文内容和把握文章脉络有帮助的字词等，在课堂上扎实地学。从心理学的角度看，多而无重点的教学不利于学生掌握。贾老师这节课挑选出的六个词是这样的："任溶溶""猜中"是带有多音字的词语，"新鲜"是多义词，"学问"是学生需要掌握的重点词，"鞠躬"难写又富含丰富的文化信息，"数学家"对理解课文内容有帮

219

助。由此可见，贾老师在字词教学的内容选择上是做了精心设计的。

第三，把握字词特点，采用有针对性的教学方法。课堂中贾老师教授的字词是严格挑选出来的，每个词语中包含着不同的教学重点，教学方法自然有所区别。比如，"任溶溶""猜中"两个词以认读为主，重在读准"任""中"两个多音字的音，了解汉字不同的音有不同的义和用法，然后让学生结合不同的音义口头组词；"学问"这个词学生在认读上没有问题，贾老师就设计让学生直接说说这个词的意思；"新鲜""鞠躬""数学家"三个词则分别采用意思辨析、动作演示、联系生活积累说人物等多种方式不断强化。科学的字词教学要准确找到每个词讲授的切入点和重点，这正是贾老师字词教学的高明所在。

二、字词教学要做到知识、能力并重

贾老师认为，字词教学不单是字词教学，其中包含着大学问：字词教学要注重理解和运用，做到知识和能力并重。

汉字最本质的是形体，但是，识字、写字过程离不开对字音的掌握、字义的理解，形、音、义三个要素合起来才是字词教学的知识内容，而三者的结合要考虑到学生能力的发展。贾老师的教学正是如此。

"新鲜"一词，对词义的理解，贾老师注重让学生从语境中体会词的意思，先让学生自己体会，再加上教师的点拨与提示，最后由学生总结它的两个常用义，这样既有理解又有运用，既学习了知识又发展了能力。

"鞠躬"一词，贾老师不是机械地解释"鞠躬"的含义，而是让学生进行动作演示，然后适时讲解使用的场合，渗透词语中包含的中华优秀传统文化，使学生不仅是在学词语，更是在学文化，语文素养在潜移默化中得到提升。

"数学家"一词，贾老师使用的教学手段较为丰富，有释义、说词、造句。释义也要学生自己去体会，然后通过组词、造句来理解"大数学家"的"大"指什么，"老数学家"的"老"指什么，同时通过联系生活说句子，发展学生的语言能力。

三、字词教学不能孤立进行

贾老师说："教学要环环相扣，丝丝入扣，字词教学不能孤立进行。"

字词与课文的内容、情感密不可分，字词教学与说话练习、人文精神的渗透等同样密切相关。在语文教学过程中，知识与能力，过程与方法，情感、态度和价值观的三维教学目标，字词句篇、听说读写等能力训练都不是孤立的，而是水乳交融的。贾老师的课正体现了这一点。

首先，字词教学与理解课文紧密结合。在理解"新鲜"一词的意思时，贾老师运用课文中的原句"我的爸爸还有老师，你说多么新鲜"来进行引导，一方面训练学生通过上下文理解词义的方法，另一方面借助词语疏通文意；在讲"数学家"时，贾老师引导学生联系生活积累，用"数学家""大数学家""老数学家"等进行说话训练，这些训练都与对课文内容的理解密切相关。因此，字词教学为理解课文内容做了铺垫。

其次，字词教学与口头表达密切结合。在字词教学过程中，无论是体会词义、造句，还是总结概括多义词的意义，都贯穿着贾老师对学生口头表达的训练，其间还不断有表达方法上的提示："把话说完整""不要拖长调""不要拿腔拿调""说话要清楚"。因此，字词教学是在发展学生的口头表达能力。

再次，字词教学与人文精神渗透相结合。贾老师讲到"鞠躬"时，谈到中西方表示尊敬和友好关系的不同方式；讲到"数学家"时，通过发散思维鼓励知识的积累和扩展；讲到"教"的偏旁"孝"时，加一句"孝道是中华民族的传统美德"；等等。所有这些细节，都传递了积极正面的思想观念。因此，字词教学渗透着人文精神。

目前汉字书写、汉字教学已引起社会的广泛关注。语文课中的汉字教学到底应该如何进行？一方面，机械抄写、强化训练饱受诟病却又普遍存在；另一方面，文字学家包括一些一线教师则希望引入汉字理据的教学。其实，不同的字在教学中应该结合学情和教学目标采用不同的方法：理据非常清楚的且对理解课文有帮助的可以在字词教学中适当进行字理识字，如贾老师课上讲的"爸"字，他边板书边指出上面是"父"可以提示意义，下面是"巴"可以提示读音，这样就解决了一批字；理据不清楚的，就没有必要引入古文字进行溯源分析，绝不能为了课堂厚重而徒然增加学生的学习负担。

贾老师的语文课重视字词教学，方法简单实用，不花哨；目标明确清晰，不繁杂。他把字词教学与发展学生语文能力紧紧结合在一起，既可夯实学生语言文字的基本功，又能提高学生的语文素养，这便是贾老师字词教学的"道与术"。

爱，汩汩不息

谈永康

一、缘聚：贾老师教育艺术之魅

2002年，我正值而立之年，在教研员岗位上为全市1000多名小学语文教师服务了5年，我干得很幸福。孰料天赐良机，年轻的心不能不波动：是考公务员，做编辑记者，还是远赴浦东？犹豫不多时，我就选择跟贾老师"学教语文"。犹记那个春日，到处"招兵买马"的贾校长神采奕奕、风度翩翩、高贵儒雅，见我"自投罗网"，没有多余的客套，也没有过多的谦让，就伸出那双温暖的大手，紧紧握住我的手："欢迎你，小谈，以后你就是我的校长助理！"曾多次设想"艰难谈判"的场景，哪知我们间的"买卖"就这样一锤子成交！

从此，我就跟着贾老师在一个屋子里工作，除了处理学校事务，就是听贾老师上课、评课，组织教师日常培训，持续开展"快乐的早晨"（学生每日做操后再进行拔河、跳绳等活动）、"欢乐大舞台"（两周一次，学生展示才艺）……其间也跟随贾老师到杭州、镇江、苏州等地，参加各类会议与教学研讨活动。这一年，用贾老师的话来说，我们就是"一张桌子上办公，一起商量，共同合作，感情颇深，分外愉快，成了众人羡慕的忘年交"。惜乎，一年后的6月，贾老师喊两位校长助理开"私人会议"，他百般无奈，欲言又止："小谈，学校无法完成承诺，下学年有去处你就走吧！"虽从未见过"赶"人的校长，然而我已懂民办教育的难处，遂主动开始了"游子生涯"，从浦东到苏州再到松江，三年三易其所，家中妻儿心甘情愿，与我分享所谓"奋斗"之折腾。终有朋友握住我的手，愤愤难平："你跟贾老师就是最大的错！"

错乎哉？众人皆感佩于贾老师的语文功底，被他的课堂艺术所倾倒，更被他的大气儒雅所折服。我呢？这一年跟在他的左右前后，看到了他的疲惫，看到了他的眼泪，看到了他大气的背后、光彩的背后、艺术的背后……人人皆称贾老师为大师，殊不知他的起点竟是代课教师。贾老师曾说每个人都是一本书，他自是皇皇巨著。静心阅读，有心得一二，我以为贾老师最了不起的是：用大爱做小事，数十年如一日。这样的事可谓多矣，如收藏学生的作业本、作文本，再如每周向小学生开放校长室……

二、演讲：贾老师教育艺术之花

且说说我们语文教师知之不多的演讲。

那一年，只要不出差，贾老师每日必在国旗下演讲。演讲的内容是讲故事，且多是身边的故事，如《墙上的脚印》《"非典"这个恶魔给我们上课来了》；偶尔也讲讲远在天边的故事，如《地震引起的海啸吞噬了六万人的生命》。而我，每日聆听，每日整理，仅半年有余，竟已有六七万字，成为来校参观的校长、局长们的"抢手货"。

16 年过去了，我依然记得许多故事，比如这个——

那天早上，贾老师捧着一束鲜花，走上了演讲台。大家都有点诧异，贾老师买花送给谁呢？

"校园里每天都发生着动人的故事。前几天，我收到了一封家长来信，他告诉了我一个振聋发聩的故事。

"家长说，他的女儿婷婷每次吃饭，都有倒掉剩饭的坏习惯。有一天吃中饭，婷婷吃了一半实在吃不下去了，正准备倒掉，班主任老师看到了，马上说：'婷婷不要倒掉，给顾老师吃！'望着顾老师一口一口吃着自己剩下的饭菜，婷婷触动很大，眼泪都流了下来。长这么大，孩子的妈妈都没有吃过一口女儿的剩饭啊！从那以后，每个双休日回家，婷婷倒剩饭的坏习惯消失了，因为婷婷懂得了'锄禾日当午，汗滴禾下土。谁知盘中餐，粒粒皆辛苦'的含义。"

数千人的操场安静极了，大家屏息凝神，心田仿佛照进了一缕神奇的光，多么温暖，多么感人，那是普通而崇高的爱，那是简单而神奇的爱。一些人的眼里闪烁着泪光。

贾老师说："大家想不想认识这位慈母般的老师啊？我们有请顾海华老师跟大家见面！"掌声中，顾老师接过贾老师的鲜花，她说："我实在记不清楚有没有这件事了。但是我想说的是，这是我们老师应该做的！谢谢大家！"

贾老师接过话筒，说："老师很普通，可是老师做的事却很伟大！他们把爱献给了学生！同学们，老师时时刻刻关爱着我们，我们也要时时刻刻尊敬老师！"

今日学校有太多孩子娇生惯养。如何指引孩子们学会"光盘"，走向自我教育？方法和措施很多，但贾老师一不称泔水轻重，二不搞评比运动，他独爱讲故事，看似随意，却屡收奇效。

三、大爱：贾老师教育艺术之源

作为校长，国旗下讲话一月讲一次容易，每周讲则难，而每天都讲的恐只有贾老师一人。学生喜欢故事，成长需要故事。贾老师从担任浦明师范附小校长到离开校长岗位，每日都把校园内外发生的活生生的事例用优美、鲜活的语言向学生讲述，为他们的健康成长奠基。近20年，几千个故事，非细心观察校园、全心关注学生不可，非深入每一间教室、熟悉每一门学科不可，非居高望远、博览群书不可，非殚精竭虑、呕心沥血不可……

贾老师讲故事，教育之术而已，然而他投入巨大心力和精神，绝对是因为爱孩子，他相信每个孩子都能成为一个好人，且善于跟孩子交朋友，关切孩子的快乐与悲伤，了解孩子的心灵，时刻都不忘自己也曾是个孩子。因此，"爱"才是贾老师演讲艺术所蕴含的大道理。发现真善美，甄别假恶丑，然后斟酌思虑，酝酿成一个个故事，传播出去，让学生沉浸在爱的氛围中，聆听、思考、成长。用贾老师的话来说，就是"成功的教育，其内容必须是深刻的、独特的，乃至直抵人心、无可复制的。成功的教育，必定源自'爱生'"。

当下教育不缺技术，唯独缺少"真爱"。"爱不仅是教育的诊治性的力量，同时还是教育的本质和对话的基础，很难想象只有管制而没有爱的校园会是什么样子。在仍是儿童主要活动场所的校园里，所有的人都应该是爱的主体和实践者。校园冲突和压抑的根本仍在于各种压迫，缺少爱，缺少反思与行动。"（张文质语）17年前，我在拙作《传递幸福》中这么写："从贾老师身上，我学习着，也享受着一种看似随意实则匠心独运的教育。这是迄今为止我目睹的最好的教育。"如今，年近半百，我回首前尘，依然感觉"这是迄今为止我目睹的最好的教育"。

"不是锤的打击，而是水的载歌载舞，才使鹅卵石臻于完美。"爱之源汩汩不息，正源于贾老师坚信"每个孩子都是一颗希望的种子"，"种子般的儿童有自动生成的潜能与节律"（叶圣陶语）。真正的品德是无人知晓的自觉。因而，每一个儿童都意味着无限的可能。

贾老师笃信之，践行之，足够吾等学一辈子，用一辈子。

■ 于永正："儿童的语文"

于永正（1941—2017），全国著名特级教师，教育部"跨世纪名师工程"向全国推出的首位名师。1962年以来一直从事小学语文教学工作。1985年被评为江苏省特级教师。1999年教育部召开"于永正语文教学方法研讨会"，推广其"五重"教学法。2013年，经江苏省教育厅批准，徐州市成立于永正语文教学研究所。主要著作有《于永正课堂教学教例与经验》《于永正语文教学精品录》《教海漫记》《于永正与五重教学》等。

于永正"儿童的语文"的内涵、特点与实践范式

魏本亚

于永正老师的"儿童的语文",是他一生的追求,是他一生教育研究与实践的结晶,是他对中国语文事业的重要贡献。"儿童的语文"包含一个核心、三个维度、五个特质、三种范式。解读"儿童的语文"内涵,认清其特质,对我们继承、应用于永正语文教育思想有着深刻的实践意义。

一、"儿童的语文"内涵

"儿童的语文"是一个偏正词语,它的核心词语是"语文",它的表征是"儿童的"。于永正老师的"儿童的语文"不是标新立异、贴标签,而是于永正老师小学语文教育教学个性化的解读。厘清"儿童的语文"的内涵与特征,对我们创新实践有着引领价值。

（一）一个核心：儿童的语文成长

儿童的语文成长,是于永正语文教育思想的核心所在,他毕其一生关注儿童的成长,这个成长不是空洞的说教,而是在语文学习环境中熏陶渐染,让儿童健康快乐地成长。

于永正老师始终坚持"什么是语文?不旁征博引,不抠字眼,说白了就是语言。语文学科的使命是什么?是教学生学语言、用语言的。说得稍具体一点,语文就是教学生识字、写字、读书、背诵、表达（包括口头表达和书面表达）。至多再加一个:培养兴趣和习惯"。语文姓"语",小学语文姓"小",这是小学语文人的共识。于老师坚持小学语文不要唱高调,要引领儿童语文成长,这才是语文教育的真谛。

于永正老师所谓"儿童"是6—12岁的具有鲜活生命的个体,他们充满好奇心、求知欲与创新力。语文教师就是要把握儿童的这些特点引

领儿童学习语文。具体来说包括三个方面：（1）关注儿童的生活。在他眼里，儿童学习语文不是仅仅记住几个字词，背会几篇文章，而是要做一个对社会有用的人。在他的"一块面包"作文课上，他从四年级学生丢面包这件事入手，引发大家对粮食的思考，让学生找出学过的诗文作证据说服丢面包的人，让大家讨论如何用得体的语言劝说丢面包的人。这种作文教学不是简单的写作训练，而是把作文、生活与做人紧紧地联系在一起，语文就变得可亲可感。（2）关注儿童的发展。维果茨基提出主动的儿童与积极的环境之间相互合作进而产生了发展，强调儿童与情境的关系。于永正老师带着儿童进商店让他们去购物，带着儿童到农村与乡村儿童交朋友，带着儿童到苹果园认识苹果，这一切都是创设真实的情境让儿童完成特殊的任务，在完成任务的同时儿童与环境发生了关系，成长了自己。（3）关注儿童的做人。习近平总书记在党的二十大报告中指出："全面贯彻党的教育方针，落实立德树人根本任务，培养德智体美劳全面发展的社会主义建设者和接班人。"立德树人需要学科教师发力。于永正老师的每一节课都和做人密切相关。于老师执教《第一次抱母亲》时，反复让学生分角色读儿子、母亲、护士的对话。于老师说："我"第一次抱母亲是下意识的，没有多想，"我"的动作变形了，护士责怪"我"了；第二次抱母亲是有意识的，"我"是体贴式的抱，护士是嗔怪。于老师并没有进行所谓的"思想灌输"，但是于老师在引导学生读懂课文的同时就已经在儿童心田播下了敬重母亲的种子。

（二）三个维度：阅读、积累、表达

"儿童的语文"是于永正老师对语文教育的独特认识。它不是言之无物的标签，而是对小学语文教育的创造性解读。阅读、表达、积累不为于永正老师所独有，但是于永正老师却把它们有机构成了小学语文教育的三个维度。

（1）阅读。阅读是儿童学习语文的路径，老师们都清楚阅读的价值。中国小学语文课都有阅读，都要求学生读书，做到语文课上书声琅琅，但是真正有"阅读教学"的并不多见。于永正老师强调阅读要有示范、有指导。于老师认为阅读的要义有三：①正确、流利、有感情地朗读课文。这句话源自课标，许多老师都会把这句话当作每节语文教学的第一目标，但又是无法实现的目标。于老师与一般人的不同之处就在于他的落实。他在执教《杨氏之子》时说："我有个小问题，孔君平说'此为君家果'是逗小孩玩呢，还是讽刺挖苦呢？大家听老师读一遍，注意看老师的表情——刚上课时我就让大家观察表情，表情也是会说话的。"（师范读《杨氏之子》，面容和蔼，表情幽默，动作风趣，学生为之热烈鼓掌。）正确、流利、有感情不是口号，而是教师阅读教学追求的境界。②不求甚解。儿童学习语文不能追求高难度，要适可而止。于老师在执教《狐狸和乌鸦》时，最后一个环节就是老师们熟悉的总结主题，于老师没有照搬教参上的套话，而是让学生谈认识。学生甲："我想对乌鸦说，你今后再也不要听奉承的话了。"学生乙："我想对狐狸说，你太坏了，怎么能骗人家的肉呢？"学生的理解是感性的，但是这是儿童真实的认知。③多读书，读好书。于老师认为："书的营养太丰富了，它不但会丰富你的语言，丰富你的知识，而且会丰富你的精神和情感。"语文能力是读书读出来的，不是做题做出来的，也不是教师讲课讲出来的。于老师始终强调要读名著、读整本书，汲取经典的营养。

（2）积累。说到积累，大家就会想到多读多背。于永正老师则有自己的认识："'儿童的语文'是'涵养'的语文，重在积累。中国的孩子一定要学国学，让中华文化融入儿童的血脉之中。"于永正老师在语文教学中，还关注学生的生活积累，当然，生活积累与语言积累是水乳交融的。

（3）表达。儿童的表达有两种呈现方式：一是口头说出来的，称之为"口语交际"；二是用笔记录下来的，称之为"作文"。在教学中，老师重作文轻口语交际，于永正老师强调二者同等重要，不可偏废。他的语文课上，口语交际与书面表达是融为一体的。他执教《祖父的园子》时，先让学生说自己阅读时发现作者写了些什么，学生找出了许多物种，于老师追问可否分分类，学生马上就分出了植物、动物和人三类，口头表达由无序走向了有序；在仿写有趣的事情时，于老师先让儿童说，说清楚了再写，写完了再看老师的范文，再修改自己的作文，书面表达由无法到有法。

综上所述，解读"儿童的语文"内涵，要看于老师怎么说。他认为："'儿童的语文'是涵养的语文，是积累的语文，是背诵的语文，是读书的语文，是练字的语文，是激发兴趣、培养习惯的语文！"我们可以据此表述为："儿童的语文"是符合儿童认知规律、助力儿童语言发展、助推儿童成人的语文。

二、"儿童的语文"基本特点

"儿童的语文"不是要另起炉灶，而是要深入研究于永正老师的教育思想。于先生教学主张最初提出了"五重"，后来又强调"言语交际"，经过多方斟酌，大家认为"儿童的语文"才抓住了于老师语文教育思想的关键。究其特点，就可以反推，那就是他的"五重"。

（一）重情趣

所谓"情趣"，从学术角度讲是指志趣、志向或情调趣味。于永正老师的重情趣并不复杂，就是让语文课有意思、有味道。于永正老师执教"四毛练武"的作文课就是最典型的例子。他出示四毛练武的图画，学生一下子就被吸引了，四毛在表演拔筋绝活时，让同伴在他脚下加砖头，同学给他加了三块，他让再加第四块，突然，四毛手捂住屁股说别加了。于老师就问学生，四毛为什么不让加了。学生摇摇头，于老师让学生想想四毛身上发生了什么。学生恍然大悟，四毛的裤子开线了。于老师问"四毛练武好玩吧"，学生说"好玩"，于老师就说"好玩就把它写出来吧"。学生一个个马上就进入写作过程中了。该课例没有高深的理论，只有精妙的设计。于老师引导学生借助图画看到了四毛练武露屁股的"果"，由"果"推"因"就需要儿童的生活经验。因为有了这个"果"，儿童也就很容易找到相对应的"因"。这个过程有挑战也就有了意思，儿童便乐在其中。重情趣不是简单的好玩儿，而是要传达高雅的情趣，传递正能量。

（二）重感悟

所谓"感悟"，就是指人们对特定事物或经历所产生的感想与体会，是一种心理上的妙觉。对于小学生来说，学习语文课文，并不能够完全弄懂弄透，只能是有所感悟，这是小学语文教学的铁律。于先生深谙此道，不断围绕语言文字引导学生去感去悟。于先生在执教《月光曲》时，边读"茅屋里的一切好像披上了银纱"，边问"屋子里真的披上银纱了吗？"。学生回答不是的，这里是联想；于先生问哪些是联想呢，学生马上勾画圈点；于先生又问这里运用联想有什么好处呢。学生就是在于先生的引导下不断地去感悟课文的精妙之处。

（三）重积累

所谓"积累"，是指事物为了将来发展的需要，逐渐聚集起有用的东西，使之慢慢增长、完善。语文学习离不开积累，这个道理大家都懂，但是要在课堂教学中落实却困难重重。于先生却总是能够举重若轻，把积累落到实处。

在执教《林冲棒打洪教头》一文时，于老师问学生："当洪教头进来的时候，林冲连忙躬身施礼；当他知道洪教头的身份后，起身让座。他把最尊贵的座位让给洪教头，这叫什么'让'呢？"学生回答："礼让。"于老师："当洪教头提出比武时，林冲忙说不敢不敢。他难道不生气吗？不是的，他记住一句话——退一步天地宽，这是什么'让'？"学生："忍让。"于老师："'忍'怎么写的呢？我们祖先造字时，是心头上边插了一把锋利的刀。忍之于心，让之于外，忍就是让，让就是忍。"你看，在这个教学片段，学生不仅积累了词语，更积累了传统文化要义。这种积累是润物细无声的。

（四）重迁移

所谓"迁移"，是一种学习对另一种学习的影响，指在一种情境中获得的技能、知识或态度对另一种情境中技能、知识的获得或态度的形成的影响。我们常说语文学习要学以致用，用就是迁移。于老师的读写课就是最好的迁移教学。在他执教《祖父的园子》时，就问学生："这篇课文哪个片段最有趣？"学生说："狗尾巴草那一段。"于老师："好在哪儿呢？"学生："好在对话。"于老师："请同学们想一想你的生活中有哪些有趣的对话片段，拿起笔，把它写出来。"于老师的迁移是典型的仿写迁移，学生学了萧红写的趣事，再让学生仿写趣事，这就是水到渠成。迁移是课堂教学的重要环节，需要我们合理把握。

（五）重习惯

所谓"习惯"，就是指积久养成的生活方式，这里所说的习惯是指学生的学习习惯。大家知道，儿童少时养成好的习惯，就等于在银行存钱，成人后你就可以享用存在银行的"习惯"的红利。于老师非常重视习惯的养成，写字的一笔一画，读书的一腔一调，他总是一丝不苟，就是要学生养成好的习惯。于老师在执教《全神贯注》时，要求学生读课文，他明确提出："读书时，要注意：1. 不认识的字，先想办法认识，认识后要多读几遍；2. 不动笔墨不读书，要留下自己思考的痕迹；3. 要把课文读正确、读流利了。"于老师的课堂教学绝不死死盯着所谓的"考点"，而是着眼于学生的语文发展。读书要亦步亦趋，写字要规规矩矩。这就是培养习惯。

三、"儿童的语文"基本范式

"儿童的语文"是实践的结晶，它具有广泛的实践价值。许多教师学习于永正先生的教学，只是学其形而忽略了就其实。这个实就是其基本范式，学习于永正先生就要形神兼备。

（一）阅读教学基本范式

阅读教学是小学语文课堂教学的主阵地，老师们都十分重视，但是效益低下是不争的事实。究其原因，就是我们缺乏对阅读教学规律的体认，缺乏对儿童阅读的深度认识。

儿童是阅读的主体，阅读教学就是要围绕儿童阅读做足文章。于永正先生的阅读教学有许多种范式，但是最关键的是要把握他的基本式。

第一步，创设情境，从整体把握课文。心理学研究表明，儿童都有好奇心，有了好奇心才有可能激发他们的求知欲。一篇新课文，学生并没有认知，直接进入课文阅读教学就容易使阅读教学陷入低效运转状态。于老师在执教《月光曲》时，一开始就播放了贝多芬著名的钢琴曲《月光曲》，音乐悦耳动听，令人陶醉。于先生讲 100 多年前德国有个音乐家叫贝多芬，他说过："我的音乐只应当为穷人造福，如果我能做到这一点该是多么幸福。"关于《月光曲》还有一个动人的故事，请同学们打开书读课文，看看《月光曲》给我们讲述了一个怎样的故事。在这里，于老师先用音乐创设了一个真实的阅读情境；同时，于老师还布置了一个任务，即看看课文讲述了什么故事。阅读从这里开始，就为学生探究《月光曲》创设了必要的条件。

第二步，局部研读，字斟句酌。每位老师都会安排这一环节，但是大都停留在走过场上，不知道如何用力。于老师在这一环节总是从课文的"读"入手，引领学生品味语言。于老师在执教《小动物过冬》时，让学生读好小青蛙、小燕子、小蜜蜂的话，于老师不厌其烦地指导，直到学生读到位了。语文学习就是要虚心涵泳，而不是架空分析，这就是字斟句酌的奥妙所在，也是字斟句酌的价值所在。

第三步，抓住重点，重锤猛敲。一堂课要有高潮，要有精彩之处。这种精彩之处就是"创造性地生成"。于老师不哗众取宠，而是创造性地引导促进学生有效生成，在平淡之处奏出华章。于老师在执教《庐山的云雾》时，故意把"一座冰山"读成"一座座冰山"，学生马上指出，老师您读错了，多读了一个字。于老师问多读了一个什么字，学生答多了一个"座"。于老师说我看多一个也差不多，学生说不行，因为前面是"一匹白马"，后边只能是"一座冰山"。这里的生成是学生自我提升的生成。

第四步，回归整体，熟读记诵。一堂完整的阅读教学，最后都要回归整体，从整体上把握课文的要义，提升学生的认识。于老师在这一环节总是循循善诱，让儿童享受学习的快乐。于老师在执教古诗《草》的结尾处，就创设了一个情境：

师：你们回家要背给你们的奶奶听，我来扮演奶奶，谁背呀？

生：奶奶，我背一首古诗给你听好吗？

师：背什么古诗？

生：背《草》。

师：那么多的花不写，干吗写草啊？

生：因为草很顽强，野火把它的叶子烧光了，可第二年它又长出来了。

师：背吧。（生背）

师："离离原上草"什么意思？

生：就是说草原上的草长得很茂盛。

师：还有什么"一岁一窟窿"？

生：不是"一岁一窟窿"，而是"一岁一枯荣"。枯就是干枯，荣就是茂盛；春天草长得茂盛，冬天草就干枯了。

儿童就在这看似游戏的活动中展示了自己的学习成果，享受了收获的快乐。

（二）口语交际基本范式

口语交际一直是教学的难点，教师不知道如何组织教学，如何才能实现有效教学。于老师总是能够围绕一个话题举重若轻、从容自如地开展口语交际。他的奥秘是什么呢？

第一，创设真实的口语交际情境。于老师总是能够准确把握儿童的心理特征，创设适合儿童交际的语言环境。（1）根据儿童学校生活创设情境。上课了，突然进来一位校长，要求同学转告班主任下午到区里开会的一些事情。于老师立刻让学生复述，结果学生丢三落四，于老师不断引导补充信息，学生终于可以把转述内容说清楚。这种生活就在儿童身边，且是真实发生的，儿童就有了表述的责任与表述的冲动。（2）根据儿童的日常生活创设情境。他把儿童带到商场，让儿童去购买学习用品。这种情境就为儿童走向社会奠定了生活基础。他让儿童糊信封，边动手做，边说做的方法与要领，这就是从儿童生活入手。说话要有情境，交际才可以正常开展。

第二，引导儿童试说。儿童有表达的欲望，但是表达的能力存有问题。教师要不厌其烦地指导，使其愿意说。于老师在执教《学会赞美》时，就巧设情境先表扬学生，接下来贬低自己，"你看我让你们失望了"。学生马上说，"不是的，你比我们想象中的好多了"。于老师欲擒故纵，马上引导学生，问他们想象中的于老师是个什么样子。学生的话匣子一下子就打开了，大家你一言我一语说个不停，从外貌到性格，说了好多好多。这些说是散点的，是不成系统的。于老师不温不火，耐心地听，耐心地引导。试说是成功的基础，没有这个基础就不能实现有效交际。

第三，厘清思路。儿童的表达有了内容之后就需要引导他们厘清思路，先说什么，后说什么，这很重要。于老师在这一环节总是从容自如。于老师在教学《学会赞美》时，引导学生说了很多，赞美同学、赞美老师、赞美妈妈。在这之后，他让学生思考赞美有什么特点，学生发现要抓住一点来说，并且要举例子，说具体。这就是把握规律。

第四，有效交际。有效交际就是指说得清楚、说得得体。在口语交际教学的最后，于老师的学生都能明明白白地把事情说清楚，不仅会说了，而且能说好了。他的《认识苹果》就是最典型的有效口语交际教学案例。他带学生去苹果园认识苹果，听技术员讲苹果，自己摘苹果、吃苹果，让学生给苹果写说明书，做苹果讲解员。学生经过历练都可以把苹果的品种、特点说得头头是道，这就是于老师口语交际教学的魔力。

（三）作文教学基本范式

作文教学难，这是不争的事实，于老师迎难而上，总是能够闯出一条新路，且赢得学生的喜欢。于老师作文教学有多种范式，而基本式是最重要的范式。（1）明任务。于老师的作文教学从来都是从任务入手：两位同学发生冲突，你如何劝导？一个同学把没吃完的面包扔了，你如何劝导？这些任务来自儿童生活，儿童根据自己的经验可以言说。（2）初言说。面对任务，儿童有了言说的冲动，于老师总是鼓励儿童发表看法，你一言我一语，这就是最好的启发。（3）搭支架。儿童言说是写作的基础，但是当儿童真的进入写作境界时，他就会突然发现自己缺少相关知识，这时就需要老师搭建学习支架。于老师让学生劝老师戒烟就提供"吸烟危害"资料，写"爱鸟"作文时，就提供"鸟是人类的朋友"资料。（4）再言说。有了写作的素材，学生有了想表达的内容，这时就需要让他们把相关内容关联在一起，再次让他们说。（5）理思路。有了材料，学生还不会表达，难点在于学生的思路不清晰，老师在这时就需要引导他们思考先写什么后写什么。（6）快表达。写作文不宜拖泥带水，要趁热打铁。因为学生有了写作的内容，有了写作的思路，也有了写作的冲动，所以就需要尽快让学生把自己想说的东西表达出来。写作不再是什么难事，而是一种说话的方式。（7）细点评。作文教学评改是个难题，往往老师花了很大力气改，效果却不好。于老师总是趁热打铁，细细点评学生的作文，把写作存在的问题当堂解决，绝不留在下一节课，评点就有了引导的价值。

　　"儿童的语文"应是于老师几十年语文教学思考实践的结晶，需要更多的语文人去研究、去发掘，更需要小学语文工作者去践行。我们坚信，在大家的努力下，"儿童的语文"会成为当代小学语文教学的主旋律。

于永正小学语文教改探索的课程与教学论贡献

陆　平

　　著名特级教师于永正曾回顾道："几十年来，我努力练朗读，力求让我的朗读有感染力；我努力练书法，力求让板书（包括写在学生作文簿上的评语）成为学生的字帖，让学生读懂什么叫'认真'，什么叫'一丝不苟'；我努力读书，力求把自己这本书写厚，把自己的'缸'装满；努力写好'下水文'，力求成为学生的习作例文……总之，努力做到当我再说'我就是语文'时，底气足一点。"作为"成人世界派往儿童世界的使者"，于老师在践行"我就是语文"的道路上取得了卓越成就，其小学语文教育改革探索的课程与教学论贡献主要表现在以下五个方面。

一、"言语交际表达训练"实验加速了"口语交际"作为新学习领域的诞生

　　自 1985 年开始，于永正老师在中央教科所研究员潘自由的指导下，进行了两轮为期共 11 年的"言语交际表达训练"教改实验，开发了一系列口语交际教学课例。那时，语文教育界把这种课称为"听说训练"或"说话课"。直到 2000 年，《九年义务教育全日制小学语文教学大纲（试用修订版）》才将"听话、说话"改为"口语交际"，"这不仅仅是提法的改变，最重要的是认识上的变化。现代社会需要每个人都有较强的口语交际能力，这种能力比能听、会说要求更高，是一种在交往过程中表现出来的灵活、机智的听说能力和待人处世的能力"。21 世纪颁布的"义务教育语文课程标准"均把"口语交际"列为语文课程的五大学习领域之一，如《全日制义务教育语文课程标准（实验稿）》强调，"口语交际能力是现代公民的必备能力。应培养学生倾听、表达和应对的能

力，使学生具有文明和谐地进行人际交流的素养"。在口语交际教改实验方面，于老师无疑是先知先觉者、先行先试者，他的探索加速了"口语交际"作为新学习领域的诞生。在宏观上确立了口语交际课程地位的前提下，我们更要关注口语交际课程建设问题。口语交际是小学语文课程与教学研究中最薄弱的一个领域，王荣生教授呼吁："我们对战术层面上'教什么'的研究严重滞后，乃至严重疏忽，造成口语交际课程内容的严重缺失，导致口语交际的正确取向难以坐实。这就是我们所面临的现状。"于老师通过研制一系列口语交际课例，开发了口语交际教学内容，形成了一整套教学策略，在很大程度上弥补了口语交际课程建设的不足。

二、构建出课堂写字指导新模式，团队协作
打造出区域推进写字教学的典型

20 世纪 90 年代，于老师在担任徐州市鼓楼区教研室主任期间，围绕小学写字教学做了专题调研，开发出写字教材，在全区进行实验探索，形成了以写字教学为特色，区域推进语文课程改革、实施素质教育的典型教学模式。其教改经验为苏教版小学语文教科书的研制所吸收，在小学语文教育界产生了积极而深远的影响。他身体力行，在阅读教学课例中渗透识字写字教学，开发识字写字教学内容，构建了阅读课中的写字指导模式，为落实"第一、第二、第三学段，要在每天的语文课中安排10 分钟，在教师指导下随堂练习，做到天天练"这一课标要求，提供了范例。

三、以读书指导为主线，以"五重"教学为特色，
构建了阅读教学新范式

于老师注重汲取我国传统语文教育的精华，以"读"为主线，构建出"读书感悟型"阅读教学基本范式，其操作要点是:（1）检查预习情况，或让学生初读课文，认读生字新词，为后续的阅读解码扫除生

字词障碍；（2）给学生充足的时间读书，指导学生把课文读正确、流利，做好阅读的保底工程；（3）指导学生有感情地朗读课文，涵泳其中；（4）引导学生或交流阅读感受，或表演课本剧，或熟读成诵，增加语言积累。由"读书感悟型"阅读教学基本范式还衍生出"读书—识字写字型""读书—口语交际型""读书—读写结合型"等教学范式。20世纪90年代，在张庆先生、朱家珑先生等人的协助下，于老师逐步总结出"五重"教学主张，即"重情趣、重感悟、重积累、重迁移、重习惯"，他所开发的许多阅读教学课例，集中体现了"五重"教学主张。其中，"读书感悟型"阅读教学基本范式，主要凭借课文训练来提高学生的朗读能力，增加学生的语言积累；"读书—识字写字型"教学范式，旨在让学生的阅读与识字写字能力同步发展，相得益彰；"读书—口语交际型"教学范式，是把学生的阅读实践与口语交际实践相贯通；"读书—读写结合型"教学范式，强化"迁移"运用，让"读""写"两种语文实践活动比翼齐飞。在于老师所开发的阅读教学新课型背后，是其教学内容的除旧布新，使阅读课走出"讲课文"的泥淖，迈上帮助学生"学习语言文字运用"的征途，促进了"语文课的美丽转身"。

四、主持"言语交际表达训练"作文实验，促进了我国小学写作课程的转型

于老师说自己把"大部分心血都倾注在作文教学里了"，"我的作文课程是自己开发的"。小学写作取向有两种，一是侧重于"自我表达"型写作，二是侧重于"与人交流"型写作。长期以来，我国小学语文课程中"自我表达"型写作一枝独秀，且在发展演进过程中，走上了写以"生动的记叙性（描述性）散文"为主的歧途。在应试教育背景下，学生"为赋新词强说愁"，虚情假意泛滥，编制各种类似"文学性散文"的作文以博取高分，这与追求表达"真情实感"的"自我表达"型写作分道扬镳，更同"与人交流"的社会应用型写作能力的培养背道而驰。在于老师主持开展的"言语交际表达训练"作文实验中，"自我表

达型""与人交流型"这两种写作取向是相辅相成的；文学性写作、实用文写作并驾齐驱，尤以后者弥补了我国小学作文教学的欠缺。他注重创设两种情境帮助学生学写作：一是创设"感受性情境"，触动儿童的心灵，给他们以新异的感受，能有感而发，真正从事"自我表达型"写作；二是创设"任务性情境"，让儿童承担某个角色，学习运用相关写作知识，完成特定的言语交际任务，培养学生适应社会的写作能力。他的"言语交际表达训练"小学写作课程以及一系列实用文写作教学课例，在我国小学语文教育界独树一帜，拓展出小学写作课程的另一片天地，为推进我国小学写作课程向侧重于社会应用的功能性写作转型做出了贡献。

五、博采众长，千锤百炼，熔铸成"简约、质朴"的语文教学风格

于永正老师在博采众长、长期锤炼的基础上，形成了"简约、质朴"的语文教学艺术风格。

所谓"简约"，是从语文教学目标与内容维度来说的。于老师的课，教学目标简要、明晰，教学内容凝练、集中，简约明了，直指鹄的。这不是一般意义上的"简单"，而是他对语文教材内容进行一番教学论加工之后的删繁就简，"取精而用弘，由博而返约"。这首先缘于他对语文课程与教学的深刻理解，语文教育要给学生"留下语言，留下能力，留下情感，留下兴趣和习惯"等素养，他说："学语文的主要目的是掌握语言这个工具，课文内容不等于教学内容，我们不能把理解课文内容当作主要任务。而掌握语言这个工具必须读、背，必须运用，即在大量的语文实践活动中去掌握，决不能依靠烦琐的内容分析和讲解。"他善于潜心研读教材，与作者、编者展开对话，经历直觉体悟、"减法思维"思考的过程，由教材内容转化、生成出简约合宜的教学内容。

所谓"质朴"，是从课堂教学方法与手段维度来说的。于老师不反对使用现代教育技术手段，但他在教学中使用最多的是一本书、一支粉

笔、一块黑板，出神入化地引领学生从事读书、写字、写话、口头交流等语文实践活动。首先，他能正确把握语文教学方法与语文教学内容之间的关系。他主张"书是读出来的，字是写出来的，文章是作出来的"。他用得最多的方法是读书指导法、点拨法、示范法等，让学生"听我读""看我写"，用最"语文"的方式教语文，引导学生用最"语文"的方式学语文。其次，他能正确处理语文教学中的相关关系，合理解决语文教学中的主要矛盾。20世纪50年代末60年代初，面对新兴媒体的激烈竞争以及以美国百老汇为代表的"富丽戏剧"的挑战，波兰戏剧学家格洛托夫斯基提出了"质朴戏剧"理论，主张把布景、服装、化妆、音乐、灯光效果等尽可能剥减掉，确认了演（员）观（众）关系是戏剧最永恒、最有生命力的因素。"质朴戏剧"理论对语文教育研究具有启示意义。以阅读教学为例，阅读的实质是学生与"这一篇"选文进行对话，两者之间建立联系，由此增加学生的生活经验和语文经验。于老师以"读书"为主线展开阅读教学，看似"简简单单教语文"，实质上是正确处理了语文教学中的相关关系，"简单"中蕴含着"丰厚"，"质朴"中孕育着"雅致"，找到了阅读教学的正途。最后，他具有扎实的教学基本功、深厚的文化艺术修养。于老师的课讲得绘声绘色，他的范读声情并茂，不知不觉把听者带入了文本情境；他的板书端庄美观，展示了汉字书法的无穷魅力；他的简笔画，寥寥几笔，就能传神地勾勒出物象；他唱京剧，颇有梅兰芳的神韵；他常与学生合作表演课本剧，为课堂增添了许多生趣。深厚的艺术素养使于老师的"质朴教学"在诸因素的组合上，得心应手，浑然天成。

于永正老师以毕生的心血探索构建了"儿童的语文"，在中国当代小学语文课程与教学发展史上留下了浓墨重彩的篇章。我们要深入研读于老师的著述，研习于老师的课例，并回到教育教学现场实践探索，借鉴并发展于永正语文教育教学主张与经验，携手推进"儿童的语文"课程建设与教学改革的进程。这是对于老师最好的纪念。

于永正写作教学范式研究

许继忠

教学作文，必须基于学情，正视学生习作时所面临的困难。众所周知，学生不愿意写作文，源于两种困难：一是不知道写什么；二是不知道怎么写。对此，学界与一线教师已经做了许多有益的尝试，梳理这些经验非常必要，因为唯有如此，我们才不至循环重复，徒耗精力；唯有如此，我们才能站在巨人的肩膀上，一步一个脚印走得更远。我围绕于永正老师的写作课例，着重分析了造成两种困难的深层原因，并归纳了基于两种困难的写作教学应该怎样教。

困难一：写什么

为了解决这个难题，通常的做法是"制造情境"，通过表演、模拟、活动、参观、游戏和比赛等手段，让学生参与其中，解决写作内容缺失的问题。我姑且称之为"情境作文"的教学模式（这里的情境泛指生活、活动、表演等）。

然而现实情况是，活动轰轰烈烈，学生也玩得儿兴高采烈，可是待到写作文时，学生仍然是抓耳挠腮，就像挤牙膏似的，干巴巴的几行。丰富多彩的活动、多姿多彩的情境，并没有转化成生动活泼的写作内容。这也是广大教师的困惑：为什么学生就活在生活中，却仍然会陷入没有内容可写的窘境呢？

我以为，不知道写什么的根本原因不是没有生活，而是源于学生无法把生活情境转化为写作内容。信息加工理论认为，人的认知过程就是对信息的加工或转化的过程，涉及人如何注意、选择和接收信息，如何对信息进行编码、内化和组织，以及如何利用这些信息作出反应。从某一层面来说，生活原材料向写作内容转化的过程，就是信息加工的过程，意味着对外部环境刺激的一系列加工或转化，因此，信息加工写作心理学才会认为，"写作是信息的搜集、加工、处理过程"。

我们应该思考的是：情境刺激的信息，从记忆的一个阶段向另一个阶段流动时，它进行了哪些转化？或者说，原材料经过了哪些加工过程，才转化成写作内容的？教师在这些过程中，应该怎样做，才能最优化地促进这些转化？

根据信息加工理论，我认为，这个过程主要包括注意、选择、组织和编码。下面，我将从于永正老师的情境作文课例"于老师印象记""大红花""歇后语作文""四毛的故事"等着手，用信息加工理论的观点，重点分析把生活原材料转化成写作内容的教学策略。

（一）注意：创设情境巧选择

第一个加工过程是注意。信息加工理论认为，注意是指学习者在忽视其他信息的同时选择和加工某些信息的能力。"注意可以设想为对众多可能的输入进行选择的过程。"

注意意味着选择。爱德华·E.史密斯在《认知心理学：心智与脑》一书中提出，"我们的注意受到自上而下的加工驱动和调控"。这意味着，当生活情境在学生面前展开时，学生只会选择他感兴趣的部分加以关注，也就是说，"注意什么"受限于学生已有的认知水平。因此，当学生所注意到的情境信息与本次作文所蕴含的要求不在同一条水平线上时，落差便产生了，这就是"情境+作文"教学所遇到的第一个困难。在这一环节，教师应通过一系列教学策略，对学生的注意加以巧妙引导，促使学生关注重点信息。

在"于老师印象记"一课中，因为本次习作的主题是写对于老师的印象，学生又是与老师第一次见面，缺乏写作材料是必然的。学生应该注意什么？于老师是这样做的：

【案例1】

师：当我走进教室时，同学们都用一种好奇的、询问的目光看着我。

（板书：询问）你们想了解什么？想问老师什么？

（学生提了七个问题：请问您尊姓大名？请问您的年龄多大？您是从哪儿来的？在哪所学校工作？您今天给我们上什么作文课？教我们写什么作文？您喜欢什么样的学生？）

师：同学们问了不少问题。这些问题提得很好。在日常生活中，我们要经常向别人提些问题，因此，我们要学点问的本领，要敢问会问。有些问题我现在就回答；有些问题要大家猜；还有一些问题过一会儿回答。

于老师首先让学生提问，"想问老师什么？"，当学生提出问题之后，于老师更进一步强调："有些问题我现在就回答；有些问题要大家猜；还有一些问题过一会儿回答。"这就是引起学生注意，让学生围绕这些问题对刺激情境进行选择加工。

【案例2】

师：家长还可能像你们一样问我多大年纪，长的啥模样。现在，请大家认真观察一下，要边看边想。说的时候，要大胆，实事求是，不要有什么顾虑。——先看于老师有多大年纪。（板书：年纪）

师：再看看于老师的长相（板书：长相），这是重点。（边说边用手指指自己的面部，众笑）先从脸型说起。

师：请往下进行。（指指鼻子和嘴。众笑）

师：最后，请你们看看于老师的衣着。（板书：衣着）

于老师通过提问，与学生对话，让学生的注意力集中在关键信息上：年纪、长相、脸型、鼻子和嘴等。学生围绕这些问题对刺激情境进行筛选，并通过听讲、猜测、观察及言说等行为，粗略地将其转化为言语信息。

综上所述，当情境刺激展开以后，如果没有适当的引导，学生会根据情境与兴趣的关联程度采取无意注意；而提出问题，则相当于设置注意的目标，激发学生的有意注意，让他们对刺激情境进行有意识的筛选。

（二）编码：组织与精细加工

如果说注意的作用是对刺激情境进行筛选，那么编码就是将筛选后的信息进行组织和精加工。申克认为，"编码是把新（进来的）信息放入加工系统的过程……编码通常也是使信息变得有意义并使新信息与长时记忆中已知信息整合的过程。影响编码的因素有组织、精细加工和图式结构等"。

1.巧设情境促组织

筛选后的信息零散而琐碎，必须要经过组织这一过程才能意义化。组织的方式有多种，如思维导图、提纲和文章图式等。在"大红花"一课中，于老师巧妙地创设情境，通过言说，帮助学生进行组织。

于老师首先拿出大红花，让学生推荐，根据学生推荐进行奖励。接着于老师说："可究竟这朵花献给哪一位呢？请大家发表意见，讲一讲你们的理由。看哪一位同学的事迹多，理由充分，就献给谁。"

学生首先在小组里进行讨论（言说），接着站起来在全班言说事例。

不要小看这两个"言说"过程。对小学生来说，"言说"的过程，就是将材料进行组织整理的过程。学生在写作文时，基本上是边想边写，想到哪儿就写到哪儿，也就是说，学生是在边加工边输出。因此小学生的作文总会呈现出反复、矛盾、选材不当等问题，原因就是跳过了组织这一过程。

在"歇后语作文"一课中，于老师让学生边想边演——想的是"故事的情节怎么样，怎么开始，怎么发展，结果怎么样"，想象、商量和表演的过程，即是将信息组织整理成为内容的过程。在"四毛的故事"中，于老师同样如此，让学生推前想后，表演故事。

面对情境，学生通过视觉、听觉、触觉、嗅觉和味觉等，接收到一大堆信息，经过选择性注意环节，这一堆信息经过筛选，逐渐清晰，呈现的是点状信息块。如何使这些点状信息块意义化，成为一个有顺序的整体？通常的做法就是用层次结构把信息块都整合进去。于老师的高明之处就在于此，让学生推前想后，让学生想开始、发展和结果，并通过言说或者表演，将所选择的信息组织成为一个有机的整体。

2. 巧问促进精加工

信息加工理论认为，精细加工指的是通过添加知识或与已有的知识建立联系而扩展新知识的过程。在把生活原材料转化成为写作内容的过程中，同样需要精细加工。

于老师善于通过提问，让学生通过观察、提取和整合，对关键处进行精细加工。这一部分案例比较多，我截取"于老师印象记"中的一个片段，试着加以说明：

师：再看看于老师的长相（板书：长相），这是重点。（边说边用手指指自己的面部，众笑）先从脸型说起。

生：于老师长方脸，戴着一副近视眼镜，一双大眼睛炯炯有神。

师：慢！请看准。记住：要实事求是，说真话。（笑声）

生：一双小眼睛藏在眼镜片后面。眼睛虽然近视了，但很有神，流露出一种亲切慈祥的目光。

师："藏"字用得很传神，眼睛本来小，透过镜片看，更小了，因此给人一种藏的感觉。（笑声）

生：看到于老师那双高度近视的眼睛，我仿佛看到了于老师在灯下废寝忘食地备课、改作业的身影……于老师的眼睛虽然近视了，但是，他把光明留给了祖国的下一代。（众赞叹）

师：（动情地）这才是真正的观察！她不光看了，而且想了！想得是那么深，那么远。——请往下进行。（指指鼻子和嘴，众笑）

小学生写作文比较笼统，尤其是外貌，基本上看到什么就写什么。教师必须帮助学生进行精细加工。于老师首先提醒："再看看于老师的长相，这是重点。"引起学生注意，接着让学生"看准""边看边想"，通过边看边想，对于老师的外貌进行精细加工。

赵为华提出了表象操作加工过程模型。他认为："对直觉信息材料的表象加工包括表层加工和深层加工……深层加工是表象的第二次序同构，即对物体组成部分局部性的符号化。……第二次序同构过程包括部件细化和部件添加两类操作，部件细化指利用记忆中原部件信息使表象更精确、更细致；部件添加指利用原来就存在于头脑中的部件来补足表象的空白。"细化和添加是进行精细加工的主要方式。

学生无法主动对材料进行细化和添加，这是编码环节的主要困难。针对这一点，教师需要搭建合适的支架，帮助学生填补这一落差。于老师通过提问，唤醒学生长时记忆中的相关经验，进行补充、添加、细化和融合，使相关部件立体丰富。

（三）整合：巧设情境促整合

生活情境向写作内容转化的最后一个步骤是整合。整合是指把组织起来的内容与通过精细加工而丰富起来的细节之间建立联系，从而形成一个意义化的丰富的整体。

在经过组织和精细加工环节之后，于老师创设了这样一个情境：

师：大连实小的学生真了不起！大连实小名不虚传！——回家后，如果家长问于老师多大年纪，长的什么模样，会不会说？谁到前边来试一试？

接着于老师扮演学生的家长，与学生对话："媛媛，今天上午给你们上课的于老师多大年纪？是什么样的？一定与众不同吧？""于老师的课上得怎样？对学生好吗？"

于老师通过创设情境，使学生有了真实的言说对象与言说环境，帮助学生对原材料进一步整合，转化成写作内容。

简言之，学生写作的主要矛盾之一，就是这一次写作任务所需要的写作内容与学生原有的生活经验之间的落差。如何填补这一落差？其路径是制造生活情境，通过注意、编码、整合等环节，使原初经验转化整合，成为写作内容。

困难二：怎么写

不知道怎么写，源于写作技能的缺失。从认知心理学的角度来说，写作的过程就是根据任务情境提取、选择与运用写作技能的过程。不知道怎么写的原因很可能在于缺乏或者无法提取与运用相应的写作技能。

写作技能是什么？综合皮连生教授对技能的定义和何更生教授对写作智慧技能的定义，写作技能本质上是写作知识和写作规则的有意义运用。

下面，我从于永正老师的四个写作技能教学课例——"三年级人物语言描写练习""把作文写得有声有色""珊瑚""写'对话'"出发，探寻有效的写作技能教学路径。

（一）获取：例文引路

在这四个课例中，第一个环节基本上都是出示例文："三年级人物语言描写练习"，于老师出示自己写的"师生问候"片段；"把作文写得有声有色"，于老师出示课文《燕子》和《小英雄雨来》片段；"珊瑚"，于老师出示的是《富饶的西沙群岛》片段；"写'对话'"，于老师出示的是《我的伯父鲁迅先生》片段。

在这几篇例文中，大部分是学生学过的课文，只有"师生问候"片段是于老师根据课前问候的环节自己写的，也就是说，这几篇例文都是学生熟悉的内容。从学生熟悉的内容入手，具有如下优点：第一，不会产生陌生感，没有陌生感就不会产生抗拒心理；第二，可以促进新的概念规则与已有经验联结；第三，因为对内容熟悉，所以学习者更容易将目光聚焦在写作形式上面。

获取写作的概念与规则，有两种方式，一是"规—例法"，二是"例—规法"。"规—例法"一般指向学习规则；而"例—规法"则指向运用规则。于老师采用第二种方式（我个人也倾向于第二种），即先出示例文，再通过学生自主学习，发现写作的概念和规则："提示语""总分总""描写"等。在这个发现的过程中，概念、规则和运用情境紧密结合，可以初步解决写作知识的惰性问题。

（二）转化：变式练习

获取阶段，学生收获的是概念规则的言语信息。言语信息是对概念规则的描述，真正走向运用，还必须经过转化阶段。在转化阶段，通过变式练习，言语信息可以内化为执行动作，进而达到自动化的程度，以便使概念规则的提取趋于熟练或流畅。

变式练习由我国现代心理学的奠基人之一、教育家潘菽教授提出，潘菽教授认为："变式练习可以促进对概念、原理、规则的理解。"皮连生教授进一步对该概念进行了阐释，他认为："促进应用的关键是变式练习。"由此可见，变式练习能够促进学生对写作概念和规则的理解和应用。

以"三年级人物语言描写练习"为例，于老师首先让学生抄写："请大家把第二篇短文抄一遍。我怎么写，你们就怎么抄，要做到字迹工整，格式正确，不抄错标点符号。"

接着让学生听写："下边，咱们听写几句对话，看看能不能做到：第一，分段；第二，正确使用标点符号。"（师念：一个星期天的早上，妈妈对我说："今天上午咱们到动物园去吧，听说动物园里新添了一对大熊猫。""是吗？那我们这就动身吧！"我放下手中的书，迫不及待地说。"不着急。"妈妈说，"等我洗完衣服，咱们再去也不迟。"）

这两项活动——抄写和听写，均指向"语言描写"的规则：分段和正确运用标点符号。不要小看这两项活动，不经过练习，至少一半学生掌握不好。

我们不能想当然地认为，学生获取了新的写作知识就可以直接解决问题了。从获取新知到解决问题之间，还存在一个将新知转化为能力的过程。布鲁纳将这一过程称作"转换"，意为"掌控知识使之适应新任务的过程"。在这一过程中，学生熟练掌握写作知识技能，为下一环节"运用"做好准备。在该课例中，于老师通过要求学生抄写和听写的方式，帮助学生将"分段、提示语和标点"三个概念规则内化于心。

（三）运用：任务情境

写作技能的学习不是回忆概念或者机械地执行规则，而是为了有意义地运用，促进有意义学习。如果说转化阶段是通过不同的片段练习，帮助学生掌握写作的概念和规则，促进学生知识结构的重组，那么运用阶段则是让学生在完整的任务情境中积极运用写作的概念和规则，与外界生活、写作任务等相联结，最终形成写作能力。

在"写'对话'"这一课例中，于老师设计了两个完整的写作任务。第一个是听录音写作。于老师首先在学生听对话录音前提出要求："听一听，这段话中有几个人？想象一下，他们是在什么时间、什么地方说这段话的？如果加上开头，加上结尾把它写下来就是一件小事。"

接着播放对话录音，内容如下：

女：哎，你挤什么挤，没长眼哪？

男：年轻轻的，怎么不说人话？

女：哎，你挤着我啦，你！

男：怎么，来劲啦，是吧？

老人：算啦，算啦！年轻人，把心放宽，就不挤啦！

在学生写作之前，于老师又进一步提醒："想象三个人说话的时间、地点，再想象他们说话时的语气、表情、动作，如果记下来就是一篇作文。请大家展开想象，把这件事写下来，看谁能用上三种不同的提示语；看谁会想象，把这件事写完整，写清楚；看谁写得快。注意写对话要分段。"

这一写作任务是根据人物语言想象事件。人物语言无法脱离事情单独存在，因此语言的运用必须和事件联系在一起。于老师正是如此做的，并且丝毫不露痕迹，自然妥帖。

第二个是看哑剧写作。看哑剧之前，于老师是这样说的："看哑剧要会看，要根据人物的表演想象剧情，想象他们会说些什么。下面，我准备和牛刚同学合作表演一个小哑剧，大家可要好好看哟。"（师生合作表演。哑剧内容是：老师让一位学生把作业本送到讲台前让老师检查。老师一会儿眉开眼笑，竖起大拇指加以赞许，一会儿皱起眉头，一边表示惋惜，一边进行批评。检查完毕，令该生回到座位，把错误改正过来。）

看完之后，于老师就问："这段哑剧演了一件什么事？"

于老师为什么要让学生想象事情发生的时间、地点？为什么要让学生想象剧情？又为什么问学生"这段哑剧演了一件什么事"？……前文指出，写作技能本质上是指写作知识和写作规则的有意义运用，也就是说，写作概念及规则只有在完整的有意义的写作活动中运用，才能从言语信息转化为写作技能，就像马扎诺所说："最有效的学习发生于运用知识来完成有意义的任务。"于老师之所以反复强调"把事写完整"，目的就在于此。

当代认知心理学认为，写作能力的形成或习得实质上是概念和规则的获取、转化和运用，这也是写作能力形成和发展需要经历的三个阶段。于永正老师的写作教学遵循着学生的认知规律，围绕认知的三个阶段设计教学：首先通过例文引路，帮助学生获取写作的概念和规则；然后通过变式练习，促进作为言语信息的写作概念和规则向写作技能的转化；最后设计任务情境，引导学生在完整的写作活动中积极运用写作技能，促进写作技能的迁移运用。这才是有效的写作技能教学路径！

儿童本位：解读于氏课堂教学的智慧秘诀

张　萍

传承和发展于永正老师的"儿童本位"的教育教学思想，探析于氏课堂教学的智慧秘诀，对当下小学语文教育教学具有重要作用。

秘诀 1："细节"发现宜巧妙引导

教学由"教"向"学"转变，是当前课堂翻转的趋势。培养学生思维方法的前提就是有效备课，备课就要关注细节，要见微知著。备课作为教学活动的前段，始终起着至关重要的作用，是一切教学活动的前提。

如于永正老师教学《在仙台》片段：

师：（谈话）一天，大约是星期六，他使人把我叫到他的研究室……第二三天便还我（鲁迅）作业，作业改得非常细，连文法都一一订正了。你们发现了什么信息？

生：藤野先生改得很认真。

生：藤野先生花费的时间很短。

师：你们说得很好。再看藤野先生是什么时间叫鲁迅去的他的研究室。

生：星期六。

师："第二三天便还我"，第二天三天是星期几呢？

生：第二天是星期天，第三天是星期一。

师：那么藤野先生是什么时间改的？

生：星期天。

师：你们觉得藤野先生是个什么样的人？

253

生：藤野先生顾不上休息给鲁迅改作业，他是个珍惜时间的人。

生：他连文法都改得那么认真，他是个负责任的老师。

…………

于老师对教材的深度把握，挖掘了教材所隐含的信息，并抓住这一信息在课堂上指导学生去探索，去发现。学生经过一番探索发现，恍然大悟，原来藤野先生的优秀品质就隐藏在这几个字里面。当学生在于老师的指导下发现这一隐含的信息后，于老师适时对学生说："作者这样写叫'前后照应'，我们这样读叫'前后联系'。"可见，教师在备课阶段一定要脚踏实地地钻研教材，唯有如此，才可以在教学过程中指导学生如何有效理解教材。教师准确备课既是培养学生良好学习方法的前提，又是提高教学质量的法宝。

秘诀 2："精准"训练当一字不疏

叶圣陶先生说："写完一篇东西，念几遍，对修改大有好处。"于老师对学生在表达中出现的语义、词语等方面的毛病，有着异常敏感的觉察力，就如唐朝诗人贾岛"推敲"的典故一样，用心把握每一个字、每一个词语的运用，力求让学生规范地使用语言文字，感受祖国文字的精准和精妙。

如"轧面条"片段：

生：我是民主路小学六年级（1）班的学生。孙师傅，听于老师说，您为了改善老师的伙食，在百货大楼买了一部轧面机，可是看不懂说明书，于老师叫我来教您怎样使用轧面机。

师：你的意思表达得很明白，可是我们说话还要得体，有教养。这两个字请你考虑。（板书：叫　教）

生："叫"换成"让"字。

师："让"和"叫"有区别吗？

生："叫"换成"请"字。

师："请"字就好多了，还可以换成什么词？

生：换成"委托"。（众赞叹）

师：这个"教"字，别人说可以，在这里自己说显得不太合适。你们别忘了，站在你面前的是一位年长的师傅。

生：换成"帮助"。

师：换成"帮助"能说得通吗？在心里说说试试。

（生摇头）

生：换成"告诉"。

师：好！这样显得谦虚。请你连起来试试看。

生：孙师傅，听说您买了一部轧面机，可是看不懂说明书，于老师委托我来告诉您怎样使用轧面机。我感到非常荣幸。（众笑）

"一字不宜忽"，由"叫"到"委托"是对生活的理解；由"教"到"告诉"是对情感的顿悟。于老师对言语表达用词的精准提炼，展现了自身厚重的语文素养，引发了学生积极思维与情感的体验。在和谐互动的教学氛围中，学生产生了强大的内驱力，提升了言语表达能力。

秘诀3："激励"唤醒当发自肺腑

于老师说：如果说教育的第一个名字叫"影响"，那么，它的第二个名字便叫"激励"。在教学过程中，我们也充分感受到：教师的激励有多强，学生的互动就会有多强。让我们一起感受一下于老师发自肺腑的对学生的真诚激励。

案例："四毛的故事"

生：放学了，四毛背着书包，拿着那张没考好的试卷，低着头，耸着肩，慢吞吞地往家走。（师：这一连串的动作写得多形象啊！）突然，他看见路中间的一颗小石子，心情烦躁的他把小石子踢了一脚，说："真讨厌！"

（师：你看这句话说得多好啊！"心情烦躁的他"还有点外国文学味咧。）到了家门口，四毛刚想敲门，但又把手放下了。（师：写得多细腻啊！）他犹豫了片刻，最后还是举起了颤抖的手。（师：好啊，我看你的本事不亚于托尔斯泰，这几句话很像《穷人》中的描写。）四毛的妈妈正高兴着呢，她说四毛今天肯定会考个高分回来的，至少也会考99分，当她听到敲门声时，就笑盈盈地去开门。（师："笑盈盈地"观察得多细啊！）"哟——我的乖宝贝四毛回来了，"妈妈高兴地叫道，"唉，宝贝，妈知道你准考得了好成绩，今天特意给你做的红烧鱼。"四毛强作笑容地说："考得挺好的，看，99分。"（师："强作笑容"，好！）（此时台下一片掌声）（师：老师们又鼓励你了，该怎么说？）谢谢老师们的鼓励。

于老师说：只要蹲下来看学生，只要牢记"没有差生，只有差异"这句话，就很容易发现每个学生的长处和闪光点。请他回答一个估计他能回答出来的问题，赞扬的理由不就有了吗？哪怕和他们说说话，多看他们一眼——亲切地，他们也会感到温暖，受到鼓舞。"同样褒奖的话，对张三可能起大作用，对李四的作用可能微乎其微（一点作用没有是不可能的）。但是，激励、期待的话只要能对一个人起作用，我就不放弃任何一个人。"

正因为于老师心中有学生，课堂上对学生的激励才如此动人。

秘诀4："引领"朗读当不着痕迹

听过于老师课的老师都会发现，朗读是于老师的绝活。但是于老师的高明之处不仅在于自己朗读得好，还在于能把朗读的诀窍在课堂上传达，真正达到对学生言语表现性、精神存在性的唤醒和引领。

如《珊瑚》教学片段：

师：不要"嗯"，这段话里没有"嗯"字。

生：嗯……（生笑）鱼成群结队地在珊瑚丛中穿来穿去，好看极了，

有的……嗯……游动的时候摇摇摆摆。（生笑）

师：同学们，笑不好，笑会给这位同学很大压力。就算读错了，也不要笑。

（生继续读）

师：（蹲下身子，看着这位同学）谢谢你，你越读越好。不过，我给你一点建议，你勇敢地看着我的眼睛——今后，你一定要多朗读课文，每一篇文章都要读得准确、流利。当你把课文读得很流利的时候，说话就会流利，写作文就会通顺。一定要记住我的话。

师：咱们现在来与他合作一下，你们读第一句和最后一句，他读中间部分。

师：是不是该给他掌声啊？（掌声响起）因为这一次，他只有一个"嗯"，第一次好几个，这次只有一个，而且读得很流畅。（掌声再次响起来）

师：你们看，这位同学自始至终坐得那么端正，眼睛看着前面，他是不是又进步了？所以，应该把掌声送给像他一样有进步的同学。

"笑不好，笑会给这位同学很大压力。就算读错了，也不要笑。""应该把掌声送给像他一样有进步的同学。"…… 一句句鼓励，一点点唤醒，唤醒的是尊重，是包容，是肯定，是信心，是勇气……

儿童的语文，也只有是"儿童的语文"，才是对于氏课堂最好的诠释。正如于老师在《语文教学实录荟萃》的扉页上写的那段话："心中藏着爱意和善意，有着民主和尊重，它一定会自然地流露，这种流露，便是非常简洁的教学风格，一种令人陶醉的教学艺术。"

大爱无痕，大爱无疆。期许每一个小学语文教师都能以于永正"儿童的语文"的教育教学思想为指引，教海弄潮，破浪前行。